全国法院系统干部学习教材

人民法院执行信息化培训读本

REN MIN FA YUAN
ZHI XING XIN XI HUA
PEI XUN DU BEN

黄永维 主编
最高人民法院司法公开研究中心 编写

人 民 法 院 出 版 社

图书在版编目（CIP）数据

人民法院执行信息化培训读本/黄永维主编.
—北京:人民法院出版社,2014.12
ISBN 978-7-5109-1126-2

Ⅰ.①人… Ⅱ.①黄… Ⅲ.①法院-工作-信息化-中国 Ⅳ.①D926.2-39

中国版本图书馆CIP数据核字(2014)第309189号

人民法院执行信息化培训读本
黄永维 主 编

责任编辑	陈建德　林志农　朱鹏伟
出版发行	人民法院出版社
地　　址	北京市东城区东交民巷27号(100745)
电　　话	(010)67550580(责任编辑)　67550558(发行部查询) 65223677(读者服务部)
客服QQ	2092078039
网　　址	http://www.courtbook.com.cn
E-mail	courtpress@sohu.com
印　　刷	保定市中画美凯印刷有限公司
经　　销	新华书店

开　　本	787×1092毫米　1/16
字　　数	253千字
印　　张	20.5
版　　次	2014年12月第1版　2014年12月第1次印刷
书　　号	ISBN 978-7-5109-1126-2
定　　价	58.00元

《人民法院执行信息化培训读本》

编辑委员会

顾　　问　江必新　贺　荣　刘贵祥

编委会主任　黄永维

编委会委员　赵晋山　刘　涛　徐继军　胡田野

主　　编　黄永维

撰 稿 人　（以姓氏笔画为序）

于　洋　毛伟东　王　拯　王晓波

龙仲权　刘少阳　张丽洁　李振宇

苏　萌　陈宝贵　林　莹　胡志光

赵玉江　唐伟杰　黄永维　黄文艺

曾越凡　葛福东　裘茂金　雷运龙

编写说明

最高人民法院高度重视推进司法公开工作，把司法公开作为提高司法公信力，破解执行难的重要路径。为了推动全国法院系统司法公开工作，近年来，最高人民法院院长周强先后视察了重庆、广东、广西、北京、陕西、宁夏、甘肃以及深圳等地的司法公开工作，组织各种形式的现场会、经验交流会，并作重要讲话，针对不同地区不同阶段的发展情况，提出明确与具体的要求。周强院长的高度重视，强有力地推动了司法公开工作的开展。2014 年 7 月 25 日，最高人民法院在福建召开了全国法院执行信息化现场会，周强院长强调：要把信息化作为加强执行工作的“牛鼻子”牢牢抓住，以改革创新精神推进人民法院执行信息化建设，破解执行难问题，要让人民群众看到我们执行工作的新气象。周强院长在讲话中还特别指示，国家法官学院要编写一部适用于全国法院的执行信息化培训教材。

国家法官学院深感责任重大，为贯彻落实周强院长的重要指示精神，立即与最高人民法院执行局就编写教材事宜展开协商。教材编写工作得到了最高人民法院审判委员会专职委员、执行局局长刘贵祥同志的大力支持。经过研究，确定北京市高级人民法院、浙江省高级人民法院、福建省高级人民法院、广西壮族自治区高级人民法院、深圳市中级人民法院等单位参加教材的编写工作。2014 年 8 月 5 日，国家法官学院与最高人民法院执行局在北京联合召开教材编写策划会议，刘贵祥同志和执行局赵晋山、刘涛、尹晓春同志出席了会议。会议由黄永维同志主持，讨论确定了教材的名称、主旨、体例、大纲及具体内容，并要求在2014年9月底完成初稿撰写工作。10月10日，由黄永维同志主持的教材统稿会议在北京召开，最高人民法院执行局赵晋山、刘涛、刘少阳、黄文艺、张丽洁、林莹、唐伟杰、苏萌、王晓萌，国家法官学院徐继军、胡田野和全体作者参加了会议，对教材逐章进行讨论，确定了编写体例、大纲和各章内容。会后，各单位根据会议精神对相关内容进行了修改并由国家法官学院汇集成书，交人民法院出版社编审。在此期间，经刘贵祥专委审查，执行局刘涛、赵晋山等同志作了进一步修改完善。教材最后由黄永维同志审改定稿。在本书编写过程中，赵晋山等同志秉持精益求精的态度，对相关信息不断充实完善，使本书有些数据更新至2014年12月31日；徐继军、赵晋山、邱鹏等同志作了大量的协调、统筹工作；人民法院出版社陈建德等同志字斟句酌，对书稿作了精心编辑。

本书论述了执行信息化工作的重要意义，总结了最高人民法院在执行信息化建设方面的经验及有关规定，全面阐述了执行信息化平台、执行查控信息化、执行处分信息化、执行惩戒信息化、执行管理信息化、执行公开信息化与执行安全防范等内容，是我国第一部系统指导人民法院执行信息化工作的教材。我们相信，本书的出版将对执行信息化工作起到一定的指导和促进作用。同时，我们也深刻认识到，由于信息技术的飞速发展，各级人民法院在执行信息化建设过程中，会不断遇到新问题、新情况，也会不断积累新经验。由于时间仓促，书稿中不足之处在所难免，欢迎各位读者提出批评意见和建议，我们将在今后的工作中加强调查研究，及时修订，以飨读者。

最高人民法院司法公开研究中心

本书编写组

二○一四年十二月三十一日

凡　例

为行文方便，本书中法律法规和部分规范性文件使用简称，具体如下：

1. 本书中的法律法规使用简称，例如：《中华人民共和国民事诉讼法》简称为《民事诉讼法》，等等。

2. 本书中多次出现的司法解释及相关法律文件简称如下：

文件名全称	发文号	简称
《最高人民法院关于人民法院执行工作若干问题的规定（试行）》	法释〔1998〕15号	《执行工作若干规定》
《最高人民法院关于人民法院执行公开的若干规定》	法发〔2006〕35号	《执行公开规定》
《最高人民法院关于人民法院委托评估、拍卖和变卖工作的若干规定》	法释〔2009〕16号	《委托评估、拍卖和变卖规定》
《最高人民法院关于进一步加强和规范执行工作的若干意见》	法发〔2009〕43号	《加强和规范执行工作意见》
《最高人民法院关于限制被执行人高消费的若干规定》	法释〔2010〕8号	《限制被执行人高消费规定》

文件名全称	发文号	简称
《中央纪律检查委员会、中央组织部、中央宣传部、中央社会治安综合治理委员会办公室、最高人民法院、最高人民检察院、国家发展和改革委员会、公安部、监察部、民政部、司法部、国土资源部、住房和城乡建设部、中国人民银行、国家税务总局、国家工商行政管理总局、国务院法制办公室、中国银监会、中国证监会关于建立和完善执行联动机制若干问题的意见》	法发〔2010〕15号	《执行联动机制意见》
《最高人民法院关于人民法院委托评估、拍卖工作的若干规定》	法释〔2011〕21号	《委托评估、拍卖规定》
《最高人民法院关于执行指挥系统建设的指导意见》	法〔2014〕99号	《执行指挥系统建设意见》
《最高人民法院关于推进司法公开三大平台建设的若干意见》	法发〔2013〕13号	《司法公开三大平台建设意见》
《最高人民法院关于公布失信被执行人名单信息的若干规定》	法释〔2013〕17号	《失信被执行人名单规定》
《最高人民法院关于网络查询、冻结被执行人存款的规定》	法释〔2013〕20号	《网络查询、冻结被执行人存款规定》
《最高人民法院关于人民法院在互联网公布裁判文书的规定》	法释〔2013〕26号	《裁判文书公开规定》
《最高人民法院关于人民法院执行流程公开的若干意见》	法发〔2014〕18号	《执行流程公开意见》

目　录

序　言

习近平总书记指出，没有信息化就没有现代化。[1] 人类文明历经农业社会、工业社会之后，已步入信息社会这一全新发展阶段。大数据、云计算、物联网和正在建设的智慧城市、智慧社会重塑着社会生产生活的结构和面貌，对司法工作已经产生并将进一步产生巨大的影响。

就执行工作而言，信息化是推动执行模式深刻变革的强大动力，是促进司法公开的有效途径，是实现执行规范化的重要抓手，同时也是参与社会信用体系建设的重大举措。执行信息化越向前推进，我们就越深刻地认识到：信息化是从根本上解决执行难问题的不二法门。

最高人民法院新一届党组和周强院长对人民法院信息化建设高度重视，2013 年明确提出了执行工作“一性两化”的基本思路，即依法突出执行工作强制性，全力推进执行工作信息化，大力加强执行工作规范化。周强院长对执行信息化建设多次作出重要批示，明确要求将信息化作为解决执行工作诸多难题的重要抓手，作为从根本上破解执行难的有效途径。2014 年 7 月在福州召开的全国法院执行信息化建设现场会上，周强院长进一步强调要

① 2014 年 2 月 27 日习近平总书记在中央网络安全和信息化领导小组第一次会议上的讲话。

把信息化作为加强执行工作的牛鼻子牢牢抓住，努力推动执行工作不断取得新进步，在解决执行难问题上不断取得新突破，让人民群众看到执行工作的新气象。

最高人民法院之所以如此重视执行信息化建设，主要缘于对执行难、执行乱问题的深刻认识。审判是在纸面上确认权利，执行则是在现实中实现权利。通俗地说，执行就是要从债务人口袋中掏真金白银。正因为如此，相当一部分债务人不仅不会主动履行义务，而且还会百般逃避、千般阻扰，甚至不惜暴力抗法。事非经历不知难！我曾经长期在审判业务部门工作，一年半之前到执行局工作后，才深切感受到执行工作之不易。有一段时间，一说到执行难，甚至有如鲠在喉之感，切身体会到必须先尽快解决而后快。

解决问题必须先找准原因。执行难，究竟难在何处？从实践情况看，执行难，一在查人找物难。据统计，至少有70%的裁判文书生效后找不到相关被执行人和可供执行的财产。被执行人的财产可能是存款、车、房、地，也可能是股权、证券、基金，这些财产分布在多个部门，靠人工方式逐一查找，耗时费力，有时甚至如同大海捞针。以查询银行存款为例，目前全国各类银行多达3300多家，营业网点不计其数，执行人员两个人一台车连轴转，每天也只能跑几家银行，再加上许多被执行人多头开户、公款私存，一些银行不积极协助配合，甚至给债务人通风报信，导致查找财产难上加难。据福建省高级人民法院统计，该省三级法院年均执行案件12万件，如果每个案件都穷尽执行措施，则需向全省银行及户籍、国土、住建、工商等40余家单位查询财产线索，年均查询量在500万次以上。按照两个人一辆车、每天向4个单位查询、行车50公里估算，完成500万次查询需125万个工作日，行车6250万公里。而福建全省不足1000名执行人员，这就不仅仅会导致查询效率低下，更大的问题是现有人员根本无法完成应有的工作量，大量案件根本无暇执行。近年来，各级法院正是深刻认识到了执行难的症结所在，对查找财产的方式和途径进行了深入探索，终于找到了“网络查控”这样一个非常有效的途径。网络查控，就是通过各有关部门网络系统的互联互通，通过信息网络对被执行人及其财产进行查找和控制。据统计，各地法院在半年内通过网络查控到的财产，如果按传统方式查询，预计10年都无法实现。网络查控将从根本上改革传统的执行方式，实现执行程序的革命性变革，从根本上推动执行难问题的解决。

执行难，二在主动履行难。据统计，全国法院每年判决、调解的具有财产内容的案件约450万件，而进入到执行的约有250万件，强制执行率超过50%。之所以如此，根本原因在于我国目前社会信用建设滞后，对债务人缺乏强有力的信用惩戒机制。因此，要从源头上解决执行难问题，必须想方设法提高被执行人的自动履行率，降低执行案件的绝对数量。最高人民法院建立的“失信被执行人黑名单”制度，即是通过网络平台，将失信被执行人信息推送给有关部门，依法对其生产生活等诸多方面进行限制，压缩其生存空间，促使被执行人自动履行债务。可以预见，随着信用惩戒力度和范围的不断加大，被执行人的自动履行率会逐渐提升，执行难问题会从源头上得到有效遏制。

过河的目标确定之后，就是桥和船的问题了。近年来，特别是党的十八大以来，在最高人民法院的指导下，在各有关单位的大力支持配合下，全国各级法院明确目标，找船架桥，勇往直前，在推动执行信息化方面做了大量工作，取得了显著成效。

一是大力推进网络查控机制建设。最高人民法院与部级执行联动部门通力合作，全面推进网络查控体系建设，目前已与20

家全国性的银行总行拉上了专线，通过各银行总行查找被执行人在其所有网点的存款信息，建立起了“总对总”的查控体系。随着2014年底以网络查控为核心的最高人民法院执行指挥系统正式开通，正在形成以最高人民法院查控体系为核心、以高级人民法院和中级人民法院查控体系为补充的覆盖全国的网络执行查控体系，从根本上扩大和提高了执行查控的范围和效率。

二是深入推进联合信用惩戒机制建设。最高人民法院在建立失信被执行人信息查询平台的基础上，继续深入推进失信被执行人名单制度建设，利用包括互联网在内的各种平台，进一步加大公布失信被执行人名单的力度和范围。最高人民法院的这个失信被执行人名单库好比是一个“大水池”，各地方法院认定的失信被执行人的信息，都可由该地方法院录入进这个“大水池”，向全社会公开，让失信被执行人的失信状态大白于天下，起到了很强的震慑作用。失信被执行人名单库还与民航、铁路、银行等部门的系统相连接，失信被执行人的信息可以实时自动“流淌”至民航、铁路的购票信息系统，以及银行的征信系统。民航、铁路的购票系统接到名单信息，就会自动拦截失信被执行人购买飞机票、列车软卧票等。银行的征信系统接到名单信息，则会自动限制失信被执行人办理信用卡或办理贷款。截至2014年12月20日，民航购票系统已自动拦截失信被执行人购买机票972492人次，铁路购票系统自动拦截购买列车软卧票54353人次。失信被执行人信用惩戒系统运行以来，社会各界反响非常好。据初步统计，已有20%的失信被执行人慑于这个系统的威力，自动履行了法律义务。很多人评价，这是司法为社会诚信建设作出的重大贡献。

三是通过信息化途径实现执行公开。基本做法是打造案件流程管理系统，把全国四级法院所有执行案件的情况全部录入这个系统。从管理和监督的层面看，通过该系统，最高人民法院能够直接看到全国法院执行案件的情况，上级法院能够直接看到辖区法院执行案件的情况，极大地便利了上级法院对下级法院执行的监督与指导，有利于消除法院内部存在的执行不力、拖延执行等消极执行问题。另一方面，从执法办案本身看，该系统将执行案件的每一个关键节点都在流程软件中予以设定。一个执行案件的每一步该怎么做、在什么时间做等问题，均被嵌入流程软件，打开电脑就会自动提醒承办人。特别需要提到的是，法官在使用案件流程管理系统办理执行案件时，有关关键节点信息被自动抓取并被流程公开平台予以公开。法官这边采取的动作，凡是按规定应予公开的，当事人那边马上能看到，完全同步。当事人的利益，当事人自己最关心。当事人一旦可以便捷地获取案件流程信息，就会擦亮眼睛，自己做自己的“警察”，警惕地注视着执行的每一个步骤，随时准备吹哨，在这种情况下，很难再出现执行越轨现象。

四是通过信息化强化统一指挥。随着以网络查控为核心的与各高级人民法院专网连接的最高人民法院执行指挥系统正式开通，覆盖全国四级法院的执行指挥体系将发挥统一管理、统一协调、统一指挥的监督指导作用。这是人民法院执行工作历史上具有里程碑意义的事件，是执行领域的一场革命，必将为人民法院提升执行能力、实现当事人胜诉权益提供强大动力。

在最高人民法院的统一部署和大力推动下，地方各级法院的执行信息化建设走上了快车道，正稳步、迅速向前推进。总体来看，各地法院执行信息化建设虽然还呈不平衡状态，但已形成了比、学、赶、帮的良好氛围，互相学习先进做法，主动推动跨区域、跨行业网络对接，在人民法院执行系统已经蔚然成风。

2014 年 7 月，在全国法院执行信息化建设现场会上，当看到不少法院在执行指挥中心及整个执行信息化建设方面取得了不俗成绩，积累了很多好的经验时，周强院长明确要求要把各地的经验材料充分运用好，加强宣传推介，并将这些经验做法编入执行工作培训教材。为落实周强院长重要指示精神，最高人民法院执行局和国家法官学院在会后即联合成立了专门的编写小组，着手编写该读本。编写小组经过认真调研，反复论证，最终形成了《人民法院执行信息化培训读本》。本书有以下几个特点：

一是前沿性。本书是全国法院系统第一部系统介绍执行信息化理论、实践及技术规程的读本，是对迄今为止执行信息化实践最权威、最全面的总结。本书的出版，将对全国法院进一步推进执行信息化起到重要作用。从本书作者阵容看，既有来自实务部门的同仁，也有从事信息化理论研究的学者；既有最高人民法院执行局、法官学院的有关人员，也有地方法院从事执行信息化工作的佼佼者，可谓吸收了全国法院系统有关执行信息化方面的精英。

二是全面性。本书涵盖了执行信息化的主要内容，包括作为执行信息化基础的全国法院执行案件信息管理系统，通过“总对总”或“点对点”两种方式连接的网络执行查控系统，以失信被执行人名单制度为核心的联合信用惩戒机制，全国法院失信被执行人名单信息公布与查询平台、全国法院被执行人信息查询平台和执行案件流程信息公开平台三大平台，以及执行处分信息化、执行信息化安全防范等方面的内容。同时，本书还详细介绍了与信息化相关的政策、最高人民法院以及各地法院的实践、各种信息化系统的运行等内容。既有原理阐述，也有实践与技术介绍；既有对最高人民法院有关经验及相关规范性文件的介绍，突出顶层设计的色彩，也有对地方各级法院成功经验的总结，强调实践经验、地方特色，内容非常全面。

三是可操作性。本书介绍了各地方法院在信息化建设方面行之有效的经验，总结相关原理，使之成为各地法院能够借鉴、推广、复制的经验，并为自己的信息化建设提供模板，突出可操作性的特点。本书还对信息化建设涉及的技术层面的标准、流程进行了详细的介绍。如在介绍网络查控机制时，对建设以网络查控为核心的执行指挥系统的技术标准，包括基本框架、系统架构、技术要求、硬件设备、网络条件等进行了系统阐述，有利于为全国法院建立健全执行指挥系统提供参考和指导。

古人言，靡不有初，鲜克有终。当今世界，科技日新月异，信息化浪潮方兴未艾，执行信息化建设只有现在时而没有完成时，我们要坚持善始善终，善作善成。本书仅是对执行信息化建设理论、制度和经验的阶段性总结、思考和阐释，无论编者如何精雕细刻，疏漏之处，仍在所难免。希望读者诸君不吝赐教，以期汇聚各方智慧和力量，共同为人民法院的执行信息化乃至我国的社会信用体系建设作出新的更大的贡献。

是为序。

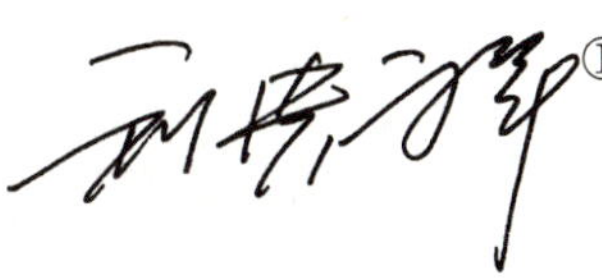[1]

二〇一四年十二月三十一日

---

① 最高人民法院审判委员会专职委员、执行局局长。

第一章　新形势下的执行信息化

执行工作是人民法院工作的重要组成部分，是维护社会公平正义最后一道防线的最后一个环节，责任重大，任务艰巨。党的十八大以来，各级人民法院认真贯彻落实习近平总书记系列重要讲话精神，紧紧围绕“让人民群众在每一个司法案件中都感受到公平正义”的目标，牢牢把握司法为民、公正司法工作主线，不断加大执行工作力度，通过深化执行工作体制机制改革、组织开展专项集中执行活动、建立失信被执行人名单制度、着力推行“阳光执行”、狠抓执行队伍建设等措施，大力提升执行工作质量和效率，为最大限度实现当事人合法权益、维护社会公平正义、促进社会和谐稳定作出了积极贡献。

信息化是指充分利用信息技术，开发利用信息资源，促进信息交流和知识共享，提高经济增长质量，推动经济社会发展转型的历史进程。正如习近平总书记在 2014 年中央网络安全和信息化领导小组第一次会议上强调的，没有信息化就没有现代化。执行工作离开信息化，也就不可能从根本上解决执行难问题，不可能最终实现执行工作的现代化。所谓执行信息化，是指以全国法院执行信息系统，即四级法院纵向联网的执行案件信息系统为基础，与掌握被执行人财产和位置信息的执行联动单位建立横向联网，达到各级人民法院通过法院网络与执行联动单位信息对接，建立对被执行人财产查控一体化、对被执行人下落追踪网络化、执行工作管理科学化、执行行为公开透明化、上级法院执行指挥可视化、对失信被执行人信用惩戒社会化的工作机制。

最高人民法院院长周强高度重视人民法院执行信息化工作。周强院长在多次会议上要求各级人民法院高度重视法院信息化，要求不仅要在技术装备上实现信息化，更要在思想观念上跟上形势发展变化，运用互联网思维，以信息化建设促进人民法院现代化建设，大力推进审判体系、审判能力现代化，为国家治理体系和治理能力现代化作出积极贡献。2013 年以来，周强院长到重庆、广东、广西、陕西、宁夏等多地调研，专门观看了各级法院关于执行信息化建设的演示，对做得好的法院予以表扬，并对进一步做好执行信息化建设提出明确要求和具体建议。2014 年 7 月，周强院长出席了在福建召开的全国法院执行信息化建设现场会，发表了对人民法院执行工作具有纲领性意义的重要讲话。周强院长深刻指出，人民法院审判执行体系是国家治理体系和治理能力的重要组成部分，推进法院信息化建设对于推动法院审判执行体系和能力的现代化建设，乃至对于推动国家治理体系和治理能力现代化建设都具有重要意义。周强院长要求各级人民法院要从战略和全局的高度，把人民法院执行信息化建设摆在突出位置抓实抓好。周强院长对人民法院执行工作的重要指导和殷切希望，极大地鼓舞了各级人民法院执行人员的工作干劲，增强了各级人民法院加大力度实现执行信息化的信心和决心。当前，全国法院掀起了执行信息化建设的新高潮。

最高人民法院院长周强不仅以到各地调研、出席会议等形式，身体力行地大力推动人民法院执行信息化建设，而且还围绕实现执行工作信息化这一核心问题，在人民法院执行工作历史上第一次对执行工作提出了“一性两化”的长期战略。① 所谓“一性两化”，就是要围绕努力让人民群众在每一个执行案件中都感受到公平正义这一目标，依法突出执行工作的强制性，全力推进执行工作信息化、大力加强执行工作规范化。“一性两化”，是最高人民法院在科学总结人民法院开展执行工作以来取得的成功经验的基础上，适应新形势新任务，为实现执行工作长远发展提出来的基本工作思路。形象地说，强制性是一驾马车的动力和牵引，信息化和规范化是马车两个必不可少的轮子。两个轮子对于改进动力和牵引的运转效力，适应崎岖不平的复杂路况且协调运转，均是必不可少的。在“一性两化”问题上的广泛共识，特别是以信息化为基础的联动机制的广泛建立，被普遍认为是执行工作的一场革命。其不仅提高了执行工作效率，而且对规范执行、消除腐败行为均具有积极的功能和作用，使全社会看到了执行工作科学发展的前景。

第一节　信息化概况及信息化与执行工作的关系

当今世界，信息化和全球化已经成为世界发展的两大趋势。信息化成为国际竞争的重要领域、综合国力的重要标志、社会变革的巨大动力。以信息技术产业为代表的高新技术产业迅猛发展，最终导致经济增长方式、经济管理体制发生重大变革，从根本上改变了人类的生产方式、生活方式和思维方式，并正在把人类从农业社会、工业社会带入新的时代——信息社会。

① 最高人民法院院长周强在2013年全国法院执行工作规范化信息化现场会上的讲话。

一、全球信息化迅猛发展

20 世纪 90 年代以来，信息技术不断创新，信息产业持续发展，信息网络广泛普及，信息化成为全球经济社会发展的显著特征，并逐步向一场全方位的社会变革演进。进入 21 世纪，信息化对经济社会发展的影响更加深刻。大数据、云计算、物联网和正在建设的智慧城市、智慧社会催生了现代社会的又一次深刻变革。信息资源日益成为重要生产要素、无形资产和社会财富，信息网络更加普及并日趋融合。信息化与经济全球化相互交织，推动着全球产业分工深化和经济结构调整，重塑着全球经济竞争格局。互联网加剧了各种思想文化的相互激荡，成为信息传播和知识扩散的新载体。电子政务在提高行政效率、改善政府效能、扩大民主参与等方面的作用日益显著。信息安全的重要性与日俱增，成为各国面临的共同挑战。全球信息化正在引发当今世界的深刻变革，重塑世界政治、经济、社会、文化和军事发展的新格局。加快信息化发展，已经成为世界各国的共同选择。

二、我国信息化全面推进

党中央、国务院一直高度重视信息化工作。20 世纪 90 年代，我国相继启动了以金关、金卡和金税为代表的重大信息化应用工程；1997 年召开了全国信息化工作会议；党的十五届五中全会把信息化提到了国家战略的高度；党的十六大进一步作出了以信息化带动工业化、以工业化促进信息化、走新型工业化道路的战略部署；党的十六届五中全会再一次强调推进国民经济和社会信息化，加快转变经济增长方式；“十五”期间，国家信息化领导小组对信息化发展重点进行了全面部署，作出了推行电子政务、振兴软件产业、加强信息安全保障、加强信息资源开发利用、加快发展电子商务等一系列重要决策；党的十八大再次明确了信息化作为国家战略的重要地位，并将其确定为全面建成小康社会的目标之一；党的十八届三中全会审议通过了《中共中央关于全面深化改革若干重大问题的决定》，开启了全面深化改革的新篇章，也带来了信息化发展的新机遇。可以说，大力推进信息化，是覆盖我国现代化建设全局的战略举措，是贯彻落实科学发展观、全面建设小康社会、建设美丽中国、实现中国梦的迫切需要和必然选择。

全国各地区各部门从实际出发，认真贯彻落实一系列信息化建设的要求，不断开拓进取，使我国信息化建设取得了可喜的进展。目前，我国信息网络已实现跨越式发展，成为支撑经济社会发展的重要基础设施。电话用户、网络规模已经位居世界第一，互联网用户和宽带接入用户均位居世界第二，广播电视网络基本覆盖了全国的行政村。信息技术在国民经济和社会各领域的应用效果日渐显著。农业、能源、交通运输、冶金、机械和化工等行业的信息化水平逐步提高。科技、教育、文化、医疗卫生、社会保障、环境保护等领域信息化步伐明显加快。电子政务稳步展开，成为转变政府职能、提高行政效率、推进政务公开的有效手段。国防和军队信息化建设全面展开。信息化法制建设、信息技术标准化等信息化基础工作进一步改善。经过多年的发展，我国信息化发展已具备了一定基础，进入了全方位、多层次推进的新阶段。

三、我国信息化的发展目标

根据国务院发布的《2006～2020年国家信息化发展战略》，到2020年，我国信息化发展的战略目标是：综合信息基础设施基本普及，信息技术自主创新能力显著增强，信息产业结构全面优化，国家信息安全保障水平大幅提高，国民经济和社会信息化取得明显成效，新型工业化发展模式初步确立，国家信息化发展的制度环境和政策体系基本完善，国民信息技术应用能力显著提高，为迈向信息社会奠定了坚实基础。具体目标包括：一是促进经济增长方式的根本转变。二是实现信息技术自主创新、信息产业发展的跨越。三是提升网络普及水平、信息资源开发利用水平和信息安全保障水平。四是增强政府公共服务能力、社会主义先进文化传播能力、中国特色的军事变革能力和国民信息技术应用能力。

根据上述我国信息化发展的战略目标，我国确立了信息化发展的战略重点。一是推进国民经济信息化。推进面向“三农”的信息服务，提高农村网络普及率，整合涉农信息资源。利用信息技术改造和提升传统产业，大力扶持中小企业信息化。加快服务业信息化，依托信息网络，改造和提升传统服务业。加快发展网络增值服务等新型服务业，大力发展电子商务。鼓励具备条件的地区率先发展知识密集型产业。二是推行电子政务，改善公共服务。逐步建立以公民和企业为对象、以互联网为基础、中央与地方相配合、多种技术手段相结合的电子政务公共服务体系。逐步增加服务内容，扩大服务范围，提高服务质量，推动服务型政府建设。加强社会管理，整合资源，形成全面覆盖、高效灵敏的社会管理信息网络，增强社会综合治理能力。协同共建完善社会预警和应对突发事件的网络运行机制，增强对各种突发性事件的监控、决策和应急处置能力，保障国家安全、公共安全，维护社会稳定。强化综合监管，转变政府职能，提高行政效率，规范监管行为，深化相应业务系统建设，有序推进相关业务系统之间、中央与地方之间的信息共享，促进部门间业务协同，提高监管能力。建设企业、个人征信系统，规范和维护市场秩序。三是建设先进网络文化，加强社会主义先进文化的网上传播。四是推进社会信息化，加快教育科研信息化步伐，加强医疗卫生信息化建设，完善就业和社会保障信息服务体系，推进社区信息化。五是完善综合信息基础设施，推动网络融合，实现向下一代网络的转型。六是加强信息资源的开发利用，建立和完善信息资源开发利用体系。加快人口、法人单位、地理空间等国家基础信息库的建设，拓展相关应用服务，加强全社会信息资源管理。七是提高信息产业竞争力，突破核心技术与关键技术，培育有核心竞争能力的信息产业。八是建设国家信息安全保障体系，大力增强国家信息安全保障能力。九是提高国民信息技术应用能力，造就信息化人才队伍。

四、我国信息化的发展规划

为落实国家信息化发展的战略重点，保证国家信息化水平不断迈上新的台阶，按照承前启后、以点带面的原则，我国确定在2020年之前，优先实施九个方面的信息化战略行动计划。一是国民信息技能教育培训计划，实现信息技术与教学过程的有机结合，全面推进素质教育。二是电子商务行动计划，加快信用、认证、标准、支付和现代物流建设，完善结算清算信息系统，注重与国际接轨，大力推进电子商务。三是电子政务行动计划，整合电子政务网络，建设政务信息资源的交换体系，全面支撑经济调节、市场监管、社会管理和公共服务职能，建设政务信息资源目录体系，推动政府信息公开。四是网络媒体信息资源开发利用计划，开发科技、教育、新闻出版、广播影视、文学艺术、卫生、“三农”、社保等领域的信息资源，提供人民群众生产生活所需的数字化信息服务。五是缩小数字鸿沟计划，缩小区域之间、城乡之间和不同社会群体之间信息技术应用水平的差距，创造机会均等、协调发展的社会环境。六是关键信息技术自主创新计划，在集成电路（特别是中央处理器芯片）、系统软件、关键应用软件、自主可控关键装备等涉及自主发展能力的关键领域，逐步掌握产业发展的主动权。

此外，为了保持我国信息化发展的协调性和连续性，顺利部署我国信息化发展的战略重点和战略行动，我国提出了完善信息化发展战略研究和政策体系、深化和完善信息化发展领域的体制改革、完善相关投融资政策、加快制定应用规范和技术标准、推进信息化法制建设、加强互联网治理、壮大信息化人才队伍、加强信息化国际交流与合作、完善信息化推进体制等九个方面的保障措施，将信息化发展融汇到国民经济和社会发展的中长期规划之中。

五、我国的信息化与执行信息化的关系

执行工作是人民法院工作的组成部分，而人民法院工作是整个经济社会发展的重要组成部分，因此，人民法院执行信息化与我国信息化发展之间相互作用、相互影响，形成了相辅相成、对立统一的关系，这种关系成为不断推动人民法院执行工作改革发展的不竭动力。

（一）我国的信息化要求执行工作向信息化发展

人民法院执行民商事案件，从程序过程来看主要有财产查控、处分财产和财产分配等几个阶段，但就我国的情况而言，人民法院执行人员需要投入精力最多、面临难度最大的工作是查找财产。我国开始信息化建设，尤其是20世纪八九十年代以来，作为社会发展排头兵的工商业领域，信息化水平一直在全国各行业领域中处于较高的水平。如商业银行较早实现了业务流程的网

络化，且随着信息化时代的到来，网上银行、手机银行业务逐渐普及，人们借助这些信息化媒介，几秒钟就可以转移账户内的存款。而对银行存款的查找和执行，根据我国《民事诉讼法》和相关规范性文件的规定，① 查询、冻结、扣划银行存款，要到银行营业场所，出具裁定书、工作证、执行公务证等。但是等法定的程序履行完毕，被执行人的存款可能早就不知去向了。实践中，不仅仅是银行存款，相当多的当事人借助商业领域较早实现信息化的优势，利用人民法院执行信息化发展滞后的短板，逃避执行，且方式花样翻新，行为非常迅速、隐秘。相比之下，人民法院根据多年前制定的法律开展执行工作，程序相对僵化，手段单一，仅查找财产这一环节，人民法院就明显人力不够、物力不够、手段不够。此外，随着我国经济快速发展，执行案件数量近 20 年来呈现出每 5 年翻一番的增长态势，而执行机构人员 20 年来才增长 1 倍左右，在信息社会的条件下，还沿用传统的执行方式方法，必然是举步维艰、难以为继。因此，人民法院必然要适应我国信息化的发展大潮，适应社会转型和改革发展的需要，不断从观念精神到方式方法各个层面进行改革创新，不断加大执行信息化建设的力度和广度。

---

① 2012 年修改《民事诉讼法》时，最高人民法院根据执行信息化建设的情况和执行实务需要，提出了借助信息化途径加强执行工作的建议。全国人大法工委经过充分论证，增加了此方面规定作为第 255 条。该条规定：被执行人不履行法律文书确定的义务的，人民法院可以对其采取或者通知有关单位协助采取限制出境，在征信系统记录、通过媒体公布不履行义务信息以及法律规定的其他措施。2013 年 8 月，最高人民法院出台《网络查询、冻结被执行人存款规定》，自 2013 年 9 月 2 日起施行，为网络化执行提供了政策法律依据。

（二）我国的信息化为执行工作提供了新途径、新办法与新理念

1. 信息化途径以直观的方式实现了执行案件的规范化管理。信息化条件下，执行案件流程实现了网络化运行和管理。执行案件从立案、分案、采取执行措施，到制作法律文书、结案、归档，所有的关键节点一目了然。案件承办人在网上办公，通过网络采取执行措施，方便快捷。领导随时可以通过网络了解执行案件的进展情况，实现监督到位、管理严格。

2. 信息化手段为执行公开提供了便捷的媒介。人民群众对执行工作不满意，很大程度上与执行工作透明度不高，群众对执行程序、执行进程等信息不了解，尤其是与信息不对称有关。加强执行信息化建设，建立执行信息公开平台，推行阳光执行，能够客观地展现执行工作全貌，提高执行程序透明度，增进社会公众和当事人对执行工作的了解，进而赢得他们的理解与支持。同时，依托信息技术推进执行公开，有利于加强对执行工作的监督，挤压利用执行权寻租的空间，减少消极执行和不当执行行为，防范和杜绝执行领域的司法腐败问题。

3. 各部门的信息化为执行网络查控、联合信用惩戒等工作提供了前提和基础。由于我国的信息化发展，电子政务等信息化建设不断取得进展，多个掌握被执行人财产、地理定位等领域的行政业务及监管网络得以建立，为人民法院联网进行网络执行查控，或者提供失信被执行人名单，由全社会进行信用惩戒等工作提供了基础。人民法院通过专线或政务中心专网，实现与金融部门、执行联动单位的网络连接，形成了覆盖各级人民法院的查控网络，只需要鼠标一点，足不出户就可以快速查寻、处分被执行人财产，大大提高了执行工作效率，节约了司法成本。我国信息

化目标和规划的逐步落实，必将为人民法院与更多的单位实现网络对接，在更大范围内为推行对被执行人的联合信用惩戒等工作提供越来越多的支持和帮助。

总之，信息化不仅推动着观念变化、工作方式变化、组织形式变化，而且还推动着体制机制的变化。信息技术的进步，对执行工作已经产生并将进一步产生深刻影响。

第二节　执行信息化的内容、作用与价值

一、执行信息化的主要内容

执行信息化的内容并不是从一开始就进行了完整的规划，从各个层面有计划、有层次实施推进的。相反，执行信息化的内容是在人民法院不断遇到问题、解决问题，“逢山开路，遇水搭桥”，不断从建设内部执行信息网络系统到对外开展信息互联共享的过程中，逐步扩展、丰富，逐渐发展起来的。执行信息化内容的不断成熟丰富，凝聚了中央和地方各级领导的关心和支持，凝结了各级法院领导和干警，尤其是执行部门广大干警的汗水和艰辛。

总结全国法院执行信息化历程和演变，可以将当前我国执行信息化的主要内容归纳为五个主要方面：一是全国法院执行案件信息管理系统。它是执行信息化的基础。一方面它是实现四级法院执行网络纵向联网，实现指挥联动的桥梁；另一方面，它将成为各级人民法院执行流程管理系统整合和执行流程公开的纽带。二是网络执行查控机制。即各级人民法院执行信息系统与相关执行联动单位信息系统，通过“总对总”或“点对点”的方式横向联网，建立网络执行查控机制。三是联合信用惩戒机制。即最

高人民法院和各级人民法院收集和公布失信被执行人名单，并向社会有关单位推送，形成全社会对失信被执行人进行联合信用惩戒的机制。四是执行公开平台。即全国法院失信被执行人名单信息公布与查询平台、全国法院被执行人信息查询平台和执行案件流程信息公开平台，实现执行案件的全程、全案、全面公开。五是执行管理信息化平台。执行法院和执行人员通过执行信息系统实现远程指挥、执行风险评估与预案、执行流程及绩效考核管理、数据挖掘及智能分析决策等功能也是执行信息化的题中之义。

（一）执行案件信息管理系统

全国法院执行案件信息管理系统从 2007 年 1 月 1 日起正式运行，自运行以来已录入案件约 1600 万件，[①] 从 2004 年至今所有执行实施案件已全部录入到该系统中。系统主要涵盖以下内容：

1. 案件流程。主要包括执行立案、案件列表、案件查询、查看案件信息、办理信息、执行依据、执行主体信息、威慑信息管理、执行流程信息、执行期限管理、执行款物管理、执行日志、执行线索、结案信息等。

2. 信息查询。主要包括案件查询和威慑信息查询。前者是对所采集的案件数据信息通过设定不同的条件，可以方便地查看案件数据信息。后者包括查明的财产信息、自动履行信息、强制执行信息、强制限制信息和司法制裁信息等五部分内容。

3. 统计报表。主要包括个人报表、部门报表、本院报表、辖区报表等多种报表。

---

① 数据来源于全国法院执行案件信息管理系统。

4. 预警信息。主要包括案件预警信息，如已超期案件数、即将到期案件数和即将到期执行措施信息等三大类，以及执行线索提示信息。

5. 系统管理。系统管理的权限主要设定给上级法院、本院领导、执行局领导以及程序管理员，利于对执行案件和人员进行管理。

6. 业务交流。系统提供的法律法规自由查询功能、执行工作论坛、执行通知和工作动态信息等功能，方便了执行干警办案和业务交流。

全国法院执行案件信息管理系统是一个综合性的法院内部信息网络，为综合解决执行难问题提供了一个多层面、可操作的支撑平台，具有对内对外多个功能。对外功能主要体现在为国家执行信息合作机制的建立提供信息平台，是人民法院执行信息的载体和体现，是与社会信用体系建设有关部门和企业开展互联、合作的基础。对内功能主要体现在强化对执行工作的监督、加强执行工作的管理、为执行工作提供综合信息服务等几个方面。

全国法院执行案件信息管理系统是国家执行信息合作机制的基础性工程，也是社会信用体系建设的一项重要内容，既是解决执行难的重大举措，也是实行市场经济、落实依法治国的必然要求。近年来，最高人民法院吸收下级法院和社会各界意见，根据工作需要，对系统不断进行升级、改造和位置迁移，功能更全面，综合能力更强大。

（二）网络执行查控机制

网络执行查控机制，是在法院和各执行联动单位之间建立的对被执行人及其财产进行调查和控制工作的机制和制度。该机制主要包含人民法院的网络执行查控系统，以及执行联动单位的协助执行系统，以这两个平台为基础建设网络执行查控信息化平台。人民法院通过网络执行查控系统将查询和控制请求发送执行协助联动单位，联动协助单位协助执行系统接收查询和控制请求（包含数据报文及电子法律文书），在其自动处理完毕协助执行事项以后，将办理结果反馈给人民法院。

网络执行查控机制建立后，传统的人来车往、纸面传输的执行模式由查控网的电子信息和数据所取代，法院查控工作实现了信息化。查控组工作人员通过系统统一处理全部查控请求后，集中发送至各协查单位，各协查单位再将协查结果通过系统直接反馈至执行法院。

当前，最高人民法院正在大力推进全国法院网络查控系统建设，主要采取以最高人民法院（总）与中央执行联动单位（总）建立网络执行查控机制的模式进行，即“总对总”模式。全国各级人民法院的查控数据汇总到最高人民法院，通过“总对总”网络执行查控系统向执行联动单位发送，执行联动单位完成协助事项后，再通过“总对总”网络执行查控系统将查控结果数据及文档向各执行法院反馈。

在建立“总对总”网络执行查控机制的同时，最高人民法院鼓励地方人民法院与同级执行联动单位根据最高人民法院的业务和技术规范，用“点对点”方式建立“地对地”的网络执行查控机制，作为对“总对总”网络执行查控机制的补充，并提供指导和支持。

最高人民法院、中央执行联动单位在今后的信息网络建设中，将逐步实现业务数据和常规司法协助工作的集约，最终形成全国法院执行查控系统与执行联动单位司法协助系统直接对接的统一网络执行查控机制。

（三）联合信用惩戒机制

很多被执行人无视生效法律文书的权威和债权人的困难，肆意逃债，这是造成执行难问题的主要原因之一。而造成这种状况的主要原因是我国社会信用体系尚在建设之中，被执行人财产信息难以查明，而当事人利用信息社会的便利可以随时随地转移财产。人民法院按照现行法律和制度，遵循传统的执行方式方法，难以有效解决这些问题。因此，应当适应信息社会发展的大趋势，建立“失信者黑名单”制度，通过公布失信被执行人名单信息，发动全社会力量，限制失信被执行人从事相关民商事行为，压缩其生产生活空间，迫使其不得不履行义务，并以此引导人们诚实守信，推动社会信用和诚信道德建设，从根本上解决执行难问题。最高人民法院和地方各级人民法院都先后建立了相应的与各部门联合惩戒失信被执行人的制度。

（四）执行公开平台

大力推进执行信息公开平台建设，将人民法院全部执行活动置于社会各界广泛监督之下，深入推进执行公开工作，着重开展以下六个方面的工作：（1）拓宽执行公开的范围、方式和渠道，将财产查控处置、采取强制措施、中止终结执行程序等执行裁决、实施行为全面公开，确保当事人及时行使异议、复议等救济权；（2）凡是对当事人的权利义务关系作出实质性处理的，及时、规范制作送达执行文书，按照相关要求推行执行文书上网公开；（3）对符合一定条件的执行案件，实行公开听证，引导当事人当庭举证和发表意见，增加执行过程透明度；（4）为执行人员配备现场执法仪，实现执行现场同步录音录像，记录执行过程；（5）对重大、关键执行信息，通过信息平台及时主动向执行当事人推送；（6）通过新媒体创新执行信息平台，认真听取人民群众对执行工作的意见建议，不断改进执行工作。

（五）执行管理信息化平台

执行管理信息化是以执行案件管理为主线，运用现代信息技术将执行工作中的案件执行、事务办理、绩效评估、人力资源等，通过计算机进行数据化管理，并对执行案件和执行事务办理过程中产生的数据信息进行收集、整理、分析、预测，从而实现对执行工作和执行队伍科学有效的管理。

执行中的监督管理要能够实现对执行案件流程的节点控制、对有财产案件和无财产案件的分类管理、对以终结本次执行程序报结的案件进行动态监控，以及对大案、要案和重要执行工作的监督指导。高级人民法院对辖区各级人民法院，执行法院对本院的各项执行工作可通过系统进行检查、提示与督促，对执行人员、执行案件、执行行为进行全方位监督，从而加强执行工作的规范化、精细化管理。高级人民法院与辖区法院之间要实现远程指挥、视频会议、协调案件与执行听证等功能；法院与法院、法院内部各部门之间要实现工作协调、联合执行、交叉执行等功能。决策分析是指能够实现数据统计、动态监控，通过对人、对案、对事的监管，对各个执行数据进行智能分析，为执行工作的科学决策提供数据支持。

二、执行信息化的意义和作用

从宏观层面讲，执行信息化具有极其重要的政治意义。从微观层面讲，执行信息化对于人民法院执行工作具有非常积极的促进作用。

（一）执行信息化政治意义深远

1. 执行信息化是实施国家信息化发展战略的必然要求。信息化带动工业化、工业化促进信息化是我国走新型工业化道路的战略举措。经过20多年的迅速发展，信息技术的广泛应用带动了新的全球性产业革命，信息化越来越成为当今世界经济和社会发展的大趋势，信息化水平越来越成为衡量一个国家和地区现代化水平的重要标志。党的十八大报告再次明确了信息化作为国家战略的重要地位，并将其确定为全面建成小康社会的目标之一。包含执行信息化在内的人民法院信息化工作是国家信息化战略的重要组成部分，加快人民法院执行信息化建设步伐，既是人民法院提高履职能力、服务经济社会发展的必然选择，也是实施国家信息化发展战略的必然要求。

2. 执行信息化是促进司法公开的迫切需要。信息化能够以较低的成本，将优质司法资源数字化，并依托专网、互联网、移动通信网等基础设施，及时实现信息共享。人民法院加强执行信息化，可以进一步拓展司法为民领域，创新司法便民、利民、惠民措施，积极回应人民群众的关切和期待，保障人民群众的知情权、参与权、表达权和监督权，从而把司法为民要求落实到人民法院执行工作的各个环节。同时，通过信息技术的广泛应用，可以进一步节约执行成本，减轻当事人负担，让当事人更加便捷地行使权利，更加直接地监督执行活动，更加真切地感受到公平正义。

3. 执行信息化是保障司法公正、廉洁、高效的重要途径。它能有效解决人民群众日益增长的司法需求与审判执行力量不足、司法能力不强之间的矛盾。沿用传统的办案手段和管理方法，已远远不能适应当前执行工作的客观需要。加快推进执行信息化建设与应用，通过信息技术手段加强流程管理、规范执行行为、促进公正司法，是新时期人民法院实现自身科学发展的重要途径。执行信息化能够为法官执法办案提供智能化服务，便于法官统筹安排各项工作；信息化能够实现对执行工作各个环节的实时管理和监督，从事后监督拓展为全程管理、动态跟踪，有利于提高执行质量效率；信息化有助于人民法院适应大数据时代的要求，深度整合、挖掘、利用各种执行信息资源，提高执行的准确性，科学分析执行工作发展趋势和内在规律，从而更好地服务司法决策和司法管理。

（二）执行信息化积极作用明显

回顾执行信息化的背景和人民法院执行信息化建设的历程，结合人民法院执行工作实际，我们认为，执行信息化已经显示了以下四个方面的重要作用：

1. 执行信息化是推动执行模式深刻变革的强大动力。执行难问题不仅是长期困扰人民法院自身发展的突出问题，也是人民群众反映强烈、社会各界普遍关注的热点问题。依托信息技术手段推进执行模式改革，是执行领域的一场革命，必将为人民法院提升执行能力、实现当事人胜诉权益提供强大动力。要依托信息技术手段，不断深化执行体制机制变革，努力建设全国四级法院上下一体、内外联动、规范高效、反应快捷的执行指挥体系，形成覆盖全国的执行查控体系，着力解决被执行人难找、执行财产难寻、协助执行人难求等问题，切实改变法院来回奔波、协助执行部门疲于应付的传统执行与协助执行格局，使执行案件跳出“清了又积，积了又清”的怪圈，推动执行难问题从根本上得到解决。通过网络查控被执行人及其财产，通过网络协助执行，处分和分配被执行财产，解决了被执行人难找、被执行财产难动等问题，可以使法院执行工作面临的外部执行难题迎刃而解。

2. 执行信息化加强了执行内部规范管理和执行公开，有效化解形成执行难的内部因素。执行工作规范化程度不高，是导致执行难和执行乱的重要原因之一。为加强执行规范化建设，最高人民法院在2009年制定下发了《加强和规范执行工作意见》等文件，指导各级人民法院切实改变粗放式的执行做法，努力将执行工作纳入规范化、精细化、科学化轨道。但由于执行程序环节多，案件管理系统相对落后、绩效考核标准欠科学等诸多原因，执行规范化建设仍有较大改进空间。通过运用信息技术，借助先进的信息管理系统，可实现对执行程序各个环节、各个节点的精细化设计、严格管理和有效监控，从而不断提升执行工作的规范化水平。

人民群众对执行工作不满意，很大程度上与执行工作透明度不高，群众对执行程序、执行进程等信息不了解，尤其是信息不对称有关。加强执行信息化建设，建立执行信息公开平台，推行阳光执行，就是要客观展现执行工作全貌，提高执行程序透明度，增进社会公众和当事人对执行工作的了解，进而赢得他们的理解与支持。同时，依托信息技术推进执行公开，有利于加强对执行工作的监督，挤压利用执行权寻租的空间，减少消极执行和乱执行现象，防范和杜绝执行领域的司法腐败问题。

3. 执行信息化实现了网络查控，彻底解决了规避执行问题。经过多年的执行体制改革、集中清理执行积案活动、发挥执行联席会议制度等方面的努力，有效解决了体制机制、地方保护主义等问题，但是，被执行人自动履行率低，规避、逃避执行现象严重已成为当前执行难最为主要的原因。据最高人民法院研究室统计，2008～2012年，有财产可供执行的案件中，被执行人自动履行率在26%左右。也就是说，至少73%以上有财产可供执行的案件，需要人民法院启动强制执行程序。这些人大部分都存在逃避执行的行为。有的被执行人躲避不现身，有的收到执行通知书后，立即把财产转移到别人名下，使执行通知书变成“逃债通知书”。执行法院按照传统执行程序，逐个到银行、房管、车管等各个单位查财产，往往一无所获。而在执行信息化条件下，法院立案后，通过网络可即时查询被执行人的财产情况及其转移财产的线索，即时在网上对财产进行查扣，争取了宝贵的执行时间，使被执行人转移财产的可能性和途径大为减少。

4. 执行信息化实现了社会联网，发动全社会力量共同实施信用惩戒。被执行人逃避执行成为社会的不良风气，主要原因在于社会信用制度不健全，逃避执行的收益大于其损失。将失信被执行人信息，通过网络输送到相关单位的信息系统，由其依照法律法规和有关规定等在政府采购、招标投标、行政审批、政府扶持、融资信贷、市场准入、资质认定等方面，对失信被执行人予以信用惩戒，从根本上打击失信被执行人，使其失信成本大于收益，即“一处失信，处处受制”，必然逼迫其不敢、不愿逃避执行，形成守信者得利、失信者吃亏的良好社会氛围，同时助推社会信用体系建立健全。

总之，执行信息化能有效解决形成执行难问题的法院内部问题和外部的社会问题，是当前条件下解决执行难问题的治本之策，也是推动社会信用体系建设，促进社会法律秩序和法治精神养成和发展的有力武器。

三、执行信息化价值重大

2014 年 7 月，最高人民法院院长周强在福建省福州市召开的全国法院执行信息化建设现场会上明确指出，信息化重塑着社会生产生活的结构面貌，对人民法院审判和执行工作已经产生并将进一步产生深刻影响，这对司法工作重塑审判和执行流程将是一场革命。这一论述，从法律规范和法律价值角度，深刻揭示了信息化给人民法院执行工作带来的积极影响和深刻变革。

对于20世纪中叶以来国际社会的发展，很多人将其总结为信息革命时代。革命与变革、改革、改良有所区别，革命属量变引起的质变。一定的变化，可以称为改良、改革、变革，而革命则需要产生重大、全方位、本质上的变化。

执行信息化现在还未产生革命性的影响，但已开始并将在未来产生革命性的影响。“将来”更为具体的含义，是指进入高级应用阶段后，信息化在执行领域将被广泛应用并且其体制机制将会相对完善。革命性的影响是指执行信息化将对我国民事诉讼和执行法律产生三种革命效应，即效率革命、程序革命与法律革命。①

（一）执行信息化是效率革命

关于执行效率，最高人民法院曾经做过专题调研。有的执行法官认为，一年办了300多件执行案件，效率很高。但有的执行法官说，执行效率太低，查询一个被执行人及其财产需要花费极大的功夫和力气，效率低下，社会对此反响很大，人民群众意见很多，很多人认为执行效率很低，申请执行人的权益多年难以实现，被执行人并未得到应有的惩戒。对于被执行人有财产却难以执行的问题，执行法院常有难言苦衷，执行人员少，精力有限，执行案件数量大，难免不能平衡全部案件的执行力度，法院会侧重于简单案件的执行，提高案件数量和结案率。解决执行效率问

① 张根大：《执行工作的革命——执行信息化》，2013年中国民事诉讼法年会所收论文。

题，从方法上讲有两条路径选择：第一条路径是壮大执行队伍。案多人少，执行案件效率和效果难以提升，而通过增加执行人员总体数量，降低办案压力，执行人员可以对每个案件倾注更多精力和心血，使执行到位率有所提高，申请执行人满意度提高，而对于社会公众来说，执行效率也就提高了。当然，这一途径受两个因素制约：一是执行人员的增加不是无限制的，根据中央有关法院编制的规定，执行人员应占法院总体人员的15%；二是增加人员对提高效率显然不是最主要的方法，这在管理学上是一个基本的常识。① 因此，只能走第二条路径，即在管理手段和方法上下工夫，向信息化要效率。

之所以称执行信息化为“效率革命”，是因为信息化条件下，执行效率不是小幅提升，而将是巨大的飞跃。经过部分地区实践的检验，执行信息化的理想状态与传统模式下执行工作相比，效率将大大提高。以现行执行法院到人民银行查询以及商业银行网点查询为例，查询某案被执行人的大部分账户，一般平均需要10个工作日才能完成，② 效果还不能保证。而在完善的网络化建设的前提下，查询被执行人的账户仅需几秒钟即可完成，这之间的差距是巨大的，效率的提升可想而知。

就整体运行角度而言，现在的“点对点”网络执行查控模式还没有最终完善，尚待发展，但是已经开始产生显著的变化。我们以上海地区法院为例，就可以知晓执行信息化对执行效率的意义。

---

① 刘璐：《合理规划人员数量，提高配置效率》，载《中国劳动》2012年第2期。

② 根据我们多次调研的结果，这是法院与银行关系协调较好、交通比较便利的地方的数据。有些地方银行配合不积极，或者交通极为不便的，平均查询时间更长。

据统计，在上海开业的有140多家银行，而且各商业银行间都有各自的管理系统，互不联网。法院长期案多人少，有限的查询手段难以做到措施穷尽。上海全市法院每年受理执行案件在10万件左右，在编执行人员只有600余人，年人均结案数将近150件，而查银行几乎又是每一个执行案件所必须采取的措施，因此，传统模式下，往往一天下来路没少跑，但收获却不多。从2010年开始，上海法院系统开始与18家银行联网，① 到2012年年底，法官不再需要赴各银行网点，只需在电脑前点击查询，从此节省了大量人力、物力与财力。

"点对点"集中查询的两年间，上海法院共完成110万个查询需求，执结案件202353件，实际执行率79.89%，同比上升9.98%，初执标的清偿率88.35%，同比上升11.27%，平均执行天数28.11天，同比减少22.9天。如果按两个法官一辆车，每天查询4个账户，行车50公里估算，要完成辖区110万个案件查询需求，需要27.5万个工作日，行车1375万公里，相当于200个法官工作10年，绕地球343圈。实际情况却是"鼠标一点、结果拿来"，效率提高的情况由上述数据可见一斑。如果按每辆车每行驶1公里排放185克二氧化碳估算，可以减少排放二氧化碳2543吨，做到了节能减排、低碳环保。② 这就是一种非常直观和形象的比喻，仅上海一个直辖市就已经节约了如此巨大的资源，若省级均能够实现联网，进而全国实现联网，效率革命的效果是惊人的。因此，信息化对执行效率的提高是解放生产力的

① 到2012年年底，与上海法院联网的银行达到33家，涵盖了占全市商业银行业务量95%以上的商业银行。

② 数据来源于上海市高级人民法院在2012年全国法院"点对点"查控机制建设交流会议上的发言稿。

提高，是效率的革命。

（二）执行信息化是程序革命

执行网络建成后，全国法院与大部分协助执行单位联网，执行程序也发生了革命性变化。目前，一些法院已经实现通过网络办理执行立案、送达、公告、查询案件办理进度等工作，在未来信息化条件下，执行程序将发生更为根本性的变革。主要体现在以下几个方面：

1. 执行法院的概念将发生巨大变化。现行执行管辖的规定决定了具体案件的执行法院因财产所在地的连接点，或者经当事人选择而唯一确定，承办人也基本唯一确定。委托给相关法院后，受托法院是执行法院。但执行信息化下的执行法院和执行人员不再唯一，打破了财产所在地管辖的原则，区分不同的环节，可由不同的法院和人员办理，人员也可以统一调配，因此，同一个案件将有可能涉及多个执行法院和执行人员。执行的体制机制也将发生变化，全国法院依托网络自上而下建立执行指挥中心，实现全国范围内统一指挥、统一管理的执行工作。

2. 身份认证制度将发生巨大变化。现行执行模式下，执行人员实施执行措施，需要出示工作证和执行公务证，有的还需要提供执行依据和裁定书。信息化条件下，网上采取查询、冻结、扣划措施时的身份认证将成为重要的程序制度，谁可以查，可以查谁，都事先在网络程序中严格设定。因此，传统执行模式下偶发的凭假证件、假文书进行假执行的特殊情况，在信息化条件下不可能发生。

3. 大部分执行措施可以在网上进行。查询、冻结、扣划、财产变现及分配等执行措施均在网络上实现。在执行系统中的执行案件，执行法官查询到被执行人在银行等地的财产线索后可以直接冻结，这在北京、广东、上海等多个地方已经成为现实，深圳已经实现了对本地银行存款的网络扣划。未来，执行系统还可以设定网络程序，由系统自动查找进入系统的被执行人财产，并自动控制财产，而需要变现或分配时再提交执行法官处理。执行法官凭借电脑甚至手机等移动办公平台，就可以发出指令。对于拍卖、变卖执行财产等措施，也可以借助互联网公开进行。比如，浙江省高级人民法院从2010年就开始推广在淘宝网进行网络拍卖，效果非常好。

执行程序产生的变化是工作重心、运行方式方法的变化，这种变化较之传统执行模式，可谓是翻天覆地，因此，说它是程序革命，毫不为过。另一方面，在信息化条件下，执行法的基本理念将得到更好的遵守，迅速实现债权的原则因为执行效率大为提高而得到更好的实现。因相关网络执行硬性指标的规定，执行公开贯彻得更为彻底，平等保护执行当事人权利的原则可以全面、真实地贯彻于执行流程中。

（三）执行信息化是法律革命

正如黑格尔所言，法律绝非一成不变，相反，正如天空和海面因风浪而起变化一样，法律也因情况和时运而变化。[①] 法律是社会现实的反映，现实变化，程序变化，要求变化，条文的设计、依托的理念将产生巨大变化，法律应随之作出修改。

执行法是以程序法为核心的、兼有实体法内容的法律，比如执行异议、执行分配等有一定的实体内容，主要来说还是程序为主。因此，执行程序发生革命，法律也将随之革命。

---

① ［德］黑格尔：《法哲学原理》，张企泰译，商务印书馆1961年版，第7页。

2012年修改的《民事诉讼法》秉承了加强执行工作力度的精神，加大了协助执行单位的义务，强化了执行措施，是对法院执行工作的支持与鞭策。① 网络执行查控机制等信息化条件下的执行模式，仅是执行措施操作方式的变化，没有改变人民法院和银行业在执行法律关系中的地位，因此，信息化条件下的执行行为，依据依然充分。

但就具体法律规定层面而言，操作层面的规定依然滞后于社会现实的变革，比如法律未明确可以采取"点对点"网络执行查控模式，司法解释和行政规章上也存有一定的阻碍性规定。在征求了全国人大法工委的意见后，最高人民法院于2013年8月出台了《网络查询、冻结被执行人存款规定》，明确人民法院可以网上查询、冻结被执行人财产，相关执行行为具有与传统执行模式相同的法律效力。目前，最高人民法院与多个行政机关正酝酿共同制定信息化时代执行与协助执行方面的司法解释。

未来，人民法院和立法机构应该认真总结各地人民法院执行信息化发展的经验，密切关注相关动向和进展，在适当的时候根据需要修改《民事诉讼法》，或者在制定"强制执行法"时，对信息化条件下的执行工作的原则、程序作出明确规定。

第三节 执行信息化的实践与成效

中共中央《关于转发〈中共最高人民法院党组关于解决人民法院"执行难"问题的报告〉的通知》（中发〔1999〕11号）

---

① 王胜明：《关于民事诉讼法修正案（草案）的说明》，载《中华人民共和国民事诉讼法释义》，全国人大法工委编，法律出版社2012年版，第721页。

下发后的几年内，在党中央的关心和最高人民法院党组的领导下，全国法院共同努力，开展“执行年”和集中清理积案等活动，人民法院执行工作取得了很大的成绩。但据最高人民法院2003年的司法统计，1993年全国民商事案件约300万件，进入强制执行程序的约为90万件，比例为30%；1998年全国民商事案件约为487万件，进入强制执行程序的约为207万件，比例为42.5%；2003年全国民商事案件约为441万件，进入强制执行程序的约为229万件，比例为52%。[①] 这一现象表明，经过多年的强势攻坚，执行难问题不仅没有有效解决，反而呈现越来越严重的趋势，这也说明了法院执行工作面临着非常复杂、严峻的社会环境，仅仅依靠推动执行工作方式方法的改革、着眼于提升强制执行手段等方式，很难彻底解决执行难这一综合性的经济、政治和社会问题。如何在解决执行难上有所突破，成为横亘在人民法院面前的一道鸿沟。对此，人民法院没有畏缩，而是知难而进、积极应对，分析执行难的成因，进一步多方面、全方位探索，最终找到了通过执行信息化破解执行难的良方。当然，从历史回顾来看，推动执行信息化的动因不仅仅源于破解执行难的需要，而是几个因素共同作用的结果。

一、执行工作信息化的历史动因

从人民法院执行工作的历史沿革来看，决定执行工作必然要走向信息化方向的因素主要有以下几个方面：

---

① 数据来源于2003年最高人民法院执行局向最高人民法院党组提交的《关于当前执行工作情况的报告》。

（一）执行信息化是法院工作信息化的题中之义

随着信息社会的发展，信息技术在民事诉讼中的运用已成为国内外民事诉讼法界耳熟能详的课题，一些发达国家在案卷的电子化、虚拟法院等方面的建设起步较早，已经比较成熟。① 我国的信息技术在民事诉讼中的运用历时十余年，从十多年前将电脑作为办案辅助工具、建立法院内部局域网、法律法规数据库、网络发布裁判文书，② 到如今很多地区实现网上立案、送达、查询司法文书等，有的地方还建立了网上法院，通过网络进行诉讼、执行活动。③

2013 年 10 月 9 日，最高人民法院召开人民法院信息化工作会议，周强院长从国家信息化发展战略的高度，深刻分析了新时期加强人民法院信息化工作的重大意义，对今后一个时期加强和推进人民法院信息化工作作了全面部署，要求各级人民法院站在国家战略高度，把信息化作为推进人民法院工作全面发展的战略举措来抓，把信息化作为解决人民法院现实问题和发展难题的创新手段来抓，加快建设和完善人民法院信息化综合应用体系，建立健全人民法院信息化管理与保障长效机制，实现人民法院工作

---

① 美国、英国等国家，在上世纪末本世纪初已开始建立网络法庭，通过网络起诉、立案、送达、证据交换、质证；2000 年秋天英国兰开夏郡的普斯顿市率先实行试验性的网上裁决，审判较简单的案件。参见陈文曲、陈小成：《电子网络技术在民事诉讼中的运用》，载《长沙铁道学院学报》2003 年第 6 期。

② 郭国松：《为司法公正建立制度屏障——与广州海事法院院长的对话》，载《南方周末》2001 年 10 月 25 日。

③ 梁伟：《网上法院：诉讼模式新体验》，载《中国审判》2011 年第 8 期。

的科学发展。最高人民法院常务副院长沈德咏就天平工程建设的有关事项进行了部署，要求以天平工程为抓手，整体提升人民法院信息化工作水平。

天平工程是最高人民法院党组为促进人民司法事业科学发展而申请的国家电子政务工程项目。天平工程由最高人民法院统一申请立项，全国各级人民法院协同建设。国家发展与改革委员会2012年正式批复天平工程立项，并作为国家民主法制建设工程主要建设内容列入《“十二五”国家政务信息化工程建设规划》。目前，以最高人民法院为中枢、各高级人民法院为枢纽的全国一盘棋的管理机制已经形成，各级人民法院正在统筹协调，推动四级法院网络建设携手共进。2014年10月，最高人民法院执行案件信息系统正式从互联网移入人民法院内网运行。

（二）加强信息化建设是解决执行难的迫切需要

传统执行模式下，执行员要查找被执行人及其财产，只能逐个到相关单位查询、请求协助，费时费力，效率低下，还经常遇到消极对抗，并日渐形成了被执行人难找、执行财产难寻、协助执行人难求、应执行财产难动，成为执行难的主要外部原因。我国公安机关掌握着人员的定位信息和手段，银行、房地产管理部门、工商机关等掌握着企业和自然人的财产信息。如果能取得这些掌握着人员和财产信息的机关或者企业的支持，并且能通过网络与它们的信息网络互联共享，实现网上查找被执行人、被执行财产，协助执行，处分和分配财产，就能使法院外部的执行难题迎刃而解。

（三）加强信息化建设是执行工作规范化的必然选择

传统执行模式下，执行员一人“包案到底”，执行权力过于集中，执行法院领导和执行当事人均无法及时了解案件办理的进度，为少数执行人员乱执行、消极执行等不规范行为打开了方便之门。推行执行工作方式方法和执行分权改革，从内部加强督促和相互监督，能部分解决此类问题，但治标不治本，在整体司法环境未能有效改善的情况下，内部的督促和监督缺乏刚性，效果必然大打折扣。而在执行信息化条件下，执行机构不仅可以实时对个案流程进行直观管理，对法院全部辖区案件进程实时监控，还可以将执行案件信息和进展情况通过网络全面公开，解决了传统执行模式下执行效率不高、执行不公开不透明等问题，能有效提升执行工作的管理水平和运行质量，真正实现执行工作的规范化。

（四）加强执行信息化建设是社会信用体系建设的需要

党中央、国务院高度重视社会信用体系建设。党的十七届六中全会明确提出把诚信建设放在突出位置，抓紧建立健全覆盖全社会的征信系统，并加大对失信行为的惩戒力度。党的十八届三中全会对社会信用体系建设作出了新的战略部署。国务院于2014年6月发布的《社会信用体系建设规划纲要（2014～2020）》指明了社会信用体系建设的工作方向。在全面深化改革的大背景下，加快推进社会信用体系建设，是完善社会主义市场经济体制的重要基础，是加强和创新社会管理的重要举措，也是培育和践行社会主义核心价值观的重要内容。社会信用体系建设，不仅会从根本上优化债务清偿的信用环境，也将为全社会开展对失信被执行人的联合信用惩戒提供难得的历史机遇。

最高人民法院作为社会信用体系建设部际联席会的成员，肩负着参与和推进社会信用体系建设的重要使命。2013年，最高人民法院推出失信被执行人名单制度，即俗称的“失信者黑名单”

制度，推动全社会进行联合信用惩戒。由中央文明办、最高人民法院牵头，中央八部门于 2013 年签订了惩戒失信备忘录，对失信被执行人进行联合惩戒，在威慑和制约“老赖”方面取得了很好的成效。

二、执行信息化的前期探索

站在最高人民法院的视角，自上而下观察和回顾人民法院执行信息化的进程，可以说，它以全国法院执行案件信息管理系统为基础，经历了一个从无到有、从简到繁、从不成熟到逐步成熟的过程，其主要发展可以划分为两个大的阶段：一是自 2004 年以来最高人民法院前期的探索和积累阶段。二是 2013 年以来，以周强院长为首的新一届最高人民法院党组对法院信息化和执行信息化高度重视，全国法院执行干警戮力齐心，执行信息化进入了全面推进、迅猛发展与突飞猛进的新时代。

从 2004 年起，最高人民法院开始挑起全国法院执行信息化建设的大梁，进行了艰难的探索，取得了一些成效，其主要成果和困难表现在以下几个方面：

（一）全国法院执行案件信息管理系统的研发和案件录入

2004 年 7 月，最高人民法院在厦门市湖里区人民法院召开了执行信息管理现场会，向全国法院推介现代化信息技术运用于执行工作产生的巨大作用，拉开了执行信息化建设的序幕。同时，最高人民法院成立了工作组，并从全国多家高级人民法院抽调人员，选定专业公司，开始了案件系统软件的研发。2006 年 4 月，案件管理系统软件开发基本完成，最高人民法院选定北京、黑龙江、山东、福建、重庆五省市法院作为试点，率先开展信息录入和系统应用。2006 年 9 月 8 日起，全国法院将当年 9 月 1 日以后新收的执行实施案件录入系统。2007 年 1 月 1 日，系统在全国法院正式运行。到 2009 年年底，全国法院执行案件信息管理系统已录入案件 950 万余件。2009 年 3 月 30 日，最高人民法院通过政务网向社会开通“全国法院被执行人信息查询平台”，社会公众可通过平台查询未履行案件被执行人的案件信息。为提高执行案件信息系统的运行质量并为对外信息合作预留更加便利的窗口，2010 年 11 月，全国法院执行案件信息管理系统的升级改造工作正式启动，2012 年 10 月完成研发，并于年底开通。

但是，全国法院执行案件信息管理系统的功能和作用在十年间并没有得到很好的发挥。一是该系统不能与全国大部分法院陆续各自研发、建立的执行案件流程管理系统直接对接，因此，执行法院和执行人员要在自己法院的案件管理系统中输入案件信息，还要在全国法院查控系统中再次手工输入或者批量导入案件信息，一定程度上加大了执行人员的工作负担。二是该系统设计时预设的很多功能，由于法院系统内外网络对接进展缓慢等原因，长期未能得到有效利用，系统设计时希望实现的功能未能有效实施。三是各种因素相互作用的结果导致十余年以来，该系统内录入的案件与实际操作中实际执行的案件，数量上存在较大的差异。如福建省法院系统 2013 年进行核查，约有 70 万件案件没有计入案件流程管理系统或者没有登入全国法院执行案件信息管理系统。①

（二）努力推进与执行联动单位的网络对接

2010 年 7 月，在党中央的领导、协调下，最高人民法院与中

① 数据来源于福建省高级人民法院的相关报告。该院于 2013 年组织核查清理，最终将全省所有未进入该系统及未立案而“体外循环”的案件全部录入。

央18个部门联合出台了《执行联动机制意见》，对人民法院执行信息、各部门信息之间的互联共享作出规定。同月，最高人民法院与中国人民银行联合下发通知，规范了人民法院查询和人民银行协助查询被执行人人民币银行结算账户开户银行名称工作，明确由高级人民法院汇总辖区法院查询申请后，向所在地人民银行省级分行等特定分、支行送交书面及电子光盘版《协助查询书》，集中查询被执行人开户银行信息。最高人民法院与公安部公民身份证号码查询服务中心就被执行人身份信息查询事宜多次沟通，协商信息合作方式及查询内容，取得了共识，并建立了合作关系。最高人民法院积极与全国质量监督检验检疫总局组织机构代码查询中心沟通，于2009年达成合作备忘录。

但是，由于部分联动单位信息网络建设水平较低、网络互联共享的意识不强、全社会信息化水平较低等原因，长期以来，虽然有中央文件的规定，人民法院与各部门的联动合作进展较为缓慢，与人民银行的上述联合发文甚至实际上堵塞了各地人民法院原本与地方人民银行分支机构查询的良好合作通道，实践中对其效果颇有争议。十年间实际取得进展的只有身份证和组织机构验证两项。

三、最高人民法院执行信息化全面推进的新阶段

最高人民法院新一届党组和周强院长，高度重视法院信息化和执行信息化建设。周强院长多次对执行信息化作出重要批示并听取最高人民法院执行局专门汇报。在最高人民法院党组的领导和周强院长的直接督促、推动之下，人民法院执行信息化工作近期取得了重大进展。

（一）确立执行工作“一性两化”的基本思路

最高人民法院新一届党组履新后不久，就确立了当前及今后一个时期执行工作“一性两化”的工作思路，即依法突出执行工作的强制性，大力加强执行工作规范化和全力推进执行工作信息化。

2013 年 9 月 11 日，最高人民法院在北京市怀柔区召开全国高级人民法院执行局长座谈会暨执行指挥中心试点推进会，奚晓明副院长代表最高人民法院党组，明确指出执行信息化是解决执行中诸多难题的利器，是破解执行难的必由之路，要求各级人民法院充分认识执行工作信息化建设的极端重要性，结合本地实际开拓创新，将执行工作信息化建设提高到新层次新水平。本次会议要求各级人民法院提升和扩大执行信息化建设的层次和格局，并且对最高人民法院加强执行信息化提出了四个明确要求：一是要与国家有关部门加强沟通协调，积极推动在国家层面加强执行信息化建设；二是要从国家信用体系建设的高度，对执行信息化建设进行全面、系统的顶层设计；三是要尽快研究起草关于执行信息化建设方面的实施细则，为执行信息化建设提供一套明确的规则体系；四是要积极推动立法机关完善相关立法，加快推进执行信息化法律法规的建立和完善。

怀柔会议的召开，标志着最高人民法院主导的国家层面的执行信息化正式进入攻坚阶段，全国法院的执行信息化进入了全新的阶段，掀开了崭新的一页。

（二）加强执行信息化的顶层设计

2014 年 4 月，最高人民法院下发了《执行指挥系统建设意见》，对作为执行信息化建设核心内容的执行指挥系统建设进行了全面设计与规划。该意见明确各省（自治区、直辖市）高级人民法院在本辖区法院内网上，依托执行案件管理系统，建立统一管理、统一协调、统一指挥、辐射辖区各级人民法院的执行指挥系统，利用信息技术手段，将执行网络查控、远程指挥、信用惩戒、司法信息公开及网上执行服务、执行风险评估与预案、执行流程及绩效考核管理、数据挖掘及智能分析决策等系统有机整合为一个整体，实现辖区内三级法院的信息共享、联动配合和规范管理。最高人民法院通过天平工程一级专网与各高级人民法院进行连接，搭建全国一体的执行指挥系统平台，在全国范围内实现执行信息共享，形成全国四级法院上下协调、内外联动、规范高效、反应快捷的执行联动机制。该意见并对执行指挥系统建设的基本功能、运行模式、系统架构、硬件设备、网络条件和建设步骤等方面作出了全面的规定，成为当前和今后一个时期人民法院执行指挥系统建设的纲领性文件。

（三）不断提升案件信息系统的质量和应用水平

2014 年以来，最高人民法院大力完善全国法院执行案件信息系统。一是加速开发网络查控、远程指挥、案件流程管理、执行信息公开等系统软件，采购有关网络设备。用于推送信息的 FTP 服务器等网络设备已于当年 5 月初投入使用。二是于 10 月将全国法院执行案件管理信息系统从互联网迁移至最高人民法院内部网络运行。三是下发多个通知，要求各级人民法院核查补录执行案件数据，确保案件信息真实准确，为实现网络安全、自动生成和使用数据，打造过硬的基础工程。四是组织专家评审、论证采用光闸设备同联动单位实现数据自动交换模式的技术可行性，确保网络安全。

（四）大力推进网络查控机制建设①

一是与银行业的网络对接扎实推进。首先，在周强院长的直接关心下，与中国人民银行总行就建立“总对总”网络查询机制达成了共识，最高人民法院将与其金融城域网对接，使人民法院能在全国范围内查询被执行人银行开户情况。其次，与银监会就网络执行查控和联合信用惩戒两个机制建设联合发文。再次，与工、农、中、建、交等20家主要银行及金融机构于2013年、2014年陆续签订了执行联动合作备忘录。2014年以来，经过与银监会、银行业协会和多家商业银行紧密磋商，共同制定了“数据交互规范”，与多家银行已搭好专线，正紧锣密鼓地进行软件对接。2014年9月和10月，最高人民法院刘贵祥专委带队，组成3个工作组赴各银行协调、督促联网事宜。最后，与中国银监会形成共识，将采取接入银监会金融专网通道的方式，与其他3000余家商业银行总行实现“总对总”联网。二是与国家工商总局关于网络执行查控和联合信用惩戒两个机制建设的联合发文，与其的专线已搭建完成。三是与证监会就加强信用信息共享及司法协助机制建设联合发文，即将搭建专线。四是与公安部多个部门就户籍身份、住宿、车辆、出入境、边防、预警等事项的信息共享和网络查控问题进行了多次沟通，取得了多项共识，与其通过专线建立网络查控机制事宜已列入各自工作日程。

（五）深入推进联合信用惩戒机制建设

最高人民法院于2013年7月出台《失信被执行人名单规定》

---

① 关于网络查控机制的优点和具体成效，请参考本章第二节有关“效率革命”的内容。

后，狠抓该制度的落实。首先，通过召开两次新闻发布会，借助各类媒体“轰炸式”宣传，扩大影响，使该制度妇孺皆知。其次，各级人民法院积极建设“失信者黑名单”库。截至2014年9月底，该名单库中已纳入失信被执行人50余万名。最后，国家各部门联合实施信用惩戒。最高人民法院积极向各部门推送“失信者黑名单”，在各有关部门的支持下，全社会联合信用惩戒的格局基本形成。一是与公安部全国公民身份证号码查询中心、全国组织机构代码管理中心展开合作，确保被执行人身份信息的准确性。二是向中国人民银行征信中心推送失信被执行人名单信息，将失信被执行人名单信息纳入其征信系统。三是与20余家金融机构共享失信被执行人名单信息，使列入“失信者黑名单”的被执行人在办理贷款、信用卡等业务时，受到限制。四是由中央文明办牵头，与国务院国资委、公安部、银监会、国家工商总局、中国民用航空局、中国铁路总公司等八部门达成共享备忘录，禁止失信被执行人乘坐飞机、列车软卧，限制其在金融机构贷款或办理信用卡，禁止其担任企业的法定代表人、董事、监事、高级管理人员等。五是与各类媒体开展战略合作，宣传推广“失信者黑名单”。如与人民网联合推出“失信被执行人排行榜”，百度搜索引擎等媒体经最高人民法院同意，主动链接并公布“失信者黑名单”。六是有关部门主动与最高人民法院联系获取“失信者黑名单”，联合进行信用惩戒。社会信用体系建设部际联席会领导多次在例会上要求有关部门与最高人民法院合作，对列入“失信者黑名单”的失信被执行人进行信用惩戒，或者参考最高人民法院经验，建立各自领域的“失信者黑名单”。国家发改委中小企业协会、全国工商联、中国银行业协会、中国银联及多个公司等主动联系获取“失信者黑名单”信息事宜。国家税务总局等多个单位领导到最高人民法院交流，或者来电咨询。

从2013年7月至今，该制度引发广泛关注，受到了社会各界的一致好评，取得了良好的效果。实践表明，最高人民法院推出“失信者黑名单”制度，强有力地打压了失信被执行人的生存空间，促使其自觉履行债务，是解决执行难问题的重要突破。同时，这一制度教育和引导了其他被执行人以及全社会诚实守信，推动社会信用体系的建设，推动了守信光荣、失信可耻风尚的形成。

（六）大力推进通过信息化途径实现执行公开

最高人民法院高度重视执行公开工作，近期，更加注重利用信息化手段推进执行公开，确保当事人和社会公众更为便捷地了解执行信息。一是建立健全执行信息公开平台。这一平台主要由三大平台构成，即全国法院失信被执行人名单信息公布与查询平台、全国法院被执行人信息查询平台和执行案件流程信息公开平台。上述前两个平台已经建立，目前最高人民法院正在抓紧全国法院执行案件流程信息公开平台的建设。最高人民法院在政务网上建立“中国执行信息公开网”，提供查询执行案件流程信息及执行裁判文书的功能。二是出台执行流程公开的规范性文件。最高人民法院在先后出台《执行公开规定》《司法公开三大平台建设意见》等规定的基础上，于2014年9月3日印发了《执行流程公开意见》，明确了人民法院执行流程信息以公开为原则、不公开为例外，依据对依法应当公开、可以公开的执行流程及其相关信息，一律予以公开的目标，具体规定了执行流程公开的内容、方法，确保执行案件办理过程全公开、节点全告知、程序全对接、文书全上网，为当事人和社会公众提供全方位、多元化、实时性的执行公开服务，全面推进阳光执行。

（七）全国法院执行指挥系统正式运行

最高人民法院有关部门按照周强院长要求，积极进取，全力以赴，推进本院的执行信息化建设，于2014年底取得了重大成果。经过多次与中央机构编制委员会办公室（即中编办）等部门沟通，中编办最终明确同意最高人民法院执行指挥机构名称为“最高人民法院执行指挥办公室”，由最高人民法院执行局信息室负责日常工作。最高人民法院有关人员加班加点，夙夜在公，全力推进系统改造，加快与联动单位网络对接，最终使承载执行指挥网络系统和各项功能的最高人民法院执行指挥系统建设成立。2014年12月24日，最高人民法院举办执行指挥办公室挂牌暨执行指挥系统开通仪式，宣告最高人民法院执行指挥系统正式运行，标志着全国法院执行指挥系统正式建立。

最高人民法院执行指挥机构和执行指挥系统的正式设立，将进一步加强执行信息化在全国的组织与协调力量，将进一步推动全国法院执行指挥中心建设等工作，进一步保证执行信息化的各项工作快速、扎实、稳步的在全国法院推进。

四、地方法院执行信息化的积极推进与蓬勃发展

多年来，执行信息化的推进与我国其他很多制度改革一样，遵循地方因实践需要自下而上进行改革、中央层面进行总结推广的路径。上述最高人民法院顶层设计的出台，离不开各地人民法院的探索与实践。同时，在最高人民法院近期的大力推动下，地方各级人民法院的执行信息化建设走上了快车道，正稳步、迅速向前推进。

整体而言，当前全国执行信息化发展呈不平衡状态。福建、广东（含深圳）、上海、北京、广西、浙江等实现了全辖区执行案

件流程系统、“点对点”查控系统的统一运行，失信联合惩戒和信息化方式实现执行公开等工作也扎实有效，成为执行信息化的第一梯队。重庆、河南、山东、黑龙江、湖北等省（市）实现了全辖区执行案件流程系统的统一，但“点对点”网络查控机制进展较之第一梯队缓慢。但是，这一梯队中也有不少法院在信息化的某个项目中居于领先地位。如湖南、江西、湖北、宁夏等多个省、市、自治区高级人民法院或者所属中、基层人民法院在适用失信被执行人名单制度方面，取得了很好的成效，形成了比较成熟的模式或者各自的特色。目前，各地人民法院在执行信息化方面形成了比、学、赶、帮的良好氛围，互相学习先进做法，主动推动跨区域、跨行业网络对接，使人民法院执行系统日趋完善。相信在不久的将来，人民法院执行信息化的目标一定能够实现。①

（一）福建法院推进执行信息化的经验

福建法院认真贯彻落实最高人民法院和周强院长关于加强执行工作和信息化建设的部署要求，以司法为民、公正司法为主线，以信息化建设为基础，充分运用互联网思维，构建“一中心五系统”，着力完善执行信息化体系，从理念、方式、机制、模式上创新推进执行工作，努力让人民群众在每一个执行案件中都感受到公平正义。

1. 构建执行指挥中心，实现一盘棋整体运作。福建省高级人民法院执行指挥中心作为总枢纽、总网闸、总调度，通过“五大系统”及30多个子系统的高效有序运转，将人民法院与银行业金融机构、协助执行单位连接起来，对上下级法院之间、各地人

① 下述有关内容由各高级人民法院专报，数据由各高级人民法院统计而来。

民法院之间的执行事务进行统筹协调，并收集、管理全省法院各类执行数据信息，形成了内部与外部联动、纵向与横向协同、开端与终端交互的执行工作新体系。

2. 健全网络查控系统，做到“点对点”无缝直通。针对被执行人难找、执行财产难寻的问题，福建法院与35家银行业金融机构建立了“点对点”网络执行查控系统，与公安、国土、住建、工商等联动单位实现了网络对接，实现对被执行人财产信息、个人信息的查询、预警和控制。一是启动快。设置“立案即查”功能，全部新收执行案件一经立案移送执行部门，无须人工发起，系统即自动提起一次网络查询。二是时间短。查控银行存款反馈时间在30分钟内，最少在1分钟内即可反馈，查控工商股权在30分钟内，查控土地使用权、房产平均在5分钟。三是费用低。借助人民银行的金融城域网与金融机构实现网络连接，依托福建政务内网系统与联动单位实现网络对接，既方便快捷又降低费用。

3. 健全失信惩戒系统，敞开“曝光台”联动威慑。针对被执行人失信赖账的问题，构建失信被执行人信息公布平台，主动对接社会信用信息和失信惩戒体系建设，督促“老赖”自动履行义务。一是全媒体公开。不仅通过最高人民法院失信被执行人名单库公布，还在福建省高级人民法院政务网设置公布专栏，并利用报刊、广播、电视、网络、手机和户外电子屏、公告栏等，全方位、立体化公布失信被执行人名单。二是常态化纳入。坚持“纳入是常态、不纳入是例外”的原则，对应纳入名单库的被执行人一律纳入失信名单库，对拟不纳入的进行严格审批，确保“应纳尽纳”。三是多领域运用。会同有关部门加强信息共享和联合惩戒，使失信被执行人在融资信贷、招标投标、政府采购、高消费等方面受到信用惩戒。

4. 健全短信互动系统，依托12368公开透明。针对执行不规范、不透明等问题，构建12368执行短信互动服务系统，设置节点式自动告知、开放式公开查询、双向式互动沟通、层级式督促交办、分步式预警提示“五大功能”，将信息公开、财产举报、资讯传递集为一体，以“移动互联互动”完善执行信息公开平台。一是全程留痕。对执行立案到结案各节点信息进行自动收集、记载，形成执行日志，做到有迹可查。二是全程公开。自动向当事人发送执行节点信息，当事人也可通过短信系统自主查询、咨询案件进展、举报财产线索、进行投诉建议等。三是全程互动。实时将当事人咨询、举报转发给案件承办人，并在限定时间内回复，对信访事项需在第一时间与信访人沟通。

5. 健全集约执行系统，借助“千里眼”高效运转。针对执行资源分散、效用不高等问题，建成全省执行远程视频指挥调度系统，对执行处置和执行委托、审批等事项进行集约化管理。一是实时跟踪。借助执行外勤单兵系统，对执行实施过程和现场取证、听证、送达等进行同步录音录像，并可以实时回传指挥中心。二是快速反应。执行人员如遇到突发事件，可触动随身移动终端警报按钮，指挥中心将指挥就近法院做好应急处置工作。对公安预警布控信息，执行法院可通过指挥中心将法律文书发送给被执行人所在地基层人民法院，以迅速控制相关人员。三是简便高效。将全案委托改为事项委托，通过指挥中心进行委托材料电子交换和跟踪落实，并实现网上办理边控手续和跨省异地执行审批等。

6. 健全案件管理系统，运用大数据务实求真。针对执行案件信息不完备、数据不准确等问题，完善执行案件管理系统。一是科学设置考评指标。从转变司法政绩观入手，在系统中设置并自动生成反映实际执结率合理区间的执行案件合规率指标，保证执行结案信息录入的真实性。二是分流新案与旧案。加强分类管理，将2013年12月21日起新收案件统一录入福建法院司法管理信息系统，加强流程管理和节点控制；将之前未实际执结的案件纳入旧案管理系统，由专职查控人员持续跟踪、滚动查控，以确保有财产可供执行的案件及时结案。三是加强数据分析运用。整合、分析不同来源的数据信息，准确掌握执行收结案、财产冻结、预警布控、当事人履行能力和各类主体涉及诉讼等情况，发挥执行大数据在动态研判、决策参考、服务人民、保障权益等方面的功能作用。

（二）广东法院推进执行信息化的经验

从2009年开始，由广东省高级人民法院牵头，大力加强以全省三级法院执行指挥中心为代表的执行信息化建设，依托高科技手段，以互联网思维推动执行工作创新。特别是被最高人民法院确定为全国法院执行指挥中心试点单位以来，广东省高级人民法院在最高人民法院的支持指导下，统一规划、互补建设、错位发展、内外联动，建成了全省三级联网、信息全面共享、网络查控一体、案件精细管理、联动快速有效的执行信息化网络，取得了良好的社会效果和法律效果。

1. 执行查控系统功能强大，实现办案智能化。广东省高级人民法院执行查控系统为全省各级人民法院办案提供规范化、集约化服务。该系统特点是：（1）网络查控一体。该系统与全省法院综合业务系统和各商业银行系统实现全自动对接，全省122家中资商业银行，除中国邮政储蓄银行外，其余121家已全部开通被执行人银行存款的网络查询，其中108家开放银行存款网络冻结功能。（2）反馈速度快，查控量大。执行法官在办公室电脑上一键式发出查询、冻结请求后，两三分钟就可以收到银行的反馈结果。2014 年 1～9 月，执行查控系统共对 6.5 万件案件进行查控，完成银行存款查询、冻结 116 万笔，查控金额达 730 亿人民币、3.8 亿美元。由于其简便实用，查控量逐日增加，由 2013 年底的每天一千多笔猛增到目前的每天接近两万笔，高峰时每天突破三万笔。(3) 系统全自动封闭运行。系统实现了自动批量查询、网上冻结存款、数据封闭传输（数据包加密）等功能，杜绝人工介入，只有发起查控的执行人员才能查看查控内容和反馈结果，安全系数明显提升。(4) 网络查控范围广。系统现已建成两类 18 个信息查询子系统：一类是财产信息查询系统，包括银行开户、存款、车辆、工商、税务、国土、房产、征信、社保、组织机构代码信息查询，用于查找被执行人财产的线索；另一类是身份信息查询系统，包括户籍、婚姻、计生、出入境、学籍、旅业、民航和手机通话位置信息查询，用于查找被执行人下落。近期新增网络查控被执行人的证券信息。

2. 探索建立“网上执行局”，实现管理精细化。广东省高级人民法院探索建立全省三级法院“网上执行局”，研发的执行管理新系统实现了五个转变：(1) 精细执行流程管理，案件执行由个人自主变为智能引导。执行案件每推进一步，系统根据进展信息自动识别，并智能引导下一步执行流程，引导执行人员以最合理、最便捷、最有效的方式推进案件执行。(2) 精细执行期限管理，执行节点控制由领导督办变为系统跟踪，将各执行节点期限细分到立案、财产调查、财产处置、结案与归档等节点中，对节点超期的案件通过执行管理系统自动关闭办案权限，使案件无法继续流转。(3) 精细执行数据管理，案件关联信息由分散管理变为全省共享，建立全省法院执行管理系统数据中心，对关联债务、执行异议、信访、申诉案件等予以提示，对数据进行深度挖掘和智能分析。(4) 精细执行款项管理，法院代管账户由款案分离变为银行联控；增加“一案一账号”、不明款项汇入实时提示、执行款收付通知、拍卖保证金批量退付、执行款的统计分析等功能。（5）精细执行日志管理，执行进展情况由被动公开变为实时播报。针对执行案件每项节点内的办理过程，自动生成执行日志，并通过执行工作短信互动平台实时向当事人的手机发送信息，告知其全部执行进展，通过执行公开互联网平台实时播报执行案件流程，试行网上送达、网上递交诉讼资料、网上下达工作指令。

2013 年 11 月，全国法院执行信息化和规范化建设现场会在广东召开，最高人民法院院长周强批示：广东省高级人民法院以办案规范化、管理信息化、流程公开化为核心，率先改革创新，全力推进执行精细化管理系统，精心打造三级法院“网上执行局”。这是化解执行难的重要举措，意义重大，影响深远，代表了人民法院执行工作的发展方向。

3. 开放合作共享信息，实现执行联动网络化。（1）通过人民银行征信信息导入接口限制贷款。2012 年开发完成人民银行征信信息导入接口，每月将全省失信被执行人名单录入人民银行征信系统，商业银行据此对失信被执行人限制贷款与融资。（2）通过执行失信惩戒系统限制行政审批。广东省高级人民法院与广东省国土厅等 5 家省直行政机关共建失信被执行人惩戒机制，定期向省政府政务信息共享平台提供失信被执行人名单信息，全省发改、国土、住建、工商等部门据此限制其行政事项审批。（3）将执行查控扩大到互联网金融领域。广东省高级人民法院与腾讯公司签订纪要，将“理财通”等互联网金融产品纳入网络执行查控系统。（4）与公安、检察机关建立网络查询协作机制。广东省高级人民法院协助广东省公安厅、省检察院通过网络查询犯罪嫌疑人财产信息，省公安厅、省检察院协助广东省高级人民法院通过网络查询被执行人的民航、旅业信息，并与省公安厅就网上追逃被执行人达成初步意见。

（三）广西法院推进执行信息化的经验

2012年以来，广西壮族自治区高级人民法院紧紧围绕破解执行难的目标，以执行指挥中心建设为抓手，以执行案件信息管理系统为基础，以信息共享和执行联动为切入点和着力点，大力推进执行信息化建设。目前，广西已建成自治区、市、县（区）“三级建制、分级管理”的执行指挥体系，开发应用了三级联网的广西执行指挥系统，具备远程视频指挥、案件流程管理、网络执行查控、执行监督和信息公开等功能，基本实现全区三级执行指挥中心的上下协调、信息共享、规范管理和内外联动，取得了较好的成效。广西法院的经验主要有：

1. 充分发挥政治优势，加强执行信息化工作的组织领导。广西法院的执行工作得到了自治区各级党委、政府，特别是主要领导的大力支持。自治区党委专门下发文件成立自治区执行指挥中心领导机构，各地市、县（区）也全部成立了由党委政法委书记和法院院长担任指挥长的执行指挥中心领导机构，确保了试点工作包括执行信息化工作自始至终处于党委的直接领导下，纳入党委政府中心工作总体安排，从而有力地推动了各项工作的顺利开展。

2. 以信息共享和执行联动为重点，狠抓内外联动信息化。通过专线、电子政务网和城市金融网，与国土、住建、工商、公安、人民银行等23个执行联动部门以及广西区内22家商业银行联网，建成覆盖全广西的执行查控系统，实现了对被执行人银行存款、住宿登记、婚姻登记、国土房产、税务等信息的网络查询。同时，积极向有关部门推送失信被执行人名单，联合对被执行人采取限制高消费、限制出入境、罚款、拘留等强制措施和信用惩戒措施，构建全面覆盖、互联互通、资源共享、内外联动的诉讼、执行诚信体系，形成了强大的执行威慑力，提高了执行效率，节约了执行成本。建立了全区法院上下一体、协调统一、反应快速的运行机制。全区法院配备127台执行指挥车，购置了320台单兵作战系统和90台车载系统，极大地提高了执行工作科技化水平，实现强制执行案件远程指挥常态化。

3. 以案件分类管理为切入点，创新机制推进执行案件管理系统。广西壮族自治区高级人民法院自主研发应用的广西执行指挥中心数据信息管理系统，构建执行案件全程留痕、科学、规范、严格、精细管理的工作格局。以有无财产可供执行为标准，实行分类处置、分类统计、分别考评的执行案件分类管理新机制，对以终本结案（即指终结本次执行程序的案件）的无财产案件实行动态管理，定期自动通过执行查控系统对被执行人财产进行查询，发现有可供执行财产的立即恢复执行。

4. 坚定不移推进阳光执行，以公开促公正、保廉洁。广西壮族自治区高级人民法院认真落实阳光执行十公开承诺，采取手机短信告知、电子触摸屏查阅、电子公告屏公示、互联网查询等多种方式，主动及时公开信息。以司法公开三大平台建设试点为契机，开通广西法院阳光司法网，启用以来共公布执行五类限制人员信息4700多条，向当事人公开执行案件信息2500多件次，取得良好的法律效果和社会效果。按照“制度建设＋网络信息平台＋高标准拍卖场所”的改革思路，实行司法拍卖现场网上同步竞价，拍卖过程网上同步公开，实现“五权分离”，确保司法拍卖公开公正。

（四）上海法院推进执行信息化的经验

上海法院执行信息化建设坚持顶层设计、需求导向原则，在服务一线办案、服务领导决策、服务社会公众上创新理念，全面推进执行工作信息化，努力推动执行工作不断取得新进展。

1. 建设上海法院执行工作综合信息管理平台。它由执行案件管理系统、执行指挥中心系统、执行信息公开平台等三大功能子系统组成。执行案件管理系统是全市三级法院联网的统一执行办案平台，服务对象为办案人员；执行指挥系统由质效、联动、监控、预警、公开等九大内容组成，服务对象是局（庭）领导；执行公开系统是执行公开载体，服务对象是社会公众。三大子系统依托信息化保障，充分运用大数据理念运作，基础数据共享互通，功能定位各有特色，提升了执行办案质效，推进了执行规范化，促进了司法公开。

2. 构建“点对点”集中查控机制。该机制是指上海各法院按照上海市高级人民法院与相关商业银行达成的协作纪要，将协助文书一次性出具给相关商业银行后，通过网络数据交换方式集中查控被执行人银行存款信息。上海法院“点对点”机制在全国起步早，成效大，并且具有系统授权、后台操作的特点。技术上，提交查询需求前需要进行身份认证，没有身份认证无法进入该系统；只有立案后进入系统的案件才能查询，没有立案的案件无法提交；查询需求由系统自动生成，不能修改；数据的传送是通过专线等方式完成的；每步操作系统都会自动记录。2010 年初，上海市高级人民法院与 6 家银行开展“点对点”集中查询先行先试；2012 年 7 月，上海市高级人民法院召开与银行间“点对点”集中签约仪式，将签约银行拓展到 33 家，中国人民银行条法司、中国银监会法规部、最高人民法院相关领导出席该仪式，并予以积极肯定。后来上海法院的“点对点”集中查询模式进一步推广至全国，相关做法被吸收并上升为司法解释。

3. 建立12368诉讼服务平台。为化解在案件查询、诉讼咨询、电话找法官难等影响群众诉讼方面的难题，2013年8月，上海市高级人民法院建立“上海法院12368诉讼服务平台”，2013年12月初投入试运行，2014年1月2日正式开通。该诉讼平台在上海市高级人民法院设总平台，下设22个分平台，配备57个坐席，同时能接听57路来电。该平台集电话、短信、传真、微信、邮件、APP、网站等于一体，并与各法院诉讼服务中心、执行事务中心实时对接联动。一是12368诉讼服务热线。通过12368热线，向当事人提供一站式服务，包括案件进展查询、承办法官查询、联系电话查询、执行法律咨询服务。二是12368短信主动公开。执行案件立案审查需输入申请执行人手机号码，执行案件流程管理信息，包括立案、分案、财产查询、罚款拘留、评估拍卖、失信曝光、执行结案等47个节点信息由系统自动发送短信，实现短信主动向当事人公开。

4. 创建C2J办案辅助系统。C2J是英文court to judge，即法院对法官的缩写，源起于上海市第二中级人民法院，是上海法院在创建“智慧法院”的进程中，借鉴B2C电子商务模式，运用云计算技术，依托法院局域网，以案件办理为主要连接点，由法院直接向一线法官提供全方位、多角度、互动式的在线法律资源服务，它包括裁决文书智能纠错、文书上网辅助、相近案件查询、关联条文释义等实用内容。

（五）浙江法院推进执行信息化的经验

浙江法院执行信息化建设起步于2000年，到2007年建立了全省三级统一的执行案件管理系统。2008年以来，浙江省高级人民法院党组把信息化上升为科技强院战略，齐奇院长提出“服务审判管理与服务法官办案并重”的工作要求，陆续建成全省法院数据中心；覆盖全省的执行案件信息管理平台；以执行征信、查控、惩戒、监督、保障五个系统为主干的执行查控体系；司法网拍系统、信用惩戒系统、司法公开系统、远程指挥系统等执行信息化平台。在信息化建设中，浙江法院坚持高起点高标准，坚持执行信息采集智能化、执行程序管理标准化、执行信息状态公开化、执行质效评价客观化四原则。通过多年的努力，逐步走出了一条具有浙江法院特色的执行信息化发展之路，再借用各方资源，利用现代信息科技的高效、便捷调查控制被执行人及其财产方面发挥了重要作用，有力地落实了执行公开，提升了执行公信，促进了案件执行。

浙江法院 2012 年开始与全省 58 家银行建立了存款网上“点对点”执行查控机制，到目前已完成查询 1.17 亿次，涉及被执行人 234 万人次，查到存款达 4457 亿元。2013 年实现“点对点”存款冻结机制，至今已与 23 家银行开通网上冻结功能，已成功冻结账户 1.28 万个，金额 7.17 亿元。

2013 年 6 月，浙江省高级人民法院与省民政厅建立婚姻信息共享系统，已实现查询婚姻登记信息 186320 次，查询到婚姻信息 110595 条。

2014 年 6 月，浙江省高级人民法院建立了公安机关协助人民法院协查、控制被执行人机制。该协助查控系统正式运行后，已查询户籍信息 363340 次，查到信息 195759 条，查询出入境信息 258815 次，查到信息 94992 条，已查询车辆信息 466787 次，查到信息 94992 条。全省各级人民法院对已决定拘留且下落不明的被执行人，可通过浙江法院执行管理系统提交网上布控。截止 2014 年 10 月 17 日，浙江法院对 5490 余名被执行人实施布控，成功控制住被执行人650人。

2014年8月，浙江省高级人民法院、浙江省住建厅联合下发在全省建立市级网上“点对点”房产查控机制有关问题的通知，至9月底全省已建立10个市级网上“点对点”房产查控中心，查询房产总计449067次，查询到被执行人房产49253处。

2014年7月，浙江省高级人民法院与浙江省高速交警总队在高速公路建立协助执行工作机制并签署会议纪要，于10月正式启用。

浙江省高级人民法院还积极实施失信被执行人名单制度，29万余被执行人纳入失信名单，数量居全国之首；积极参与社会信用机制建设，对失信被执行人实行全方位信用惩戒；建立执行公开平台，设立短信告知平台，开通12368语音服务平台；加强执行指挥中心建设，坚决落实“一性两化”工作要求。

（六）江苏法院推进执行信息化的经验

为进一步提升执行实效，树立“胜诉当事人权利兑现最大化、执行效率最大化”的执行工作理念，加大执行力度，努力使生效法律文书确定的债权最大限度得到实现，江苏法院抢抓机遇，依托信息化手段，全面推进执行查控机制建设，并将其作为执行指挥中心的核心功能。

1. 积极拓展执行查控信息源。目前，江苏省高级人民法院与南京地区28家商业银行、中小银行、外资银行金融信息查询协议已经签订完毕并完成“点对点”连接，同时对被执行人的银行存款查询已经扩大到所有企业法人、社会团体和公民个人。各中级人民法院、各基层人民法院也积极与当地农商行、其他商业银行建立“点对点”查询平台，全省法院完成“点对点”连接的银行数量已达72家。睢宁县人民法院与睢宁农商行建立的“点对点”查控平台，还实现了查、扣、冻一体化。此外，江苏省高级人民法院与江苏省国土厅、江苏省工商局之间分别签订土地、工商信息查询对接协议，相关查控系统已经全面投入使用；与江苏省公安边防总队建立网络边控协议，正在进行软件开发。同时，各中级人民法院积极沟通协调带有地方属性的市国土局、市住房保障和房产管理局、市计生委等部门，已建立 173 个“点对点”网络查控系统分中心。

2. 科学规范执行查控流程。根据不同协助执行单位的不同管理模式，在“点对点”查控平台的建设中采取不同的技术模式，对执行查控流程进行科学规范。对于可以通过省级平台查询的信息，由省高级人民法院与相关单位统一协调，建立“点对点”查控系统；而对于房地产、地方银行等属地管理的部门，要求省内的各地法院与当地相关地方单位分别联网。截止目前，江苏省内的 13 家中级人民法院均建立了“点对点”网络执行查控分中心，与当地带有地方属性的银行、房产、土地，计生等部门分别联网对接，各个中级人民法院的分中心又与江苏省高级人民法院“点对点”网络执行查控中心网络对接，这样实现省内异地查询，执行法官可以足不出户在网上完成对被执行人异地银行（江苏省内的 100 多家银行）存款、房产、车辆、土地等的查询，从而有效节约人力、物力，提高工作效率。此外，省内各个中级人民法院执行指挥中心成立后，均立即着手制定了“关于建立点对点网络执行查控系统的工作方案”“点对点网络执行查控系统建设方案”等制度。

3. 有效提升执行查控实效。截止 2014 年 10 月 20 日，江苏省高级人民法院银行查控系统一共查询了 1505 万次，查询到存款总金额 723 亿元。江苏省高级人民法院与江苏省工商局的“点对点”查控系统自从 2014 年 9 月 28 日开通至 10 月 20 日不到一个月时间，共查询 4.4 万次，大幅提升了执行质效。

此外，江苏省高级人民法院执行指挥中心已经完成了执行案件管理所涉八大系统，快速反应系统、远程指挥系统、司法网拍系统、执行公开系统等已全部开发完毕并在启动运行之中。

（七）北京法院推进执行信息化的经验

北京法院被确定为全国执行指挥中心建设试点单位后，确立了以信息技术手段改革办案流程、管理模式和公开方式，一体推进执行办案的智能化、执行管理的可视化、执行公开的人文化。主要有以下特点：

1. 数据库共享。根据信息化建设的总体思路，集中力量攻关研发了北京法院执行指挥系统，包括供执行法官使用的执行办案平台、供管理者使用的执行管理平台、供当事人及公众使用的执行公开平台，三平台共用同一数据库，实现实时数据共享，每个案件的数据项约有 5000 余项，满足全部平台需要。

2. 网络互通。北京市法院现已实现法院内部网络、互联网络、政务网络、各银行（银监会）网络、手机短信、手机移动 app 客户端、12368 电话平台等全部网络信息化的实时互联互通，并统一整合到执行办案平台，为执行工作奠定网络信息基础。

3. 重塑执行流程。针对传统执行工作模式仅以审限为流程管理方式所造成的执行程序不清晰、财产状况不透明、执行措施不公开的弊端，执行指挥系统通过对执行程序中各个环节的重新梳理、整合，执行办案平台根据执行工作规律设计开发了程序类、财产类、行为处置类、管理服务等四大类 50 余个功能模块，涵盖包括执行立案、财产查控、财产变价、案款管理、结案等全部执行流程的所有功能，每个功能模块相当于智能手机的一个 app 程序，执行法官可以根据工作需要或习惯定义每个模块位置。北京法院执行信息化建设随着三大信息平台的上线，已形成了以执行办案为中心，具备网络查控、远程指挥、信息公开、信用惩戒、信访管理、监督管理、绩效考核、决策分析等八项基本职能的执行指挥系统。

4. 节点化控制。针对执行不规范、随意性较强乃至出现消极执行、选择性执行的现象，在设计执行程序功能模块的同时，对每个功能模块内部、模块之间的关系进行全面、详细的分析，将执行中关键的程序、时间、权限要求设置成节点，共设置监督督促类节点、提示提醒类节点、强制类节点等三大类共130余个关键节点，以节点的形式对执行办案进行自动、全面、系统的管理，并且连通案件管理子系统，为各级管理者提供网上审批、流程节点监控等服务，通过节点达到监督、控制、管理、服务和提示等目的。

执行办案系统的建设升级，使网上预约立案、系统自动分案、关联案件提示、自动集约查询、期限提示提醒、文书自动生成、结案程序自控等成为现实。

5. 财产查询智能化。新的执行办案系统实现了财产查询智能化，为执行法官提供了两种类型的财产查询方式：一类是自动查询，执行案件在确立承办人后，系统会自动查询被执行人的银行账户、房产、车辆、股权、户籍、配偶等信息，并在2分钟至48小时内将信息反馈到系统的个案中。二是即时查询，承办法官可以随时根据需要查询被执行的相关信息，如银行账户的即时余额信息等等，如当事人的银行账户余额发生变化，系统会主动提醒承办人，提醒的方式包括电脑系统提醒，手机app软件提示等。

6. 文书生成智能化。执行工作程序复杂，涉及的文书种类繁多，以往执行法官靠手工录入制作文书，占用时间过多且文书质量不能保证。为此，执行办案系统设置了文书制作模块，处理执行业务时，系统自动生成每项业务所需文书。系统将自动抓取本案的相关信息，如承办法院、文书名称、执行案号、执行依据案号、当事人情况、采取的执行措施、对应的法律依据、财产内容、承办法官、文书生成日期等等，自动进行排版生成文书，并配合电子签章系统，随时实现文书生成。

7. 提示提醒智能化。过去，各类财产的续封、续冻工作一直是困扰执行法官的一大难题。针对这种情况，新的执行办案系统设置了到期自动提醒功能，针对已经采取的各类财产处置措施及强制措施，在到期前发出提示提醒，督促执行法官相应时限内采取进一步措施。例如：限制出入境、拘留、边控到期提醒，车辆、房屋、银行账户查封、冻结到期提醒，案款到账提醒，暂缓执行的审批、决定提醒，报告财产令、调查令期限届满提醒，执行担保到期提醒等等。提示提醒智能化节约了执行法官的时间，同时也有效防范了渎职风险。

8. 移动办公智能化，执行法官运用自己的手机预装的“北京法院移动办案软件”，即可实现移动办公，图像、声音的实时回传，同时，系统会自动采集 GPS 位置，取证地点、时间等。

9. 公开方式人文化。对执行案件当事人，公开方式人文化，实现了多媒介、多渠道公开。通过“北京法院”app 移动应用软件主动推送执行情况；开通互联网查询通道，让当事人随时随地能够查询到其需要的执行案件信息；开通 12368 语音平台，让不方便使用网络的当事人也有途径了解案件进展情况。

在单向信息传输的基础上，北京法院研发专门的“我要找法官”软件，为当事人执行提供网上咨询和反映意见的通道，实现互动沟通人文化。进入执行法官的“联系法官”界面，可看到当事人从互联网发送的相关信息，执行法官点击“回复”后可进行回复操作。为督促执行法官及时回复，实现“没有当事人找不到的法官，没有当事人的意见得不到回复”的目标，系统对相关回复情况进行统计。进入各法院统计页面，可查询到每条咨询与反馈的概要。

（八）山东法院推进执行信息化的经验

山东省高级人民法院大力推进执行信息化建设，自 2012 年开始探索通过建立“点对点”查控机制查控被执行人财产，2013 年 8 月，山东省高级人民法院与银行业协会共同建立了司法协助网络工作平台，先后与 34 家银行建立了对接，以信息化手段快速查找被执行人的财产。短短数月，该省法院通过该平台共查询到被执行人存款 814.5 亿元，涉及 281765 名被执行人。山东省高级人民法院还积极推动建立全省失信被执行人信用惩戒体系，2014 年 6 月，山东省综治委下发了《关于加大对失信被执行人信用惩戒力度推动社会征信体系建设的实施意见》，在建立失信被执行人信用惩戒相关工作的组织协调机制、失信被执行人名单信息共享机制和实行守信激励与失信惩戒的联动机制等方面提出了明确的要求。山东省高级人民法院就全省法院贯彻落实该《意见》精神下发了指导意见，召开了新闻发布会，向社会通报了山东省综治委《意见》的主要内容以及全省法院贯彻落实最高人民法院失信被执行人名单制度的有关情况，公开曝光了 100 个失信被执行人。经《大众日报》《齐鲁晚报》等媒体宣传报道后，取得了良好的社会效果。

山东省高级人民法院与山东省工商局加强了信息共享，省工商局利用法院执行案件信息管理系统的数据，对“守合同、重信用”企业名单进行检测，凡是存在未结执行案件的企业，在审核中予以否决；与中国人民银行济南分行加强了协调配合，向中国人民银行济南分行提供全省法院的失信被执行人名单信息和未结执行案件信息，由金融单位对被执行人进行信用惩戒，同时，与中国人民银行济南分行达成专线连接，供全省法院集中查询被执行人的银行存款信息；与山东省公安厅就车辆登记信息和人口基本信息的共享加强了协调，实现了信息共享；与山东省国土资源厅就土地登记信息的共享进行了协调，达成了共识。

第四节　执行信息化的前景与面临的挑战及对策

根据当前执行工作的实际情况，综合考虑我国信息化发展规划和趋势，人民法院执行信息化建设在当前及今后一段时期内，应当按照最高人民法院党组和周强院长的要求，在党的十八届四中全会精神指导下，抓住国家和社会全面改革的政策以及司法改革和建设中国特色社会主义法治体系的历史机遇，顺风扬帆，勇立潮头，分步推进，大胆创新，不断开创具有中国特色人民法院执行信息化的新局面。

一、执行信息化的前景

当前，执行信息化已经进入全面、快速推进的阶段，我们应紧随信息化发展的需求，实现执行工作的信息化和现代化。我们认为，经过十余年执行信息化建设的积累，当前及今后一段时间的执行信息化建设在各个方面全面推进的情况下，要经历三个不同的侧重点，从而形成全面推进期的三个阶段。下面拟对各个阶段的运行情况进行规划。

（一）深化联动阶段

从现在开始，历经至少三年时间，执行信息化将处于深化联动阶段，其核心是建立全国联网的网络执行查控机制，主要工作有两项：一是各级人民法院将进一步加强执行信息化建设，实现四级法院执行案件系统的流畅对接，包括上下级法院和跨辖区法院之间都可以通过上级法院网络互相对接，以实现全国所有的法院之间能够流畅传送查控需求和反馈查控结果；二是各级人民法院通过与全国各级掌握被执行人身份、位置、财产信息的执行联动单位沟通协调，不断扩大与其信息网络互联共享的范围，直至与所有建立了网络信息系统的单位都建立“点对点”或“总对总”的网络查控机制，最终能够实现在全国范围内财产查封、扣押、冻结、划拨、拍卖信息化、电子化、协同化，切实减轻法院执行人员的工作负担。在这一过程中，最高人民法院担负着建立全国网络信息系统的单位“总对总”联网的任务。2014 年 10 月 15 日，最高人民法院、国家工商行政管理总局联合下发了《关于加强信息合作规范执行与协助执行的通知》，对人民法院与工商行政管理机关信息网络互联共享，通过网络化方式查询、冻结和强制转让被执行人股权、投资权益并对其程序进行了规范。按照中央的有关规划，到 2017 年，我国将建成全国统一的不动产登记平台。届时，通过最高人民法院与不动产登记和管理部门的网络对接，在全国范围内实现通过网络化方式对不动产的查封、冻结和强制过户应该可以实现。最高人民法院与银监会、证监会等部门也将达成类似的协议，最终实现网络对接和网络执行的全覆盖。对于没有集中建立全国网络信息的部门和单位，需要各地方法院与同级的部门积极沟通，通过“点对点”方式与地方联网，从而间接实现与其他法院联网的目的。

（二）信息整合阶段

在全国联网的网络执行查控机制基本建成的情况下，利用几年时间，全面整合人民法院内外信息，其核心是建立功能完善、上下联动、快速反应的执行指挥平台，实现执行工作的透明化、数据化，减少执行不力、违法执行现象的发生，提升执行工作的效能。简言之，以执行指挥中心这一执行信息化的重要载体为中心，深化执行平台建设，实现上述执行信息化的其他几个方面的功能，如联合信用惩戒、执行公开、执行管理等方面的功能，使执行信息化有关平台和机制资源得到整合，并使得其功能得到最大程度的发挥。有关内容在本书后续相关部分专门分析论述，在此不再赘述。

（三）大数据应用阶段

在大数据、云计算时代已经悄然来临的情况下，人民法院执行信息化不可能仅仅在法院内部系统和与外部联动单位联网基础上实现电子化、网络化执行。人民法院将从法院执行案件数据、全国法院执行查控数据大综合、大分析、大利用的角度，从推动社会信用体系建设的角度，从源头防止和解决执行难问题，参与国家治理能力的提升，来探索运用信息化方式，全面改进和加强执行工作的新方法、新模式。未来可以从如下几个方面探索大数据的应用：一是建立法院大数据库。采用专线连接、加密邮件和数据拷贝形式收集可供执行的财产信息，被执行人下落的信息，经营、消费情况信息，有信用惩戒价值的信息等数据。建立全国法院被执行人、申请执行人数据分析系统。做到提前预警，以解决多个法院对同一标的物执行所产生的矛盾和纠纷，减少产生跨辖区执行协调的需求，预防其他纠纷的发生。对同一民事主体在不同法院分别作为申请执行人、被执行人的案件进行统合处理。二是设立大数据查控流程。根据当事人申请或依职权，执行案件进入大数据查控程序。由专职法官查询、分析被执行人及其财产信息，并出具分析报告，案件承办法官根据该分析报告对被执行人及其财产采取强制措施。同时，大数据为查不到被执行人及其财产的执行案件（包括终本案件）提供有价值的解决方案。三是针对各类纠纷的特点，利用与社会联网形成的大数据进行科学分析，提出息讼止争的建议或方案，等等。

二、执行信息化的挑战与对策

当前我国信息化发展也存在着一些亟待解决的问题，主要表现在以下六个方面：一是我国是在工业化进程不断加快、体制改革不断深化的条件下推进信息化的，因此，信息化理论和实践的条件还不够成熟，而全社会对推进信息化的重要性、紧迫性的认识需要进一步提高。二是信息技术自主创新能力不足，核心技术和关键设备主要依赖进口。以企业为主体的创新体系亟待完善，自主装备能力急需增强。三是信息技术应用水平不高。整体上应用水平落后于实际需求，信息技术的潜能尚未得到充分挖掘，在部分领域和地区应用效果不够明显。四是信息安全问题仍比较突出。在全球范围内，计算机病毒、网络攻击、垃圾邮件、系统漏洞、网络窃密、虚假有害信息和网络违法犯罪等问题日渐突出，如应对不当，可能会给我国经济社会发展和国家安全带来不利影响。五是数字鸿沟有所扩大。信息技术应用水平与先进国家相比存在较大差距。国内不同地区、不同领域、不同群体的信息技术应用水平和网络普及程度很不平衡，城乡、区域和行业的差距有扩大趋势，成为影响协调发展的新因素。六是体制机制改革相对滞后。受各种因素制约，我国信息化管理体制尚不完善，电信监管体制改革有待深化，信息化法制建设需要进一步加快。

这六个亟待解决的问题，每一个都与执行信息化建设进程息息相关，在此，我们从其主要影响方面简要进行探讨。一是全社会对推进信息化的重要性、紧迫性的认识会影响人民法院与社会各部门网络对接工作的进程。有些单位积极性不高，网络迟迟无法对接，直接肇因就在于此。二是核心技术和关键装备主要依赖进口的问题，这会对执行网络硬件和软件建设形成障碍，有时为采购到符合规定的国产设备，要花费相当长的时间进行选择，甚至只能等待合格的产品生产出来才能进行采购。三是信息安全问题。安全性要求的高低，一方面影响法院执行网络建设的模式选择和时间耗费，另一方面直接决定与有关单位是否能实现网络对接，以及对接的模式。四是数字鸿沟的扩大，地区信息化程度的差异，对全国一体的网络执行查控机制等建设增加了难度。五是体制机制改革和信息化法制建设的滞后，客观上成为与有关单位网络对接和联合信用惩戒等工作的政策屏障，增加了协调沟通工作的难度，等等。

当前，人民法院在推进执行信息化建设的进程中，要高度重视网络安全和保密工作。习近平总书记指出，网络安全和信息化是一体之两翼、驱动之双轮，必须统一谋划、统一部署、统一推进、统一实施。① 当前我国的网络安全形势十分严峻，泄密事件屡有发生，必须引起高度重视。人民法院在推进执行信息化建设过程中，应深刻认识到做好信息化条件下保密工作的极端重要性和现实紧迫性，全面加强对领导干部和干警的保密意识和保密常识教育，坚决维护党和国家秘密的绝对安全。要严格落实各项保密制度、努力掌握网络信息安全保密技能、加强网络监管、及时堵塞网络漏洞、排除安全隐患、进一步增强人民法院网络信息安全保密综合管理能力，为干警抵御失密风险提供最大限度的帮助和支持。要严肃查处泄密事件和涉密违规行为，一旦发现，要坚决依法追究责任。

可以说，信息化对于人民法院执行工作而言，是一项重大挑战，更是重大机遇。人民法院执行工作，应牢牢把握司法为民、

① 习近平总书记在2014年中央网络安全和信息化领导小组第一次会议上的讲话。

公正司法的工作主线，充分发挥司法职能，抓住机遇，迎接挑战，更新理念，破解难题，创新模式，大力推进，不断深入推进信息化建设，为平安中国、法治中国建设作出积极贡献，为实现习近平总书记提出的“让人民群众在每一个司法案件中都感受到公平正义”的目标，作出不懈的探索和努力。

第二章　执行信息化平台建设

与审判信息化不同，执行信息化不仅仅限于对执行案件管理流程信息化，而是以执行案件信息管理系统为基础，通过法院与法院之间、法院内部各部门之间以及法院与有关部门之间的互联互通、信息共享，实现法院与协助执行单位、联动执行部门之间的网络信息化，并为执行工作管理提供数据基础、支持决策，不断提高执行工作的质量和效率，进而实现执行工作的目标。执行信息化也不是简单的计算机软件硬件的购置和安装，而是包括系统规划、系统建设、维护运营、人员培训、信息分析利用等内容。

具体说来，执行信息化是涉及信息技术、执行案件管理、执行信息公开、协助执行、联合信用惩戒等全方位、多层次的系统工程，不仅需要全国四级法院的全员参与、全程参与，也需要其他相关单位积极参与。因此，执行信息化建设的任务除了建设法院内部的执行案件信息管理系统，实现对执行案件的信息化管理之外，还要与掌握被执行人身份信息和财产信息的有关单位建立网络连接，实现信息共享并达到通过网络查找、控制和处分被执行人财产，共同实施信用惩戒的效果。但是，长期以来，由于行政层级管理观念、条块分割问题等体制机制原因，一方面，法院之间、法院内部各部门之间没有很好地实现资源整合和有效配置，另一方面，法院与有关单位之间也没有实现信息共享和联动执行。执行工作信息共享、快速反应、内外联动的要求，因为体制机制的局限不能真正得到满足，这就亟需突破传统的执行工作格局，搭建一个覆盖全国、快速反应、内外联动的平台，作为推动执行信息化建设、应用和发展的主要载体和具体抓手。近年来，部分人民法院在执行工作实践中运用创新性思维建立的执行指挥中心，就是符合上述要求的一个重要的、支柱性平台。执行指挥中心这一概念的提出，旗帜鲜明地凸显了全国法院执行工作一盘棋的理念，打破了传统的执行工作思维和模式，使执行联动和综合治理执行难问题的工作机制得到具体的贯彻落实，为当前和今后一个时期的执行工作，特别是执行信息化工作指明了方向。

第一节 执行指挥中心建设概论

执行指挥中心是以人民法院执行案件信息系统为基础，利用网络信息化手段，调配和集中人民法院、各联动单位以及社会各界的资源和力量，通过与各联动单位信息共享，对被执行人及其财产进行联网查控，对拒不履行生效法律文书确定义务的被执行人进行联动执行和实施联合惩戒，推动执行公开信息化，实现执行工作的统一管理、统一协调、统一指挥和快速反应的平台建设。执行指挥中心的建立，使信息化方式在执行工作中的应用更加广泛，覆盖面更大，执行联动机制的功能也能够更为有效地发挥。

一、建设执行指挥中心的必要性

执行信息化赋予了人民法院执行工作全新的概念，以互联网、多媒体、数字化为引领的信息技术推动执行工作机制体制改革不断深入，使执行工作模式和管理方式发生了很大的变化。因此，适应信息化发展的要求，以执行信息化为基础，建设覆盖全国、内外联动、高效运行的执行指挥中心便成为新形势下执行工作的一项重要任务。

（一）建设执行指挥中心是应对新形势下执行工作新挑战的现实需要

随着我国市场经济的发展和人民群众生活方式的变化，社会人口流动性增强，在新的社会经济环境下，执行工作的新挑战主要体现在如下方面：（1）社会财富流动加快，社会信息化进一步深化，电子商务等新兴商业模式飞速发展，人们的财产权益形式多样化；（2）不动产、特殊动产登记仍跟不上市场经济发展要求；（3）被执行人多头开户、转移财产、躲避债务情况频繁出现；（4）协助执行人怠于履行协助义务的现象时有发生。这些都对查控被执行人及其财产提出了挑战，为适应新型社会形势下的新挑战，我们需要以信息化、规范化、执行联动为特征的执行指挥中心这一新模式，以有效破解被执行人难找、被执行财产难寻、协助执行人难求等问题。

（二）建设执行指挥中心是有效提升执行工作质量和效率的重要手段

在传统工作模式下，执行工作主要靠办案人员逐一到银行、房地产、工商、证券等协助执行单位对被执行人财产进行人工查控，不仅耗时费力，而且效率低下，往往事倍功半。通过建设执行指挥中心，实现法院与协助执行单位之间信息共享、执行联动，法院系统内部互联互通、信息和资源共享，执行指挥中心可有效整合、调度执行资源，形成上下一体、内外联动、规范高效、反应快捷的执行联动、指挥信息网络平台，承办法官足不出户，即可完成财产查控处分、现场行动指挥、执行信息公开等工作，克服传统执行工作模式中效率低、管理松、效果差等弊端，同时节省大量时间和人力、物力成本，及时维护申请执行人的合法权益，确保实现习近平总书记所提出的“让人民群众在每一个司法案件中都感受到公平正义”的目标。因此，建立执行指挥中心的信息网络化工作模式，是实现执行工作的“效率革命”，是有效解决执行难问题的必由之路。

（三）建设执行指挥中心是推动执行工作体制机制改革的有力举措

通过建设执行指挥中心，充分运用信息技术，进一步整合执行资源，加强人民法院之间、人民法院与其他国家机关和单位之间的信息共享和互联互动，使执行工作真正步入信息化管理时代，并通过信息化促进执行工作规范化。相应地，上述措施又促使执行方式和手段发生重大变革。同时，通过建立执行指挥中心网络信息平台，上级人民法院执行指挥中心通过信息技术完成了原来由基层人民法院所承担的大量执行查控事务，减轻了一线办案人员的沉重负担，形成了执行指挥中心对执行案件的管理、协调、指导和监督的工作格局，高级人民法院对辖区法院执行工作统一管理、统一协调的执行工作体制将得到完善和巩固，有利于破解执行工作中的机制性难题，推动人民法院执行工作科学发展。

（四）建设执行指挥中心是促进公正、廉洁执法的制度保障

通过建设执行指挥中心，依靠科技手段和执行联动机制推进案件执行，可最大限度地避免人为因素对执行案件的干扰。同时，通过执行指挥中心网络信息平台的期限预警、节点控制、超期申报等流程管理功能，将执行案件全程置于监督之下，对执行

人员的监督管理将更加及时、有效，执行监督可据此实现三个转变，即由人控向机控转变、由事后监督向全程监督转变、由被动监督向主动监督转变。此外，通过执行指挥中心建立的案件信息平台，可让管理者和当事人及时、全面掌握案件执行情况，通过公开促进公正，防止司法腐败。因此，通过建设执行指挥中心，消极执行、违法执行现象必将得到有效遏制，从而有力地促进公正廉洁执法，增强司法公信力。

（五）建设执行指挥中心是推动社会信用体系建设、创新社会管理的重要途径

人民法院在执行过程中形成的失信被执行人名单库，可通过执行指挥中心实现与相关部门的信息共享，推动落实失信被执行人名单制度和信用惩戒机制，构建“守信者赢、失信者亏”的社会管理良性机制，进一步健全执行联动威慑机制，从而有力地推进社会信用体系建设、促进社会管理创新，进一步优化执行工作环境。因此，建立执行指挥中心工作平台，是人民法院参与和推进社会诚信体系建设的有力抓手，也是落实党的十八大关于加强和创新社会管理指导思想的重要着力点，对推进法治社会建设具有深远意义。

二、建设执行指挥中心的可行性

任何一项改革都有其历史的合理性及必然性。当前各级人民法院正在大胆探索和积极实践的执行指挥中心建设工作，既有重要的现实意义，更有其理论基础、法律依据和实践论证。

（一）建设执行指挥中心的理论基础

建立执行指挥中心的理论基础，主要在于对民事执行权性质

的认识深化以及对执行工作规律理解的深入。关于民事执行权性质的界定，即民事执行权兼有司法权和行政权双重属性已成为普遍共识；对于执行工作规律的认识，人们也逐渐从法院“单打独斗”转变到综合治理执行难，从单纯强调提高法院执行能力到建立健全执行联动机制以及完善社会信用体系建设。基于上述认识的深化，执行指挥中心建设亦获得了足够的理论支撑。一方面，从权力制衡监督的角度考量，具有行政权属性的执行实施权与具有司法权属性的执行裁判权应交由不同主体分别行使。另一方面，从权力属性上分析，执行实施权属操作性事务，应立足于实现权利而不是对具体争议进行判断，更倾向于效率价值。所以，由于权力制衡和效率最大化的需要，集约行使执行实施权和强化执行手段成为必然选择。

（二）建设执行指挥中心的制度依据

我国法律法规和规范性文件有关协助执行和联动执行的规定，为执行指挥中心的建设奠定了法律基础。一是协助单位的责任和义务已有法律法规作出明确规定。《民事诉讼法》第 242 条、第 243 条、第 251 条和第 255 条等都明确规定了协助单位有义务协助人民法院执行。特别是《民事诉讼法》第 255 条，一般都认为是法律对执行联动机制作出的初步规定。同时，地方立法机关也在进行大胆地尝试，如深圳市人大常委会于 2007 年 3 月 13 日通过的《关于加强人民法院民事执行工作若干问题的决定》第 10 条作出明确规定：公安、监察、劳动保障、规划、国土房产、建设、税务、工商、出入境管理、银行监管、证券监管、保险监管、招投标管理等部门以及银行、证券、保险等金融机构，应当建立协助人民法院民事执行的工作制度，并配合人民法院建立信息和执行工作联动机制。上述规定第一次以地方性法规的形式规定了民事执行联动制度。二是执行联动所需的辅助法律体系逐步完善。目前，我国个人身份证号码以及组织机构代码登记制度已经较为完善，并建成了完备的信息数据库共享平台。另外，我国相关的实名登记制度和财产登记公示制度也逐步得到推广。例如，2000 年 4 月，我国开始实行《个人存款账户实名制规定》；2007 年 10 月，《物权法》正式实施，不动产的设立、变更、转让和消灭都必须及时依法登记；2010 年 9 月，我国正式实施电话用户实名登记制度；2013 年 11 月 20 日，李克强总理主持召开的国务院常务会议决定，整合不动产登记职责、建立不动产统一登记制度，由国土资源部负责指导监督全国土地、房屋、草原、林地、海域等不动产统一登记职责，基本做到登记机构、登记簿册、登记依据和信息平台“四统一”。三是创设了执行联动机制。2010 年 7 月，最高人民法院与中纪委、中宣部、中央政法委、最高人民检察院、公安部、司法部等 19 个部门联合发布《执行联动机制意见》，这标志着我国执行联动机制的正式建立。2013 年 7 月和 8 月，最高人民法院先后颁布了《失信被执行人名单规定》和《网络查询、冻结被执行人存款规定》，以司法解释的形式确立了信用惩戒、网络查控等执行工作方式的法律效力，夯实了执行指挥中心建设的制度基础。

（三）建设执行指挥中心的实践论证

通过多年的努力和实践，我国执行工作改革取得了长足的进步，为建立执行指挥中心奠定了基础。一是全社会共同治理执行难问题的共识基本形成。多年来，对于破解执行难问题，从党中央到各级人民法院都给予了高度重视。自 1999 年以来，中央出台四个重要文件，要求司法机关深化执行体制和机制改革，切实完善执行工作长效机制，建立健全执行联动协调机制，并将建立和完善执行威慑机制，依法明确有关部门和单位协助执行的法律义务作为重点任务。从2007年开始，执行工作也被纳入了综治考评体系。2008年，中央政法委和最高人民法院共同部署了全国集中清理执行积案活动。2013年8月，最高人民法院与中国工商银行、中国农业银行、中国银行、中国建设银行、中国交通银行签订备忘录，确定将以网络专线等方式共享失信被执行人名单信息，共同实施信用惩戒，并推动网络执行查控机制建设。通过不间断的沟通、宣传和实践，运用综合治理的办法解决执行难问题，已经成为社会各界共识。二是软硬件条件已经具备。目前全国大部分地区都建有电子政务网，多数市级的协助执行单位都建有信息数据库，法院内部的三级网也基本形成。现有的网络条件和技术条件为建立执行指挥中心提供了物质保障。三是试点法院的实践证明执行指挥中心建设是可行的。先期开展试点工作的广西、广东两地法院和其他地方法院在执行指挥中心建设和运行方面取得了显著成绩，有效缓解了执行难问题，显示了执行指挥中心的强大生命力。

三、执行指挥中心建设的探索与实践

执行指挥中心在执行工作中的地位和作用，随着人们对执行工作规律认识的不断深化而产生变化。执行指挥中心的建设思路逐渐清晰，发展方向和目标也逐步明确。执行指挥中心不仅成为人民法院提高执行质量与效率、规范执行管理的工作平台、整合信息资源的中心枢纽，还成为密切联系群众，积极响应群众诉求的前沿窗口。

回顾人民法院建设执行指挥中心的发展经历，可以大体分为认识探索、实践尝试和规范发展三个阶段。

（一）执行指挥中心的认识探索阶段

20世纪90年代中后期，随着我国经济社会的快速发展，我国逐渐从工业社会步入信息社会，由于被执行人财产形式多样化，人员流动性逐渐增强，导致逃避执行现象逐渐增多，同时人民法院内部“案多人少”的矛盾逐渐凸显，执行工作方式和强制执行手段落后，如何有效整合执行资源，提高执行效率，解决执行难问题，维护司法权威，成为人民法院亟待解决的问题。面对执行工作的实际需要，人民法院形成一个共同的认识，应当有一个指挥中心，统一指挥调度有限的执行力量，来解决执行工作中所面临的如何提高执行机构的快速反应能力、如何快速查找被执行人及其财产两个重要问题。这是建设执行指挥中心最初的动因。于是，浙江、广东等省率先开始成立执行指挥中心。然而，当时对执行指挥中心的思考还没有脱离“24小时值班”和“指挥调度”的框框，故还没有形成现在意义上的指挥中心。在这样一个认识探索阶段，形成了这样的共识，即只有成立执行指挥中心才能更好地实现对有限执行力量的资源整合和快速反应，应当赋予执行指挥中心更多的指挥、调度、协调权力，满足执行工作高效、廉价、适当的内在价值要求。①

---

① 民事执行的内在价值主要体现为高效、廉价和适当。高效是执行程序“非依法不得停止原则”和“救济穷竭原则”的必然要求，裁判确定后，尽快地实现已经确定的裁判内容，是民事执行的首要目标。廉价是指以简化的程序和手续，以最少的费用，实现债权人的债权，恢复正常的社会秩序。适当，就是能够平衡各种关系，如公正与效率，债权人权益和债务人利益等。参见谭秋桂：《民事执行原理研究》，中国法制出版社2000年版，第71~72页。

（二）执行指挥中心的实践尝试阶段

2009 年，最高人民法院先后出台《关于认真贯彻落实全国人大常委会审议意见，进一步做好人民法院执行工作的通知》（法〔2009〕417 号）、《加强和规范执行工作意见》。前述文件规定，“高、中级人民法院应当成立执行指挥中心，组建快速反应力量，有条件的基层人民法院可以成立执行指挥中心”。该文件明确要求全国各级人民法院积极探索执行指挥中心制度，破解执行难问题，更好地保护当事人的合法权益。2012 年 7 月，最高人民法院决定将设立执行指挥中心建设试点纳入司法体制机制改革内容，同时在全国范围内选取广西壮族自治区高级人民法院和广东省高级人民法院作为执行指挥中心建设试点单位。通过试点积累经验，完善执行指挥中心的职责功能与运行机制，以期早日获得良好的示范效应，推动全国执行指挥中心的规范建设和健康、有序发展。2013 年 8 月，最高人民法院出台《关于增设执行指挥中心建设试点单位的通知》，决定增选 16 个高级人民法院和 4 个中级人民法院作为执行指挥中心建设试点单位，明确提出要建立覆盖全国、反应快速、内外联动的全国一体化的执行指挥中心。尽管这一时期各地执行指挥中心的职责范围、机构设置存在一些差异，但主要的基本职能是相同的。经过近 5 年的工作实践和不断发展、创新与完善，执行指挥中心走向成熟，并逐步实现规范化的发展。

（三）执行指挥中心的规范发展阶段

2014 年 4 月，最高人民法院下发《执行指挥系统建设意见》，对作为执行信息化核心内容的执行指挥系统建设进行了全面的设计与规划。2014 年 10 月，最高人民法院执行指挥机构名称明确为“最高人民法院执行指挥办公室”。最高人民法院执行指挥机构的正式设立，标志着覆盖全国的四级执行指挥体系的全面形成，这必将进一步推动全国法院执行指挥中心的建设工作。

（四）各地执行指挥中心的建设经验

各地在推动执行指挥中心建设过程中积累了不少经验，有必要予以总结。以广西壮族自治区高级人民法院和广东省高级人民法院为例，广西壮族自治区高级人民法院从综合治理执行难问题的战略目标出发，以前瞻性的眼光和胆识，积极探索，勇于实践，采取党委政法委领导、各联动部门参与、人民法院依法主办的执行指挥中心建设模式，同时以信息共享和执行联动为核心，把执行指挥中心建成依托党委有效解决执行难问题的中枢平台、联动执行的运行平台、整合执行资源的指挥平台、促进社会诚信体系建设的信息平台、阳光执行的管理平台。广西壮族自治区高级人民法院还创新了执行指挥中心的机构设置，自治区党委下发文件成立自治区执行指挥中心领导机构，各地市、县、区也全部成立了由党委政法委书记和法院院长担任指挥长的执行指挥中心领导机构。执行指挥中心在人民法院挂牌，为常设机构。执行指挥中心设办公室，与人民法院执行局合署办公，处理各项日常事务，并负责执行指挥中心指令的发出和跟踪落实工作。广西壮族自治区高级人民法院还积极争取到了自治区财政的大力支持，在“十二五”规划中安排资金用于全区三级法院的执行指挥中心建设。广西壮族自治区高级人民法院积极协调自治区党委、政府初步同意划拨专用土地，用于建立自治区执行指挥中心大楼。执行指挥中心大楼对外是为解决执行难问题所设的社会公共设施，各联动单位及相关行业的征信机构，在楼内均设有办公场所，各单位间网络相连，信息共享，是大数据时代执行信息的集中控制中心和云计算中心；对内则是广西壮族自治区高级人民法院的执行大楼，由广西壮族自治区高级人民法院管理使用。

广东省高级人民法院提出了“在执行联动基础上，探索建立中国特色、符合广东法院实际的执行工作新机制，在全省法院建立执行指挥中心”的创新构想。2009 年 9 月，广东省高级人民法院成立执行指挥中心。执行指挥中心与执行局合署办公，由分管执行工作的院领导担任指挥长，执行局各内设机构履行相应职责，设立指挥中心办公室负责日常事务。其工作职能有：执行联动；被执行人信息查询；执行案件信息管理；执行要情处理和决策指挥；执行监督、指导和协调；调配执行力量，处置突发事件。执行指挥中心建有远程指挥监控系统、被执行人信息查询系统、被执行人信息发布系统、执行要情系统、执行案件信息管理系统等五大工作系统，这些系统向全省法院开放，在各中级人民法院、基层人民法院之间互联互通，行使对全省法院执行工作的统一管理、统一指挥、统一协调职能。

广东省法院执行指挥中心信息化装备优良，发挥了高科技的优势，省高级人民法院执行指挥中心既是执行工作的指挥中枢，又是为中级人民法院、基层人民法院执行工作服务的查询中心。三级法院执行指挥中心显示出信息全面共享、反应快速、运转高效、功能强大的职能作用，使全省法院的执行工作在信息化的分级指挥下，采取三级建制、覆盖全省的运行模式，形成了一个统一的整体，极大地提高了执行工作的质量和效率。

总的来讲，广东的模式对于执行工作快速反应能力的提高，及信息化建设均具有促进作用。尤其是广东模式充分发挥了高科技优势，执行工作信息化建设在全国处于领先地位，比如广东法院配套于远程指挥监控的单兵信息装备，不仅可用于执行现场的实况记录存档，监督执行活动的规范化，还可用于法院其他庭

（室）的送达、保全等业务。但上述模式仍局限于法院框架内，缺乏党委政法委的领导协调，没有联动单位的直接参与，限制了执行指挥中心作用的进一步发挥。广西模式则体现了我国的政治和体制优势，突破了人民法院解决社会问题的能力限制，对于从根本上解决执行难问题具有积极的意义，而且对社会管理创新也有实质性的贡献，值得进一步试验与推广。

第二节　执行指挥中心建设的主要内容

执行指挥中心建设在当前执行工作中的地位和作用告诉我们，要加快推进执行工作体制机制改革，从根本上解决执行难问题，必须以加强执行指挥中心建设为切入点，抓紧建成统一指挥、统一协调、统一管理、快速反应、信息共享、内外联动、运作高效的执行指挥体系。作为人民法院推进执行信息化建设的重要平台，执行指挥中心建设的主要内容包括建立以执行指挥中心为基本框架的组织体系、构建以信息共享和执行联动为核心的执行指挥系统及运行机制。

一、执行指挥中心的组织体系

执行指挥中心按照四级建制、分级管理的原则进行设置。中央、省、地（市）和县（区）均成立执行指挥中心领导机构。在横向上，各级执行指挥中心与公安、银行、国土、规划、房管、工商、税务、民政、社保等成员单位相互联动，形成反应快速、运转流畅的执行工作联动网络；在纵向上，上级执行指挥中心对下级执行指挥中心进行统一管理、统一指挥、统一协调，形成一体化的执行指挥中心体系。

（一）执行指挥中心领导机构

执行指挥中心领导机构是执行指挥中心的最高决策机构，是统一领导各省、地（市）、县（区）执行工作、整合法院执行资源以及各联动部门行政资源的总指挥部，主要负责：（1）作出关于执行工作发展的重大决策；（2）指挥对重大、疑难执行案件的办理；（3）协调和处理各联动部门之间的工作争议；（4）制定和发布执行指挥中心各项工作规定；（5）检查、考核各联动部门对执行指挥中心领导机构作出的决定或指令的贯彻落实情况。

（二）执行指挥中心办公室

执行指挥中心领导机构下设执行指挥中心办公室，作为执行指挥中心的常设内部机构，主要负责：（1）执行指挥中心的日常事务；（2）向执行指挥中心领导机构或指挥长报告重大、紧急执行工作事件；（3）向各省、地（市）、县（区）指挥中心、各联动部门发布指令或指导意见，并协调各地市指挥中心、各联动部门之间的互动联合；调配、指挥辖区内执行力量，组织辖区内法院的联合执行、交叉执行、提级执行，协调处置暴力抗拒执行和群体性突发事件；（4）推进信息收集反馈、决策研判、指令下达等要情反映和决策指挥机制建设，为执行指挥中心领导机构提供参考数据，为各联动部门提供信息交换共享平台，向社会和当事人提供执行工作相关信息；（5）组织实施执行指挥中心领导机构下达的其他工作任务或指令；（6）协调各有关国家机关、承担社会管理职能的社会组织的执行联动工作；（7）推进执行联动部门等单位的联网查询（包括利用科技手段查找被执行人及其财产）和信息交换机制建设、执行案件信息管理系统建设；（8）对辖区内大案、要案和重要的执行工作进行监督、指导和协调。

（三）各联动部门内设执行指挥中心联络机构

各联动部门内设执行指挥中心联络机构，主要负责：（1）建立相对独立的、专业的执行联动网络软件系统，将本部门职能范围内的执行联动工作信息化、网络化，并根据有关规定接入执行指挥中心网络；（2）负责接收执行指挥中心办公室发出的指令或工作安排；（3）向执行指挥中心领导机构或指挥长上报重大、疑难的执行联动工作；（4）与其他联动部门的联络和协调工作。

二、执行指挥系统的功能定位

执行指挥系统是承载人民法院之间、人民法院与协助执行单位之间执行联动机制的信息化网络系统。它是在全国法院四级专网上运行的、专门服务于执行工作的一个平台，对外连接公安、工商、金融、住建、税务、民政等部门的信息系统，实现各相关单位的信息互通、联动执行；对内则接入各级人民法院的执行管理平台，对所有执行案件进行全程留痕管理，实现对每一个执行案件的每一个步骤都有据可查。执行指挥系统应当具备网络查控、远程指挥的主要功能，以及节点控制、信息公开、信用惩戒、监督管理、决策分析等辅助功能。

（一）网络查控功能

执行指挥系统应当具备对被执行人身份、工商登记、组织机构代码、婚姻登记、银行存款、房屋、土地、车辆、股权、证券等信息的网络查询功能，对被执行人的银行存款、房屋、土地、车辆、股权、证券网络冻结、续冻（续封）、解冻（解封）的功能，对被执行人银行存款网络扣划功能等，实现执行查控措施的网络化，提高执行工作的效率，节约司法成本。

（二）远程指挥功能

执行指挥系统应当具有上下级法院之间进行远程指挥、视频会议、案情研判、协调案件、重大案件的请示汇报、执行听证、处置暴力抗拒执行和涉执行群体突发事件等功能，还需具有法院与法院、法院内部各部门之间进行工作协调、联合执行、交叉执行等功能。通过远程指挥系统，建立辖区法院上下一体、协调统一、反应快速的运行机制。

（三）信息公开功能

执行指挥系统应当具备将执行案件的流程管理信息通过互联网查询或手机短信等方式向当事人公开的功能。该系统可以通过法院网站公开执行案件的立案标准、收费标准、执行风险、执行规范、执行程序、失信被执行人名单等信息，使公众进一步了解执行案件的相关法律规定和相应的权利义务，以实现执行工作的全程公开、全案公开和全面公开的功能。

（四）信用惩戒功能

执行指挥系统应当具有向公安、房产、土地、车管、工商、银行、民航、铁路、保险、证券等协助执行单位推送失信被执行人名单信息、接收信用惩戒措施反馈信息等功能。通过与各联动单位的信息资源共享，及时采取限制被执行人投资置产、参加招投标、设立新企业、出境、进行高消费等措施，对失信被执行人予以信用惩戒，促使其自动履行债务。同时，通过以上措施，对潜在的赖账者也起到了警示作用，从而为营造诚实守信的良好社会氛围提供帮助。

（五）监督管理功能

执行指挥系统应当具有对执行案件流程节点的管理与控制、对有无财产案件的分类管理、对以终结本次执行程序报结的案件进行动态监控，以及对大案、要案和重要执行工作的监督指导等功能，上级法院对下级法院、本级法院均可以通过系统进行检查、提示、督促，对执行人员、执行案件、执行行为进行全方位监督，从而加强执行工作的规范化、精细化管理。

（六）决策分析功能

执行指挥系统应当以执行案件信息管理系统为基础，采取数据大集中的方式，实现数据统计、动态监控等功能，对各个执行数据进行智能分析，为执行工作的科学决策提供数据支持。

三、执行指挥系统运行机制

执行指挥系统运行机制主要解决执行指挥中心怎么做的问题。它涉及执行指挥中心职能的实现方式及基本规则，涵盖一系列科学规范的执行工作制度和集约高效的运作模式。正如 2014 年 7 月最高人民法院院长周强在福州市召开的全国法院执行信息化建设会议上所指出的，依托信息技术手段推进执行模式改革，是执行领域的一场革命。为适应执行信息化对执行工作的要求，人民法院要进一步调整和改进现有执行工作模式，延伸工作触角，整合执行资源，实现信息共享，重点提升对被执行人及其财产的执行查控能力和对大案要案的统一指挥调度能力，提升与联动部门的执行联动信息化水平，形成全社会综合治理执行难问题的工作格局。

（一）网络查控的运行机制

执行案件立案并确定承办人后，自动进入网络查控系统。除以终结本次执行程序方式报结外，执行案件报结后，应当自动退出网络查控系统。执行案件承办人办理网络查控措施的，应当在网络查控系统中签发电子法律文书，并由系统自动加盖电子印章后，连同相关公务证件发送至协助执行单位；协助执行单位的办理结果之后要反馈至执行案件管理系统。协助执行单位数据未集中到省（自治区、直辖市）级，不能通过高级人民法院实现统一查控的，执行案件承办人办理网络查控措施时，应当在网络查控系统中选择与协助执行单位进行“点对点”对接的法院发送电子法律文书等相关材料。该电子法律文书等相关材料通过三级法院内网传输至协助自行单位进行“点对点”对接的法院，再通过该法院的专线传输至协助执行单位；协助执行单位的办理结果按照原路线反馈至执行法院的执行案件管理系统。

跨省（自治区、直辖市）办理查控的，执行案件承办人应当在网络查控系统中选择其所属的高级人民法院（包括与协助执行部门进行“点对点”对接的法院）发送电子法律文书等相关资料。该电子法律文书等相关材料通过三级法院内网传输至该高级人民法院，再通过最高人民法院天平工程一级专网传输至相应的高级人民法院（包括通过三级法院内网传输至协助执行单位进行“点对点”对接的法院），再通过该法院的专线传输至协助执行单位，协助执行单位的办理结果按照原线路反馈至执行法院的执行案件管理系统。

（二）远程指挥的运行机制

最高人民法院、各高级人民法院通过远程指挥系统对本辖区法院下达指令，下级法院接到指令后，应当按照最高人民法院、高级人民法院指令的要求立即进行部署和实施，并将完成情况通过远程指挥系统进行反馈。省（自治区、直辖市）内法院之间需要协助执行的，通过三级法院联网的远程指挥系统直接向协助执行法院发送相关法律文书，协助执行法院应当及时办理，并通过远程指挥系统反馈结果。跨省（自治区、直辖市）法院之间需要协助执行的，可以通过最高人民法院天平工程一级专网直接向协助执行法院发送相关法律文书，协助执行法院按前款方式处理。对于重大执行案件、应急突发事件、多家法院配合等情形，高级人民法院需要远程指挥的，现场执行人员应当使用单兵执行系统终端或车载指挥系统，将现场执行情况通过远程指挥系统传输到高级人民法院。

（三）信息公开的运行机制

各高级人民法院可以在互联网上开设查询门户网站，供当事人登陆查询执行案件进展情况；并通过信息公开系统，以12368短信平台或微信公众号等方式向当事人发送执行案件的进展情况。未执结执行案件信息由最高人民法院在互联网上统一向社会公开，各高级人民法院应当督促辖区各级人民法院通过数据自动同步或以人工的方式将执行案件信息及时、准确录入全国法院执行案件信息管理系统。

（四）信用惩戒的运行机制

失信被执行人名单信息由最高人民法院通过互联网，在全国法院失信被执行人名单信息公布与查询系统平台上统一向社会公布，最高人民法院应当督促各级人民法院通过数据自动同步或以人工的方式将失信被执行人名单信息录入最高人民法院失信被执行人名单库。地方各级人民法院也可以采取多种形式将本辖区的失信被执行人名单信息予以公布或推送给相关部门，对其进行信用惩戒。

（五）监督管理的运行机制

该机制是指将执行案件工作流程中必须完成的工作内容和期限设置为节点，进行系统控制。执行案件管理系统记录案件办理过程中实施的执行行为和采取的执行措施；系统应当具备期限提醒功能，并允许负责领导下达督办指令；流程节点逾期的，系统自动锁定操作，恢复操作功能应经负责领导审批。报结案件实行数据库分类管理，实行执结的执行案件进入实结案件管理数据库，以终结本次执行程序方式报结的执行案件进入终本案件管理数据库。对终本案件管理数据库中的案件应当实行动态管理，定期自动采取网络查控措施，有财产可供执行的，启动恢复执行程序。全部执行完毕的，转入实结案件管理数据库；未全部执行完毕和定期查控未发现财产可供执行的案件仍需在终本案件管理数据库中，直至案件全部执行完毕。将大案、要案和重要执行工作纳入监督管理系统，上级法院通过风险评估、执行预案、请示汇报、监督执行等方式进行监督指导。根据案件承办人填报执行案件或执行行动、突发事件涉及的风险要素，系统据此自动生成执行预案（包括风险的登记、应对措施等内容）。下级法院向上级法院请示汇报案件的，应当通过监督管理系统传输相关文件，需要会商、协调或现场指挥的，通过远程指挥、视频会议、案件协调等系统实现。

（六）决策分析的运行机制

执行工作的各项数据纳入决策分析系统，进行分类、汇总、分析。决策分析系统中的统计数据要根据执行案件管理系统、远程指挥系统、网络查控系统、信息公开系统、信用惩戒系统、监督管理系统中的数据实时分析、通报与监督。

第三节 执行指挥系统建设标准

执行指挥系统建设是长期性、系统性的工程。各级人民法院要在现有全国法院执行案件信息管理系统的基础上，根据执行指挥系统建设的基本原则和相关要求，逐步建立起上下贯通、功能丰富、内外同步、运行流畅的执行指挥信息系统体系。

一、执行指挥系统建设的基本原则和要求

（一）执行指挥系统建设的基本原则

1. 继承传统原则。现使用的全国法院执行案件信息管理系统是根据最新法标开发升级的案件管理系统，系统的业务、数据规范均符合现行执行工作各项规定的要求，同时，各级人民法院执行案件目前通过相关接口与该系统实现数据同步，数据比较完整，以该系统作为执行指挥中心信息系统的基础，可减少执行人员重新学习的难度，同时有利于节约建设成本，加快推进实现执行工作信息化。

2. 急用先行原则。执行指挥系统的建设是一个系统工程，业务子系统较多、功能丰富，短期内完成建设不现实，故应根据执行工作需要的急迫程度，将所需的各业务功能分阶段分别开发完成，这既便于解决当务之急，也能将信息化工作分步稳健推进。

3. 自内而外原则。与协助执行单位开展网络化执行联动、在互联网上公开执行信息是执行工作的客观要求，法院内网系统的完善是基础，只有保证内网信息系统数据准确、流程完善、运转

高效，执行联动措施开展、外网信息公开等功能才能收到预期的效果，因此，系统建设应先从内网系统的完善着手，之后再开展与协助执行单位、信用惩戒单位及互联网等外网的建设。

（二）执行指挥系统建设的基本要求

1. 高性能。网络中需要高带宽来满足大量数据交互。在网络设计时不仅要考虑到能够提供足够高的带宽，而且要保证网络在一段时期内的先进性，尽量消除网络中可能存在的瓶颈。由于要有大量的图像、声音、文字传输，这就要求系统网络必须具备有较强的传输能力。

2. 高可靠性。为了保证网络的正常运行，要求网络具备容灾功能，从而实现一旦出现意外突发的情况，能够通过容灾系统在短时间内实现恢复或对数据进行备份。

3. 兼容性和前瞻性。执行指挥系统建设既要有近期目标，更要确立远期发展目标，因此，要留有充分的发展空间，满足当前和未来一段时期执行工作对信息技术的需要。无论是硬件装备的规格，还是软件设计的标准，都要尽可能争取高标准、高起点，使系统功能具有升级拓展空间，系统之间能够相互兼容，确保信息的互联互通。在建设中，要认真落实最高人民法院天平工程项目整体规划，结合执行业务需要和本地法院实际，对场地和设备配置进行具体规划和优化设计，做到规模适当、标准统一、投资合理、性价比优良，为系统应用提供稳定、可靠、可扩展的网络及软硬件支撑平台。

4. 服务性。无论硬件还是软件建设，都要立足于执行工作的特殊属性，既要满足正常的办公需要，也要满足上下级法院和其他协助执行部门信息共享和业务协同的需要。要坚持以需求为主导，切实做好应用软件开发工作，尽可能优化整合现有软件或选用最高人民法院统一推荐的应用软件。

5. 安全性。安全、可靠，是一个系统投入运行的前提，因此，在系统设计和软件开发实施过程中，必须全面、细致地考虑各种可能遇到的情况，规划出合理的解决方案，为整个系统的安全、可靠运行提供保障。比如，安全防护不仅仅是依靠各个主机来实现，还需要对网络进行安全保护。网络系统应当为各种应用提供一个高速、高效、稳定与可靠的网络平台。同时，不但要对外安全防范，也要对内部局域网进行安全访问控制。

二、执行指挥系统技术标准

执行指挥系统建设标准包括技术标准和制度规范两个方面。技术标准是建设的基本要求和技术规范，制度规范是建设和运行的保障。

（一）执行指挥系统的基本框架

全国执行指挥中心以最高人民法院为中枢，以各省（自治区、直辖市）高级人民法院为骨架，最高人民法院通过天平工程一级专网与各高级人民法院进行连接，搭建覆盖全国、以执行查控为核心的执行指挥系统平台，在全国范围实现执行信息共享，形成全国四级法院上下协调、内外联动、规范高效、反应快捷的执行指挥体系。各高级人民法院在本辖区三级法院内网上，依托执行案件信息管理系统，建立统一管理、统一协调、统一指挥，辐射辖区各级人民法院的执行指挥系统，该系统应具备网络查控、节点控制、信用惩戒、快速反应、协调指挥、监督管理、信息公开、数据挖掘及决策分析等功能，实现辖区内三级法院的信息共享、联动配合和规范管理。

（二）执行指挥系统的系统构成

执行案件信息管理系统是执行指挥系统的基础系统，另外涵盖网络查控系统、远程指挥系统、信息公开系统、信用惩戒系统、监督管理系统、决策分析系统及其子系统，电子签章系统、时间戳系统及其辅助系统，上述各系统共同构成执行指挥系统。上述系统之间的数据应当相互关联，实现自动同步。

1. 执行案件信息管理系统。2006 年，最高人民法院开发了全国法院执行案件信息管理系统。2007 年 1 月 1 日起该系统在全国法院正式运行，各级人民法院新收执行案件都将录入该系统的数据库，全国法院所有的执行案件将集中到这个管理平台上进行统一管理。全国各级人民法院将每年 200 多万件执行案件从立案到终结的每一个步骤、程序、措施都及时录入到全国法院执行案件信息管理系统的数据库中，包括案号、执行法官、执行当事人、执行标的额等案件基本情况，委托执行、中止执行等执行进程情况，查封、扣押等执行措施采取情况，限制融资、限制置业等司法限制措施，被罚款、拘留、刑事处罚等司法制裁的情况，同时也记载其积极主动履行的情况。这一系统是执行指挥系统的基础性信息支撑平台，为了配合全国法院执行指挥系统的建设，最高人民法院于 2014 年 10 月将这一系统从互联网迁至全国法院内网。

2. 网络查控系统。执行指挥中心的核心是网络查控系统。网络查控系统建设的基本思路是：以最高人民法院执行查控体系为核心，以各高级人民法院和中级人民法院执行查控体系为补充，各级人民法院在全国范围内能通过协助执行单位查控大部分财产。具体来说，就是最高人民法院、各高级人民法院分别与中央、省级金融、国土、住建、公安、工商、证券、保险、民航、交通、铁路等协助执行单位及有关政府职能部门、金融监管机构、承担行政职能的事业单位及行业协会等单位，通过专线、政务网等网络连接方式，建立“总对总”和“点对点”网络查控和信用惩戒系统，由系统自动进行信息筛选和数据交换，实现对银行存款、土地、房产、车辆、股权、证券等财产的网络查控，对失信被执行人进行信用惩戒。对于执行联动单位数据尚未集中到中央及省级，而仅集中到地（市）级的，由所在地的中级人民法院与之进行“点对点”对接，并通过全国四级法院内网，实现全国范围的网络查控。在网络查控系统建设中，要注意以下问题：（1）被执行人主体身份信息（身份证号码、组织机构代码、工商注册号等）的校验、补正由最高人民法院协调中央相关执行联动单位，统一通过全国法院执行案件信息管理系统实现，各级人民法院应当确保在执行案件管理系统中填写的主体身份信息的准确性。（2）被执行人及其财产的查控，应当包括发送查控请求和接收查控结果的功能。（3）法律文书应当规范，要按照最高人民法院执行文书样式在网络查控系统中制作各类执行法律文书，并使用最高人民法院统一颁发的字体库。

3. 远程指挥系统。该系统包括：（1）视频语音通讯。应当实现各级法院指挥大厅、现场执行终端之间的视频语音多点同步通讯。（2）指挥权限层级管理。应当根据上下级法院各职能负责人员角色的不同，实现执行指令发布、通话权限设置等。（3）现场录音录像。应当将单兵作战系统、指挥车摄录的现场影音信息实时回传至指挥大厅。（4）互联网快速发布。应当将执行现场影音信息快速压缩、传输至互联网，实现快速播报。

4. 执行信息公开系统。对未结执行案件被执行人信息、执行案件进展信息、执行公告信息、失信被执行人名单信息等通过被执行人信息查询平台、执行案件流程信息公开平台、短信平台、法院门户网站、手机应用客户端、法院微博、法院微信公众号、失信被执行人名单信息公布与查询平台等方式实现公开。执行裁判文书公开，目前已纳入人民法院裁判文书公开平台。下一步，最高人民法院拟将全国法院失信被执行人名单信息公布与查询、被执行人信息查询、执行案件流程信息公开、执行裁判文书公开四项公开信息整合到一个执行信息公开平台上，为当事人和社会公众提供简易、便捷的查询服务。

5. 信用惩戒系统。向执行联动单位实时发送失信被执行人名单信息，接收其采取信用惩戒措施的反馈信息。

6. 监督管理系统。包括节点控制、终结本次执行程序案件的动态管理，大案、要案监督指导，风险评估，执行预案等功能模块。

7. 分析决策系统。即对执行指挥系统中的各类信息进行数据挖掘及智能分析。理想的执行指挥系统应是一个庞大的数据运行系统，拥有大量的信息资源，通过广泛采集、综合处理、科学运用执行信息数据，借助云计算方式，对不同法院、不同时期的执行数据进行综合分析，探寻新形势下执行工作的特点和规律，及时发现苗头性、倾向性问题。通过数据分析，厘清哪些案件确属无财产可供执行需要终结执行、哪些案件需要及时导入破产程序、哪些问题需要通过立法和司法解释解决等，为加强和改进执行工作提供决策依据。

8. 电子签章系统。各高级人民法院应当建设辖区法院统一的电子签章系统，并将签章系统数据报最高人民法院备案。

9. 时间戳系统。执行指挥系统中存储、传输的文件应当统一使用最高人民法院授时服务器的时间戳认证。

（三）执行指挥系统的技术要求

1. 数据库

（1）核心数据库。应当采用大型数据库系统，满足多用户并发访问、复杂数据类型解析、数据字段关系处理、SQL 指令优化等需要。

（2）业务子系统数据库。各子系统通过内网或安全网闸、前置加密机等方式将数据向核心数据库实时同步传输；子系统通过访问核心数据库获取其他子系统的数据。

（3）数据存储管理。应当满足大数据存储需要，并配备容灾恢复存储设备；向执行联动单位及社会公众传输数据的业务系统，应当通过与工作数据库实时同步的镜像数据库对外输出。

2. 业务应用系统

（1）对目前使用的执行案件管理系统进行升级改造，针对多用户并发访问、云计算等技术需求进行代码优化处理。

（2）执行案件管理系统、业务系统应用服务器的操作系统，应当统一使用符合保障安全性和稳定性要求的系统平台，并应当兼容目前主流操作系统、办公软件系统及浏览器。

（3）执行案件管理系统及各业务子系统应当将本系统的系统环境、数据结构、运行变量、用户界面、网络协议、工作流等配置参数编写为可编辑的系统配置文件，供后续开发维护部门根据法律规定及工作需要进行调整。

3. 数据录入和交换管理

（1）数据录入。优化案件管理系统数据录入的管理，庭审记录功能、结案信息功能应当与立案信息对接；各级人民法院立案信息、审判案件信息应当通过法院内网数据接口向最高人民法院核心数据库同步传输数据。

（2）执行案件管理系统及各业务子系统均按照人民法院信息化工作标准规范开发，并提供系统间统一的数据接口和通讯协议规范，供各系统的指令实时调用。

4. 安全策略管理系统

（1）采取分布式部署的安全策略，配备防火墙、加密算法等数据安全措施，任一系统发生恶意攻击、串网等安全事故时，与外界及其他系统的联系能应急隔断并发出警告。

（2）核心数据库及查控信息数据库应当在法院内网基础上构建独立的 VPN 虚拟专用子网，与工作网各业务系统、执行联动单位信息系统进行数据交换，应通过防火墙、安全网闸、前置加密机等方式实现。

（3）信息运营维护管理系统对各业务系统的日常运行进行监控，对数据异常、非法入侵等行为进行报警，并可对相应操作终端、账户采取限制登录、操作、隔断网络连接等应急措施。

5. 执行业务工作流管理

（1）标准工作流规范。最高人民法院制定执行事务工作流规范，各高级人民法院应当根据该标准对执行案件流程管理系统进行改造。

（2）自定义工作流规范。最高人民法院制定工作流语法规则，各高级人民法院根据该语法规则制定满足实际工作需要的工作流规范。

6. 用户界面友好性要求

（1）虚拟化工作桌面（工作门户）。应当具备软、硬件双重身份认证功能，并绑定用户的个人信息、工作证件等身份资料，用户登录后，可根据授权使用门户中各子系统的功能（重要操作需独立认证）。

（2）用户界面平台。各业务应用子系统允许用户通过主流浏览器及移动办公客户端访问，用户界面、图标、菜单等应具有良好的直观性并实现便捷、人性化的操作方式，具备触摸屏操作功能。

（3）具有司法公开功能模块的子系统应当开发对应的智能手机、平板等移动设备的手机应用客户端及微信访问的功能。

（四）执行指挥系统的硬件设备

1. 拼接指挥大屏、音响系统、视频矩阵管理系统和发言权限调度系统，可实现现场影音通讯、远程视频会议的指挥大厅多媒体指挥系统。

2. 具备4G信号通讯、现场影音摄录系统、保密通讯功能的执行现场指挥车。

3. 符合4G通讯标准，具备现场摄录、保密通讯功能的单兵作战系统。

4. 各业务系统配备专用服务器及备用服务器，满足实时无宕机运行需要。

5. 包括数据传输、识别、交换与应急隔断等功能的网络安全监控设备，以及符合安全规范的前置加密机、安全网闸等数据交换设备。

6. 大容量磁盘阵列及容灾恢复存储系统，配备Tb级别以上的数据存储及容灾恢复能力。

7. 高速、高清彩色扫描、文印设备。

8. 指挥大厅、数据中心服务器机房应配备安检识别系统。

9. 配备防火烟烙尽系统、防雷暴尖峰系统、防漏电系统、电磁屏蔽等物理防护系统。

10. 机房及指挥大厅信息化点及布线应当为升级扩容预留空间。

（五）执行指挥系统的网络条件

1. 法院内网。包括骨干网和区域工作网。骨干网依托目前天平工程一级专网建立；各高级人民法院建立辖区三级法院（包括人民法庭）的区域工作网，远期带宽规划应在万兆级别以上，满足大数据信息技术数据传输需要。

2. 互联网。能满足执行工作需要的互联网是执行指挥中心正常运转之必需。

3. 政务网。根据工作需要和各地实际情况，可以选择使用政务网与有关职能部门实现连接。

4. 专线。执行指挥中心利用专线与执行联动单位建立“总对总”或“点对点”的网络查控系统。这是比较常见的连接方式。在实践中，一些地方法院借助当地人民银行或银监会与各银行业金融机构之间通过金融城域网相连接的有利条件，与当地人民银行或银监会建立专线与金融城域网对接，从而达到与各银行业金融机构的网络连接，不失为一种经济、便捷的联网方式。

5. 行动指挥通讯网。在当前条件下，行动指挥通讯网应符合4G通讯应用需求。

三、执行指挥系统制度规范

健全、科学的制度规范，是执行指挥中心高效、有序、安全运行的保证。在执行指挥中心建设中，应着重建立以下制度规范。

（一）执行指挥系统工作规范

这是基本工作规则，通过明确执行指挥中心的具体职能、操作程序、职责权限等，规范人民法院采取网络查控、远程指挥、信用惩戒、信息公开措施等行为。

（二）执行指挥中心值班与快速反应规定

内容包括 24 小时值班、值班职责、情况报告、值班记录、值班交接制度和快速反应机制、保密规定等。

（三）执行指挥中心要情处理工作规范

内容包括执行要情范围、报告流程、职责分工、决策指令、跟踪督办、反馈机制等。

（四）执行案件流程管理规范

内容包括立案、分案、案件办理、主要节点、工作要求、信息录入、结案与归档、管理与监督等。

（五）执行信息安全保密规定

内容包括保密原则、涉密范围、保密要求、防范措施、职权责任等。

（六）执行信息公开规范等工作制度

内容包括执行信息公开的基本原则、总体要求、公开内容、公开渠道、公开流程等。

（七）执行指挥系统操作培训制度

内容包括培训目标、培训要求、培训管理、考核标准等。

（八）其他管理规定

内容包括与上述制度规范相配套的其他规范。

第三章 执行查控信息化

查询和控制被执行人及其财产是执行工作的核心内容，执行查控工作的效率与质量直接决定了执行难问题的解决与否。执行查控信息化建设在执行信息化建设中处于重要和关键地位，同样关系到执行难问题的解决。

第一节 执行查控信息化概述

一、执行查控信息化的概念

执行查控信息化，是指人民法院以执行联动机制为基础，利用信息网络等技术手段建立查询和控制被执行人及其财产的信息化平台，向执行协助联动单位直接传输查控措施的数据报文和电子法律文书，并接收协助查控结果，从而最大限度地实现执行工作在效率、质量、成本等方面的改善。

执行查控信息化的实质是执行联动机制的信息化。执行查控信息化是执行信息化工作的主要组成部分，起基础核心作用。我国法院执行查控信息化建设的基本思路是：以最高人民法院执行查控信息化平台为主体，各高级人民法院等地方法院的执行查控信息化平台为补充，使各级人民法院在全国范围内，通过网络技术手段连接执行协助联动单位，查控被执行人及其财产。

二、执行查控信息化的背景

最高人民法院院长周强在 2014 年福州召开的全国法院执行信息化现场会上指出，努力建设覆盖全国的执行查控体系，着力解决“被执行人难找，执行财产难寻，协助执行人难求”等问题，切实改变“法院来回奔波，协助执行部门疲于应对”的传统执行与协助执行格局，推动执行难问题从根本上得到解决。周强院长的讲话深刻揭示了执行查控信息化工作的问题背景和政策背景。

（一）执行查控信息化的问题背景

1. 执行查控资源紧缺。案多人少的矛盾在法院系统中非常突出。在人力资源、辅助配套、硬件设施均不能依据执行案件数量增长而增加的情况下，只能依靠执行办案人员的高负荷工作来完成越来越多的执行任务。以深圳市两级人民法院为例，2010～2012 年深圳市两级人民法院执行案件 5 万余件，占深圳法院总案件数 20 万余件的 1/4，执行法官人均办案数超过 200 件。如不能在宏观的执行方式和管理方式上取得突破，执行难问题只能随着执行案件的增多而日益突出。

2. 被执行财产难查。执行难的核心之一是被执行财产难查。随着社会经济的发展，财产权利的表现形式越来越丰富，被执行人的财产范围不断扩大，相应的财产权利登记机构也走向多元化。传统的查控方式对财产信息资源掌控不全面，对一些新的财产权类型，如支付宝余额等互联网金融资产无法采取查控措施；一些被执行人的财产具有隐秘性、分散性，如保险、公积金等，目前处于法院查控范围的盲区，无法被查控范围覆盖；甚至有些被执行人利用离岸金融产品等财务手段，达到转移财产的目的。以上种种原因，造成了当前被执行财产难查的局面，在客观上对人民法院利用传统手段查询、控制被执行人财产形成了全新的挑战。

3. 执行查控手段落后。传统的派人派车奔波于各处执行协助联动单位的执行工作方式，工作的效率、广度和深度等方面均存在严重不足。深圳市罗湖区人民法院“全国模范法官”曹林曾办理一个执行异地被执行人的案件，出动了 9 位干警，派出 3 台车，花费 5 天时间，耗费了巨大的司法资源，靠着执行干警的责任心和坚持不懈的努力，在最后关头才查控到被执行人 800 余万元的执行款。造成这种低效高费的工作状态的根本原因在于我们传统执行查询和控制方式的落后。

4. 协助执行人难求。法院执行过程中，需要其他协助执行义务人甚至到期债务次债务人的配合。由于法院执行会直接或间接影响协助执行人的利益，他们消极对待甚至妨碍执行的行为也时常发生。在实务当中，法院一线执行干警反映，银行等协助执行人往往以内部规定为依据，用种种理由拒绝或者拖延协助执行，执行法官只能依法留置送达，甚至有时候还要采用罚款、拘留等司法处罚措施，才使促使协助执行人履行协助执行的义务。

（二）执行查控信息化的政策背景

关于执行难问题，中央十分重视，多次发文。1999 年中共中央下发《关于转发〈中共最高人民法院党组关于解决人民法院执行难问题的报告〉的通知》（中发〔1999〕11 号），2005 年，中央政法委下发《关于切实解决人民法院执行难问题的通知》（政法〔2005〕52 号），2007 年，中央政法委又下发《关于完善执行工作机制加强和改进执行工作的意见》（政法〔2007〕37 号）。执行难究竟难在什么地方？现在司法界和理论界都比较认可的说法是中共中央在 1999 年《关于转发〈中共最高人民法院党组关于解决人民法院“执行难”问题的报告〉的通知》中提到的执行难中的“四难”，即被执行人难找、执行财产难寻、协助执行人难求、应执行财产难动。

执行难的成因及影响是社会性的，其解决也必然是社会性的。这个社会性的解决方案就是建立执行联动机制。什么是执行联动机制？2008 年，中央在开展清理执行积案活动时强调建设“党委领导、人大监督、政府支持、政法委协调、人民法院主办、社会各界配合”的执行工作格局，就是新时期的执行联动机制，它是新时期人民法院解决执行难的必然选择。2010 年 9 月，中央 19 个部委联合下发的《执行联动机制意见》使执行联动机制建设进一步深化。

人民法院办理执行案件的核心工作，是查询和控制被执行人的银行存款、车辆、工商股权和房地产。涉及这些财产的主管部门属于法院以外的独立行政体系，其内部的信息和资源虽早已经形成了完整的信息库，但这些资源因为块块分割而无法跟法院共享，只能成为执行工作的“外援”。每执行一个案件，人民法院只能分别请求这些部门给予协助。法院需要打破这些部门条块分割、占据和掌握当事人财产信息资源的局面，建立一个以人民法院为核心，对执行协助联动单位的资源进行掌控、调度和运用的全新管理模式，即人民法院通过与执行协助联动单位建立一个相对独立的执行查控信息化平台，执行部门可以共享、利用这些部门的信息，查询控制相关财产，这样就把“外援”变成了“自助”。这个全新的执行查控信息化平台就是“党委领导、人大监督、政府支持、政法委协调、人民法院主办、社会各界配合”的执行工作格局的具体化，让执行联动具有可操作性，从而有效解决执行“四难”中被执行人难找、执行财产难寻、协助执行人难求三个主要难题。

（三）执行查控信息化的实践背景

1. 执行查控信息化的基础——执行联动机制。根据中央和最高人民法院新时期执行联动机制建设的要求，各地法院根据地方实际情况，在执行联动机制建设方面进行了积极探索。

以深圳市为例，2007 年 3 月，深圳市人大常委会通过了《关于加强人民法院民事执行工作若干问题的决定》（下文简称《决定》）。该《决定》首次以地方立法形式对构建执行联动机制作出了具体规定，明确和细化了联动协助单位的法律义务。深圳法院抓住该《决定》出台的机遇，积极与公安、检察、海关、工商、国土、税务、电信、燃气、水务和房屋租赁管理等 17 个部门单位建立执行联动机制。例如，深圳市中级人民法院与市国土房产部门协商，在法院办公楼设立查封窗口；与深圳市工商局共享企业信息，开放对被执行人企业信息的自助查询；推动《深圳市国内银行统一办理司法协助公约》的签订，与深圳市国内银行同业公会联合深圳 17 家国内商业银行出台了《深圳市国内银行协助法院执行工作会议纪要》和《银行协助法院执行手册》；与深圳市公安局机场分局制定了《关于在深圳机场协助执行的具体实施办法》；与公安边检合作，推广、规范和强化边控措施的适用；协调深圳市公安局交通警察局出台《关于协助扣留被查封机动车辆的实施细则》；与公安监管部门协商共建司法拘留绿色通道，深圳市公安局预审监管支队就法院执行过程中采取司法拘留措施的配合和协调问题作出统一规范；与深圳市工商局和人民银行深圳中心支行建立合作，将所有执行信息上传“深圳信用网”和“人民银行征信系统”，使拒不履行义务的被执行人在贷款、购房、购车等方面受到限制。通过一系列工作，深圳法院的执行联动机制形成了独特的立法优势和较为全面的文本协议框架，在多个领域的执行联动实践中取得了重要突破。

2. 执行查控信息化的破冰——集中查询模式。截至2007年底，全国各级人民法院受理的执行案件中，债务人有财产或部分财产而未能执行的难案还有33万多件。大量案件未能得到有效解决，不仅当事人的胜诉权益得不到实现，引发了大量的信访案件，还损害了法律的尊严，损害了社会公平正义。

正是基于这样的忧虑，全国清理执行积案活动应时而生。2008年11月到2009年10月，中央政法委和最高人民法院牵头，中央纪委、中央组织部、中央宣传部、国务院办公厅等19个中央部委参加的清案活动持续了整整11个月。2009年9月中下旬，清理积案活动进入最后攻坚阶段，中央政法委、最高人民法院发布的《关于规范集中清理执行积案结案标准的通知》（法发〔2009〕15号）要求查银行存款、查房产登记、查股权登记、查车辆登记（简称“四查”）。各地人民法院在2009年国庆节前要按照清案要求完成全部执行积案的“四查”工作，据深圳等地法院的统计显示，这相当于正常情况下法院一年的查询工作量，巨大的工作压力激发出执行干警们很强的执行力和创造力。以深圳法院为例，执行局将全市待清理的3.2万宗执行积案中具有同性质的查控业务集中起来，统一协调银行、国土、工商、公安等相关部门开发批量自动检索软件，极大地提高了工作效率。在短短15天时间内，完成了近10余万人次的“四查”工作。清案活动结束后，基层法院和一线法官反映，查询和控制被执行人及其财产仍然是执行工作的重中之重和难中之难。为解决这个难题，深圳法院将“集中查询”的做法常态化，在已有的执行联动基础上形成集中查询控制工作长效机制，探索通过信息系统完成同质化的查控业务。执行查控信息化平台破冰起航。

深圳法院集中积案查询工作，完成清案任务并形成长效机制的经验启发我们：将具有共性的查控工作集约化、信息化处理，可以迅速完成传统查控模式无法想像的海量查控工作，是破解执行难坚冰的有效工具（相关查控流程见图 3.1）。

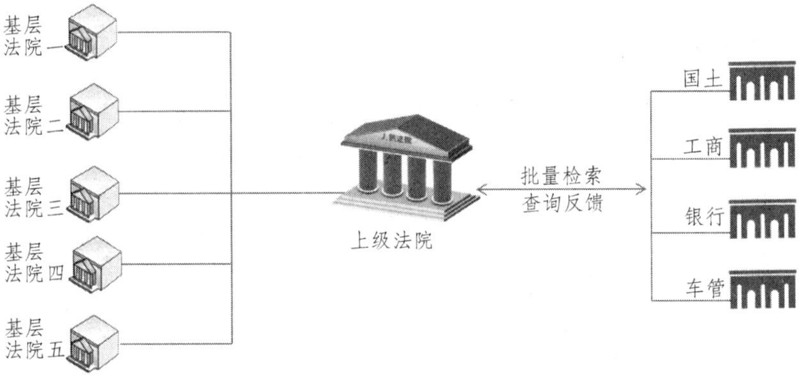

图 3.1：集中“四查”工作模式图

三、执行查控信息化的作用

2012 年 12 月，最高人民法院副院长江必新在全国法院“点对点”执行查控机制建设经验交流电视电话会上的讲话中指出，执行查控机制是反规避执行的重要步骤，是破解执行难的重要途径，是规范执行行为的重要方式，它降低查控成本，提高工作效率；强化流程管理，规范查控工作；促进信息共享，加强风险防范；惩戒失信行为，彰显执行威慑。

执行查控信息化的重点和关键是落实执行工作强制性，并将执行工作信息化、规范化。执行查控信息化将对被执行人及其财产的查控变为人民法院执行工作的常态，并且一并查控被执行人的全部记名财产，极大地提高了执行工作的威慑力；执行查控信息化的工作情况是执行公开信息化的重要内容，通过对执行查控信息化工作情况的公开，当事人、社会公众可以充分了解执行法院完成查控工作的数量和质量，以及执行法官及助理履行职责的情况，提升司法公信力；执行查控信息化的工作流程是执行管理信息化的核心，执行法院通过执行查控信息化所得到的资料，能更精准地帮助其通过节点管理、期限监督等方式规范执行法官及助理的行为，使执行程序更规范。

以深圳法院为例，全市法院自 2011 年初开始建成、运行名为“鹰眼查控网”的执行查控信息化平台以来，取得了如下良好的效果：①

1. 执行效率大幅提升。深圳全市法院原来平均由 54 人完成的日常查控工作，现在仅需 5 人即可完成；以往需要 15 天左右才能全部完成的查控工作，现在 1 天内即可完成。根据已结案件评查的数据显示，实现执行查控信息化以后，深圳法院的已结执行案件，两个月以内办结的达到 41%，3 个月以内办结的达到 59%，6 个月以内办结的达到 89%。

2. 执行质量明显提高。深圳法院 2010 年执行到位率达到 42.88%，2011 年执行到位率提升至 50.99%，同比提高 8.11%，2012 年执行到位率 61.85%，同比提高 10.86%，呈现出显著的逐年提升态势。

3. 执行威慑力上升明显。生效法律文书的自动履行率不断提升，债权人到法院申请执行的案件数量不断下降。2010 年深圳法院当年新收执行案件 64779 宗，2011 年深圳法院当年新收执行案件 54260 宗，2012 年深圳法院当年新收执行案件 46086 宗，呈现出明显的逐年下降趋势。

4. 2013 年 12 月，最高人民法院院长周强在深圳进行执行查控信息化的调研时指出，深圳市中级人民法院“鹰眼查控系统”最全面、

① 有关数据来源于深圳法院案件管理系统及执行查控系统。

最权威、最积极，大大提高了执行效率，大大提高了执行力，大大地解决了人民群众最关心、反映突出的执行难问题。

第二节 执行查控信息化的规划和要求

一、最高人民法院对执行查控信息化的统筹规划

基于我国各地区域经济社会发展不平衡的基本国情，最高人民法院对执行查控信息化工作进行统一规划，抓好顶层设计，全国执行查控信息化建设大体分为三个阶段进行。

（一）个别试点阶段

2012 年 7 月，最高人民法院下发《关于设立执行指挥中心建设试点单位的通知》（法〔2012〕171 号），决定选取广西壮族自治区高级人民法院、广东省高级人民法院作为执行指挥中心建设试点单位。2012 年 10 月，最高人民法院召开电视电话会议，推广“点对点”查控模式。2012 年 12 月，最高人民法院在广西召开现场会总结试点单位经验。

1. 广东省高级人民法院的探索。广东执行指挥中心被执行人信息查询系统于 2010 年 9 月建成启用。经过升级完善，2013 年 11 月，广东省高级人民法院执行查控系统试运行，并于 2013 年 12 月 5 日正式上线运行。广东省高级人民法院执行查控系统通过全省法院综合业务系统构建覆盖全省法院的执行查控网络，实现了系统自动批量查询、网上冻结存款、数据封闭传输等功能，由执行中的案件承办法官直接操作，查询结果直接回复承办人，杜绝人工介入。目前该系统已实现对 22 家商业银行的直接查控，查询反馈时间一般只需要 3 分钟。

2. 广西壮族自治区高级人民法院的探索。广西执行查控系统以严格查询、依法查询、及时反馈、安全保密为工作原则，通过网络与各执行协助联动单位建立信息共享和执行联动机制，实现执行查控工作的信息化和网络化。2013 年 3 月 1 日，该执行查控系统陆续开通了人民银行开户信息、商业银行存款信息、土地房产信息、工商企业登记信息、婚姻登记信息、户籍和车辆信息、税务缴纳信息等查询业务，几乎涵盖了“四查”工作的全部事项。广西执行指挥中心与协作单位之间通过系统间的 Webservice 服务接口，实现数据自动交互。上下级执行指挥中心之间采取法院内部专线网络，实现数据自动交互。

（二）扩大试点范围阶段

2013 年 8 月，最高人民法院党组研究决定，除广东、广西两地继续试点外，在全国范围内增选北京、上海、重庆、黑龙江、吉林、山东、江苏、浙江、安徽、河南、湖北、湖南、福建、云南、贵州、宁夏等地的高级人民法院，河北廊坊、辽宁沈阳、浙江金华、四川成都等地的中级人民法院共 20 个法院作为执行指挥中心建设试点单位。2013 年 9 月，最高人民法院在北京召开执行指挥中心建设座谈会，推进执行查控信息化建设。

在扩大试点阶段，福建省高级人民法院对执行查控信息化平台的建立进行了积极探索，于 2012 年 5 月在平和县人民法院进行网络查控试点，2013 年 6 月，网络司法查控系统在全省试运行，2013 年 9 月 1 日，该平台在全省正式上线运行。福建省高级人民法院网络司法查控系统是一个以全省法院司法管理信息系统为依托，对内覆盖全省各级法院直至人民法庭、对外辐射 80 余家协助执行协助联动单位的信息共享处理平台，以数据运行不落地，系统对接自动响应的新模式，实现被执行人银行存款余额一键查控和省内法院间执行事项的集约办理，信息查控全程自动留痕、自动告知、可追溯。

（三）全面推进阶段

2014年4月，最高人民法院下发了《执行指挥系统建设意见》，完成了全国法院建设执行查控信息化平台的顶层设计。同时，最高人民法院执行局积极与相关部门沟通协商，不断取得重大突破：

1. 与银行业协会以及工商银行等20家银行业金融机构签署了执行联动合作备忘录，按照“总对总”查控模式，分步骤、无割裂地建设全国网络执行查控系统。

2. 与人民银行总行就建立“总对总”网络查询机制达成了共识，为人民法院在全国范围内查询被执行人银行开户情况提供“一点式”集中查询被执行人具体账户的服务，为今后执行法院向商业银行有的放矢地实施网络执行查控措施奠定了基础。

3. 与银监会、国家工商总局联合下发网络执行查控和协助执行的规范性文件，为银行、工商等部门开展网络执行查控扫清了合法性的障碍，也为推动其他部委建设执行查控信息化平台提供了示范。

4. 与证监会就加强信用信息共享及司法协助机制建设联合发文，为人民法院与证监会、证券登记结算公司建立“总对总”执行查控信息化平台提供了依据。

5. 与公安部就户籍身份、住宿、车辆、出入境等事项的信息共享和网络查控问题进行了多次沟通，已经取得了初步共识，进入技术开发调研阶段。

2014年7月，全国法院执行信息化工作现场会在福建省福州市召开，周强院长到会指导并作重要讲话，执行查控信息化工作取得实质性进展。在与执行协助联动单位抓紧协商、搭建网络的同时，最高人民法院吸取各地建设执行查控信息化平台的成功经验，以全国法院一级专网的网络为基础，将全国法院执行案件信息管理系统迁移至四级法院内网运行。2014 年 12 月，最高人民法院建成了全国法院网络执行查控系统，与 20 家银行业金融机构实现了专线连接。执行法院可直接通过该系统发送执行查控的请求，对被执行人银行存款等财产进行网络查控。

二、最高人民法院对执行查控信息化工作的要求

（一）应当实现执行查控全面化

最高人民法院规定，对于被执行人申报无财产或申请执行人无法提供被执行人财产或财产线索的执行案件，应当对被执行人的银行存款、房地产、工商股权、车辆等四类财产进行“四查”。现在各地法院办案，“四查”是执行查控的常态工作。

上述四类财产均属于在相关执行协助联动单位实行实名登记的财产、权利，权属登记具有确定性。执行查控信息化平台建设，要立足于解决实际办案中的银行存款、房地产、工商股权、车辆四方面的网络查控问题。随着执行查控信息化工作的推进，更多的财产登记单位将被纳入执行查控信息化体系中。因此，要在“四查”工作网络查控的基础上，逐步扩大执行查控信息化的范围，实现“4 +N”查控。

（二）应当实现执行查控一体化

人民法院与执行协助联动单位建立执行查控信息化平台，需要同步推进查询和控制一体化的实现。实现网络化查询，仅仅为执行法官提供了执行财产的线索，提高了发现执行财产的能力，并不能进一步提高执行效率，仍然需要执行干警赴协助窗口人工

办理冻结，还有可能发生因为来不及采取控制措施而流失执行财产的渎职问题。因此，各地法院在与执行协助联动单位建立执行查控信息化平台时，要注意同步推进查控一体化的实现。具体来讲，银行存款要实现查询、冻结、扣划一体化，房地产、工商股权、车辆要实现查询和查封一体化；有条件的，还可以积极尝试房地产过户等处分措施的信息化以及车辆档案查封和路面定位扣押的一体化。

（三）应当实现执行查控集约化

由于行政机关、商业银行等执行协助联动单位不同级别的下级部门、分支机构遍布全国，各级人民法院各自与其联网、建立执行查控信息化平台，既不现实，也不经济，而且还会因为各地查控工作实践中标准不一而造成混乱。因此，有必要在建立执行查控信息化平台的同时，实现执行查控的集约化。这个集约化分为如下几层含义。

1. 实现查控范围的集约化。执行协助联动单位的全国管理数据集中工作在中央层面已经实现，最高人民法院应抓紧纳入全国统一网络执行查控平台中。全国法院执行查控信息化平台建成、运行以后，各级人民法院应当积极使用该系统进行银行账户、股票、工商股权等财产的查询和控制。上级法院系统已经具备的业务功能，下级法院不应再重复建设。有关查控范围尚未全国集中的，各地法院可以积极与当地执行协助联动单位进行协调，建立地方的执行查控信息化系统。地方法院的查控业务，如房地产、林业权、渔业权等财产权的查控，应当向最高人民法院、高级人民法院报告，并纳入上级的执行信息化查控平台。

2. 实现查控事务管理的集约化。最高人民法院执行指挥办公室、高级人民法院执行指挥中心，既是执行指挥机构，也是执行查控信息化的管理机构，承担着统筹管理全国、所辖法院日常执行查控信息化工作的任务。执行指挥机构通过执行查控信息化系统的管理功能，把握和分析工作中的业务问题、运行数据，督促下级法院改进不合规范的查控请求，根据工作需要增加、修改执行查控信息化系统功能，代表法院协调执行协助联动单位解决业务问题等等，对下级法院的执行查控信息化工作进行指导和管理，使执行查控信息化工作不断完善。

3. 实现查控技术规范的集约化。最高人民法院和高级人民法院是执行查控信息化技术规范的制定主体。上级法院制定数据标准、网络连接方式、系统架构等技术规范时，应当充分征求下级法院执行局一线干警的意见，使技术规范符合实际需要。技术规范确定后，下级法院应遵照执行，并将工作中发现的问题随时向上级法院反映，通过修改技术规范或系统功能解决。高级人民法院负责与执行协助联动单位通过专网对接、专线搭建等方式实现网络连接，高级人民法院直接与执行协助联动单位联网无法实现而由下级法院与其联网的，通过三级法院办公内网对网络线路进行统一规范管理。

（四）实现查控工作自动化

执行查控信息化系统建设时，办理执行查控业务所需的数据，尽可能由执行查控信息化系统在案件管理系统的数据库中自动调取，执行裁定书、协助执行通知书等法律文书，也要由系统自动导入或者根据案件资料自动生成，在查控措施期限即将届满前，系统还可以自动提醒执行法官或者可以预设续封、自动处理。简而言之，能交给信息系统处理的，就不要人工处理。这样既避免了执行法官及助理，或协助执行法官及助理进行人工干预的舞弊可能，又规范了执行行为。

第三节 执行查控信息化的模型和内容

一、执行查控信息化的模型

（一）执行查控信息化平台的原理和结构

执行查控信息化平台，是各级人民法院和各执行协助联动单位之间建立的对被执行人及其财产进行调查和控制的平台，包含人民法院的执行查控信息化系统以及执行协助联动单位的协助执行系统。该平台通过“点对点”的方式连接人民法院和执行协助联动单位，以标准化的数据形式汇集、储存、检索、传输、反馈、管理查控信息。

执行查控信息化平台的工作方式，即人民法院通过执行查控信息化系统将查询和控制请求发送执行协助联动单位，联动协助单位协助执行系统接收查询和控制请求（包含数据报文及电子法律文书），在其自动处理完毕协助执行事项以后，将办理结果反馈给人民法院（见图3.2）。

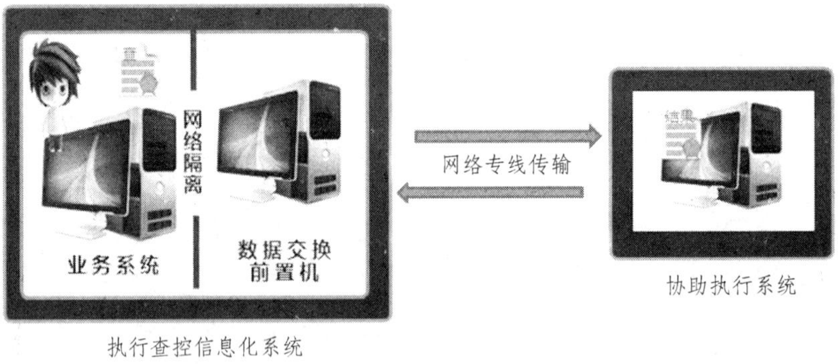

图3.2：执行查控信息化平台模型图

以深圳市法院为例，执行查控信息化系统运行以前，两级人民法院的工作模式是：深圳市中级人民法院执行局两个处加上六个区法院和20个派出法庭，各自派员前往协查机关进行查控工作。这种“分散人工式”查控方法没有计划，没有统筹，效率极低（见图3.3）。

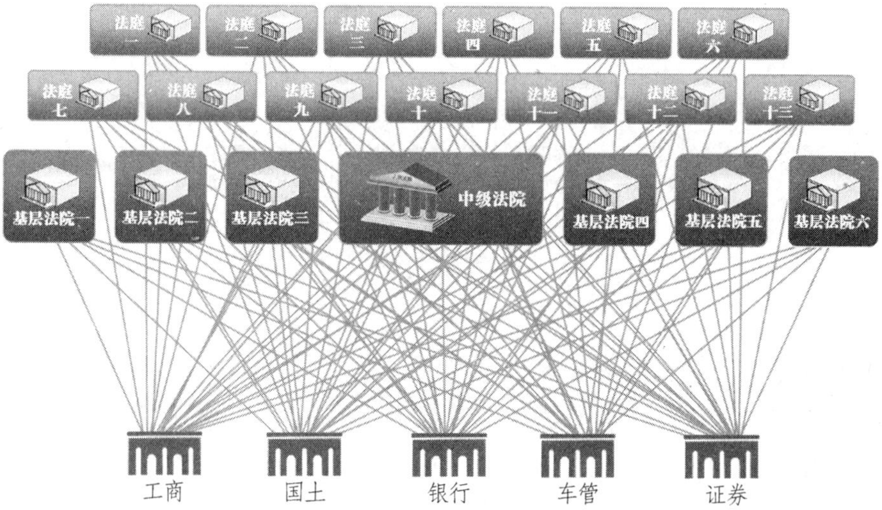

图3.3：“分散人工式”工作模式图

执行查控信息化系统建立后，传统的人流、车流、纸质流的执行模式被查控网的电子流、信息流、数据流所取代，法院查控工作实现了信息化。查控组工作人员通过系统统一处理全部查控请求后，集中发送至各协查单位，各协查单位再将协查结果通过系统直接反馈至执行法院。这种工作模式是中心网络式（见图3.4）。

按照上述模式，最高人民法院（总）与中央执行协助联动单位（总）建立执行查控信息化平台，将全国各级人民法院的查控数据汇总于最高人民法院，通过“总对总”方式向执行协助联动单位发送，执行协助联动单位完成协助事项后，再将查控结果数据及文档向各执行法院反馈。

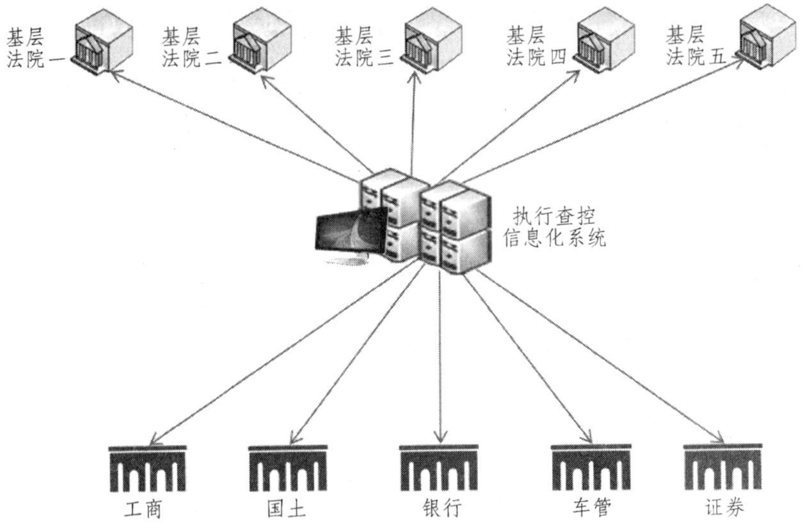

图 3.4：“中心网络式”工作模式图

在建立“总对总”模式的同时，最高人民法院鼓励地方人民法院与同级执行协助联动单位根据最高人民法院的业务和技术规范，用“点对点”方式建立“地方对地方”（简称为“地对地”）的执行查控信息化平台，也就是省与省对接、市与市对接，作为“总对总”执行查控信息化平台的补充和支持。

最高人民法院、中央执行协助联动单位在信息网络建设中，逐步实现业务数据和常规司法协助工作的集约，形成人民法院执行查控信息化系统与执行协助联动单位执行协助系统直接对接的，全国统一的执行查控信息化平台。

（二）最高人民法院与地方法院执行查控信息化平台的关系

随着执行查控信息化工作的开展，最高人民法院和各地执行查控信息化平台的建立，将呈现下图的两种模式：“总对总”模式（见图 3.5）和“地对地”模式（见图 3.6）。

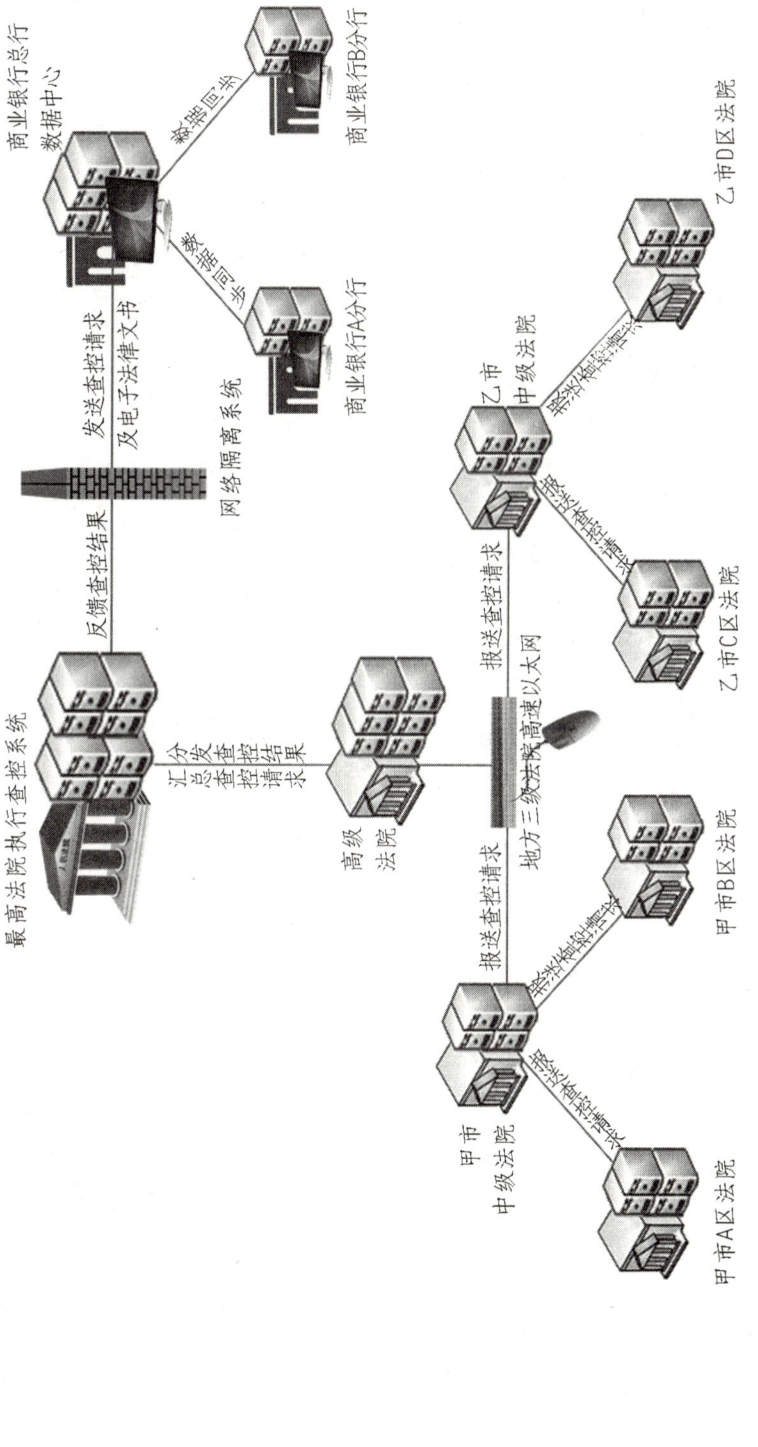

图 3.5:"总对总"查控模式示意图

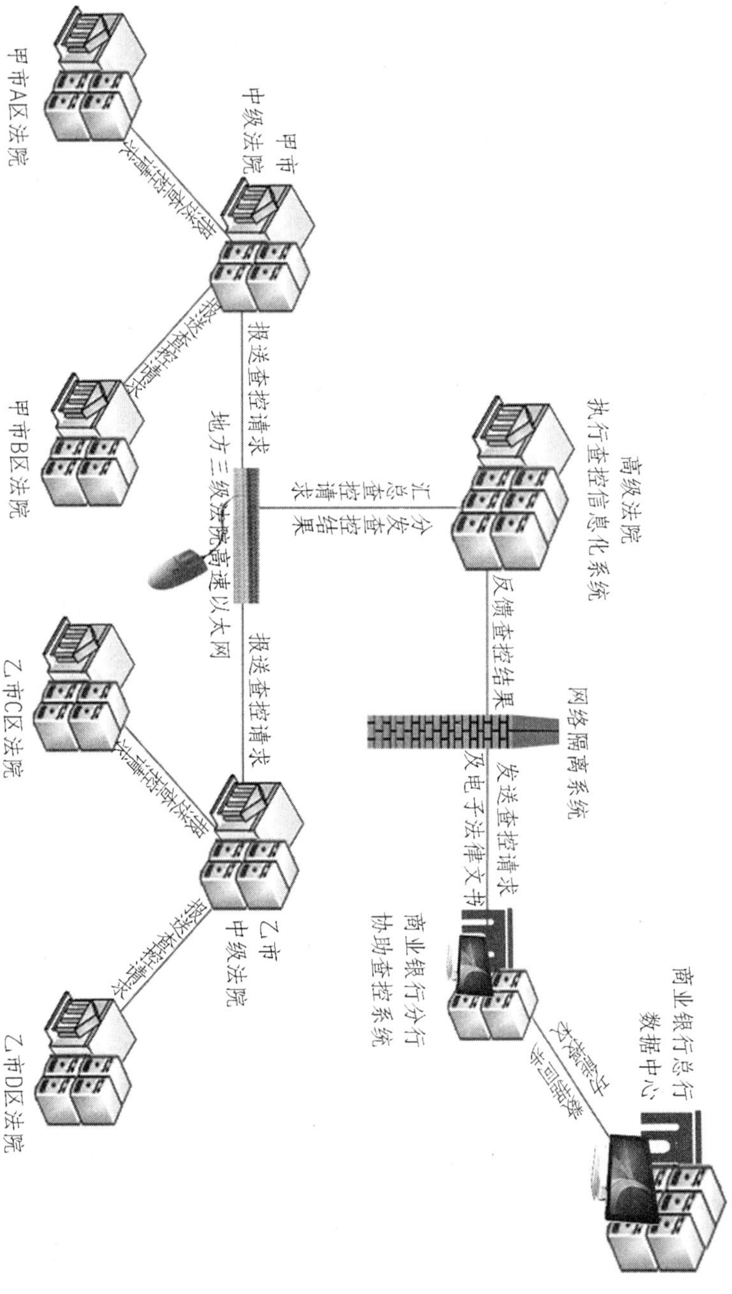

图 3.6:“地对地”查控模式示意图

1. 两者的基础数据。全国法院执行查控信息化平台基于全国法院执行案件信息管理系统的数据库建设，后者数据库中的被执行人数据，是前者采取网络执行查控措施的依据，也是保证执行查控信息化平台规范运行的基础。因此，在地方法院案件管理系统与全国法院执行案件信息管理系统保持数据一致的前提下，各省执行查控信息化平台中的查控请求也应当基于此案件管理系统发起。

2. 两者的业务功能关系。全国法院执行查控信息化平台已经实现的功能，各省执行查控信息化平台不再重复建设，通过数据文件定时互导或者系统接口提供数据同步等方式，各省法院的案件管理系统可以获取全国法院执行查控信息化系统的查控数据和电子法律文书。各省高级人民法院的执行查控信息化系统则针对全国法院执行查控信息化系统尚未实现的业务功能进行积极探索和拓展，并成为后者的补充。

二、执行查控信息化平台的运行流程

（一）登录

执行法官以及授权的法官助理凭统一分配的用户号和密码登录执行查控信息化系统，该系统通过电子证书、人员账号和 IP 地址等方式实现用户身份的识别。

（二）发起查控

1. 查询。为了执行措施的规范管理和财产查询的方便，执行查控信息化系统和案件管理系统应当实现数据的关联，使法官可以在案件管理系统中直接提起财产的查询请求。根据案件需要，执行法官或法官助理可以通过执行查控信息化系统，选择需要查询的被执行人及其财产的内容提起查询请求，向相应的执行协助联动单位发送。在规定时间内，执行协助联动单位将协助查询结果反馈至执行查控信息化系统，执行法官即可通过执行查控信息化系统或者案件管理系统查看，系统自动按查询结果类型分类汇总，便于执行法官统筹作出适当的执行措施。

2. 控制。执行查控信息化系统将执行协助联动单位反馈的被执行人财产结果列成清单（可以保证被采取措施的财产信息的准确性），由执行法官选择采取相应的执行措施。根据财产查询结果，执行法官可以分别采取如下处理措施：（1）如果被执行人没有财产可供执行，法官将查询结果打印出来，可以作为案件无财产可供执行的依据；（2）如果有可供执行的财产，根据案件需要，执行法官应当在执行查控信息化系统中操作，填写相应的数据报文，导入、生成控制财产的电子法律文书，通过系统发送至执行协助联动单位，等待控制结果的反馈即可（见图3.7）。

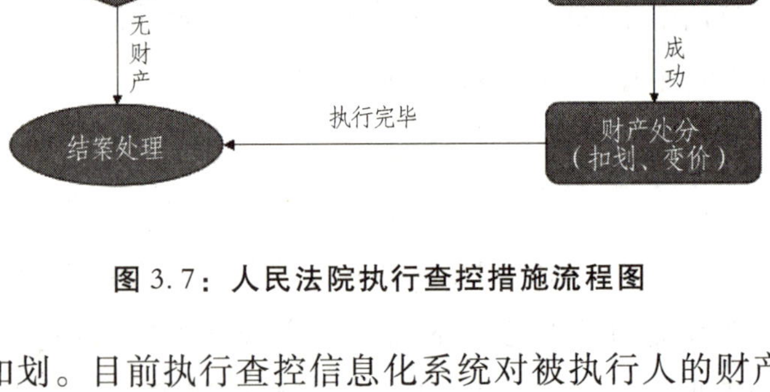

图3.7：人民法院执行查控措施流程图

3. 扣划。目前执行查控信息化系统对被执行人的财产已经实现的处分措施，仅有对银行存款的扣划。执行法官可以对一个或者多个被执行人账户中已经被采取冻结措施的银行存款进行扣划，操作方式与其他网络执行控制措施类似，也是根据系统显示的财产列表，填写数据报文，导入、生成电子法律文书，发送任务，等待结果。要注意的是，全国法院的执行款专用账户都必须在全国法院执行案件信息管理系统登记备案，执行查控信息化系统在向银行发送扣划请求时，自动将执行款专用账户信息在数据报文中一并发送，并在生成的协助执行通知书中载明。这样就实现了执行款的统一规范管理，防止将执行款扣划至其他账户而产生舞弊行为。

（三）执行协助联动单位处理反馈

执行协助联动单位的协助执行系统在接收查控请求后，将根据数据报文对查控请求的内容进行自动处理，并根据处理结果形成协助执行结果回执，加盖电子印章后向执行查控信息化平台反馈（见图3.8）。

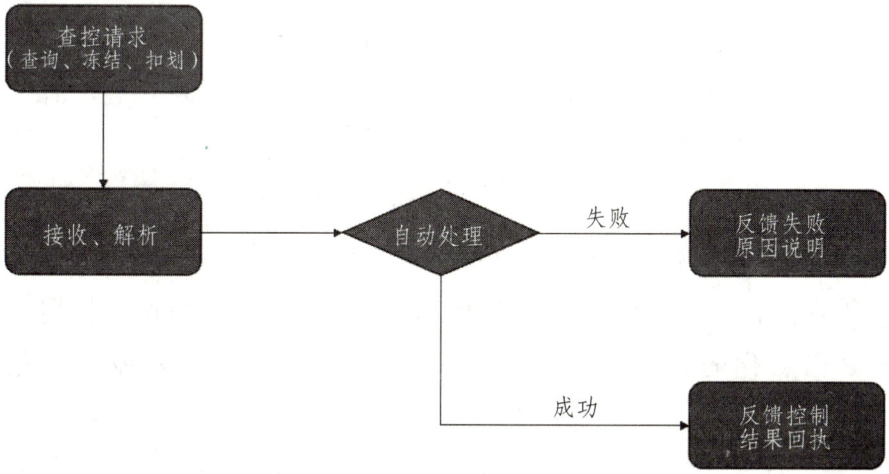

图3.8：执行协助联动单位协助执行流程图

三、执行查控信息化的功能内容

（一）查控被执行人财产

1. 对银行账户存款余额的查询、冻结、扣划。随着法院与银行金融机构执行查控信息化平台建设的推进，将形成以最高人民法院为主体、地方各级人民法院为补充的执行查控信息化平台体系。查控财产的范围将从单一的存款扩展到委托理财、信托产品等其他类型的金融资产。查询被执行人的银行存款的流程是：先在人民银行查询被执行人具体账户的账号，再向相应的商业银行发出电子法律文书，冻结、扣划被执行人的存款以及金融资产，提高查控效率和精准度，同时也减轻了法院和商业银行执行查控信息化平台“海查”的压力。

2. 对股票、基金、债券等有价证券的查控。股票、基金、债券也是重要的可供执行财产，最高人民法院已经与中国证监会拟定开展信息共享和电子化执行查控的指导意见，并确定北京、上海、广东、福建、浙江等五省（市）作为试点，最高人民法院将与中国证券登记结算有限公司直接联网，为全国法院开展对有价证券的执行查控工作提供途径。

3. 对房地产的查控。房地产是个人和企业的主要财产之一，也是执行查控的重点对象。在实现全国不动产统一登记、数据集中管理前，高级人民法院应当积极与当地主管部门协调，根据房地产信息化的程度以“地对地”的方式开展执行查控信息化工作。

4. 对工商股权的查控。我国商事登记制度改革后，工商总局已建立起全国工商信息系统网络，并与最高人民法院建立了执行查控信息化平台，将统一接收全国法院对被执行人所持有工商股权（或投资份额）的查控请求。

5. 对车辆的查控。地方法院与车管部门开展车辆档案查控业务已顺利开展，但需要进一步拓展利用车辆检验、环保检验、限制车辆强制险等手段，推进车辆的实物扣押工作。目前深圳等地已开始试点，实现档案查封与实物扣押一体化。在道路交通日益发达的背景下，限制被执行人出行，将成为促使其履行义务的重要执行措施。

（二）查控被执行人

1. 查询被执行人及案件相关人员身份信息。最高人民法院与公安部公民身份证号码查询服务中心、全国组织机构代码管理中心开展信息共享合作，为各级人民法院提供查询公民身份信息、组织机构代码信息的功能。各地执行协助联动单位为人民法院提供查询公民、境外人员出入境证件信息及组织机构的负责人身份信息等方面的协助。

2. 对被执行人的强制措施。（1）边控、布控措施。边控措施是人民法院利用边检部门的警力，在被执行人出境时对其人身自由进行限制，移交执行法院促使其履行执行义务的行为。以广东法院为例，2013 年，通过公安部门对被执行人实施边控措施达 1000 余人次。有的法院与公安机关合作展开布控，在被执行人乘坐飞机安检时对其人身自由进行限制。以深圳法院为例，2011 年以来，通过公安部门对被执行人实施布控措施达 100 余人次。（2）手机定位和临控手段。人民法院通过公安机关利用手机对逃匿的被执行人或负责人采取手机定位、临控手段等方式，搜寻逃匿的被执行人，并采取拘留、搜查等强制执行措施，在空间上排除了执行的盲区，从心理上给被执行人带来了巨大的压力，促使被执行人履行义务，取得了一定成效。

四、当前执行信息化平台的主要特点

（一）查控一体

执行查控信息化平台建设之初，大多数法院都是只能实现查询功能，经过系统的不断升级完善，逐渐实现查控一体的功能。以深圳法院为例，其建成的“鹰眼查控网”在创建中实现了银行、房地产、车辆和工商股权四方面的查询和控制一体化。查控一体化既增强了执行查控信息化平台的威慑力，又极大地提高了执行工作的效率。

（二）安全保密

1. 物理保障。执行查控信息化系统与执行协助联动单位的协助执行系统通过网络隔离系统，采用约定的接口规范进行数据交换，不直接进入对方数据库访问，保证了各自系统信息管理权的独立性，符合机要部门的保密要求。

2. 软件保障。信息系统服务器之间的相互访问，采用 IP 地址、物理地址双重绑定方法，并设定允许传输的数据标准，限制访问权限，防止网络黑客攻击；电子文书采用电子印章，文书一旦电子签章后即不能修改任何内容，如强行修改，文件即显示印章作废；通过电子证书、人员账号和 IP 地址等方式实现用户身份的识别，以便追溯；数据定时自动备份，并可实行数据审计，保证任何操作均有据可查。

（三）经济高效

从各地法院反馈的执行查控信息化平台软硬件建设成本情况来看，一般在 200 万元左右，每年运行费用在数十万元左右，而按照传统模式进行查询，各省每年需耗费办案经费均在千万元以上。在经济发达地区，节省的办公成本更为可观。同时，以往由于人力、物力所限，无法排查的财产范围，现在也一一进入人民法院的查询范围，以往耗费数天才能完成的查控工作，如今在电脑前轻点鼠标，即可瞬息间完成。可见，执行查控信息化平台是信息化建设小投入、大产出的良好应用范例。

五、各地执行查控信息化平台的类型分析

根据各地法院的探索，执行查控信息化平台从查询和控制的衔接、链接方式和安全隔离方面，存在三种方法。

（一）查控同步型和查控分离型

根据查询与控制措施衔接方式的不同，执行查控信息化平台可分为查控同步型和查控分离型。北京、深圳等地的法院采用查控同步模式，执行法院可向银行等协助单位发送查询、冻结通知书。银行根据法院的要求，先查询被执行人的存款状况，并根据文书所载的执行标的额，对被执行人的账户进行限额冻结。福建、广西、浙江的法院则采用查控分离模式，即先将查询请求发送给银行，待银行将财产查询结果反馈后，执行法官再综合案件情况进行判断，确定对哪些财产采取措施，通过人工方式冻结具体账户、金额。

从办案效率角度来说，查控同步工作方式效率较高，但查控措施的处理过程由银行主导，存在部分不可控因素。随着网络连接方式的改进，查询结果反馈效率提高，实现实时反馈后，查控分离模式将克服反馈时效的弊端，满足人民法院对查控效率的严格要求。

（二）专线联网型和专网联网型

根据网络连接的方式不同，执行查控信息化平台分为专线联网型和专网联网型。浙江、深圳的法院主要采用专线方式直接连接各执行协助联动单位，法院执行查控信息化系统服务器通过专线直接连接各执行协助联动单位。福建、广东、北京、广西的法院则通过专线连接城域金融网、政务专网，分别与辖区银行、各政府部门实现联网。

专线联网的优点是能够建立法院自己的数据库，不足之处是日常要支出专线租用费；专网联网的优点是支出费用低，查询时间快，它的缺点是一旦专网出现网络故障，通过专网连接法院的执行协助联动单位就无法接收处理查控请求，执行查控信息化平台的该部分工作有可能陷入瘫痪，需要紧急出警进行人工处理。

（三）物理隔离型和逻辑隔离型

根据信息系统隔离方式的不同，执行查控信息化平台分为物理隔离型和逻辑隔离型。广东（包括深圳）法院目前的执行查控信息化系统与执行协助联动单位协助执行系统的网络相互物理隔离，由法院或执行协助联动单位的工作人员使用光盘或保密U盘在两个隔离的网络之间交换数据。福建、北京、广西、浙江等地的法院执行查控信息化系统则采用网闸或中间交换平台等方式，与执行协助联动单位实现网络的逻辑隔离，由网闸或中间交换平台自动交换数据。

目前，最高人民法院与国家保密部门经过论证，确定了人民法院执行查控信息化系统与执行协助联动单位协助执行系统之间，通过数据光闸和前置机组成网络隔离系统并实现数据交换的系统隔离方式，符合信息安全规范的要求。各级人民法院可以根据当地实际情况，邀请保密部门的专家进行论证后，采用符合安全规范的系统隔离措施。

第四节　执行查控信息化的建设和运行

2014年7月，最高人民法院在福建召开全国执行信息化工作座谈会，最高人民法院审判委员会专职委员、执行局局长刘贵祥同志在谈到执行查控信息化建设时提出，事非经过不知难，最高人民法院与几十家协助联动部门的沟通过程是艰难曲折的，各地建设执行查控信息化平台，可以借鉴福建、深圳等地法院的实践。上述两地法院的实践可以归纳为建设三大原则和运行五条经验。

一、执行查控信息化建设的三大原则

执行查控信息化的工作创新在于一切从实际出发，一切旨在解决现实中的问题，快速反应，快速实施，快速生效，能够有效满足执行工作的现实需要。在推进执行查控信息化的工作过程中，要遵循三大建设原则。

（一）循序渐进原则

执行查控信息化平台的建设，需要执行协助联动单位的配合和网络系统的升级，工作环节复杂，头绪较多，在推进过程中遇到的各种问题解决难度大，人民法院应坚持从易到难，由点带面，突出重点的建设原则，分阶段积极稳妥地推进执行查控信息化平台建设。

1. 与执行协助联动单位会谈。执行查控信息化平台建设的第一步就是与执行协助联动单位会谈。法院需要向对方说明三项内

容：一是法院想与他们建立专线，实现执行查控信息数据交换，将以前人工办理的查封方式改为电子方式办理；二是根据法律规定，协助法院工作是其义务；三是该平台的建设并非只对法院有好处，对协助单位来说，既让一线协助执行法官及助理从繁琐、单调的柜台操作中解放出来，也能使执行协助联动单位避免因法律理解偏差而造成的拒绝协助风险。执行协助联动单位的顾虑主要集中在两点：一是法律问题；二是信息安全问题。按照各地法院的实践经验，关于法律问题，涉及执行查控信息化平台建设产生的法律应该由法院兜底解决；关于信息安全问题，采用“点对点”方式不直接进入对方数据库，保证了各自信息管理权的独立性，还确保了信息安全性。这两个方面的问题在会谈协议或纪要中说明，可以消除执行协助联动单位领导层以及具体业务部门的顾虑。

2. 系统开发。执行查控信息化平台建设的第二步就是系统开发问题。执行查控信息化平台具体需要哪些业务功能，由执行法官提出，执行局汇总后提供给技术部门编写技术需求。这项工作是从法律逻辑到程序逻辑的转换，即将执行查控过程转换成信息系统能处理的操作程序。系统的开发主要包括两个方面：（1）人民法院工作端，指运行在法院办公内网上的执行查控信息化系统。执行法官及助理通过执行查控信息化系统发起查控请求，该系统需设定各种查控措施的数据报文项，由执行法官及助理填写或从数据库中自动提取，再通过数据报文和操作生成、导入电子法律文书，经审批后，系统自动盖章并向执行协助联动单位发送查控请求。（2）执行协助联动单位端，指运行在执行协助联动单位办公内网上的执行协助系统。该系统的开发过程一般由执行协助联动单位主导，我们需要做的工作是向执行协助联动单位提供我们的技术规范（包括数据规范、联网方式、文书格式、数据通讯方式等内容），并确保对方系统成功接收我方发送查控请求的数据报文和电子法律文书。同时，要确保对方的系统处理查控请求后，达到查询、控制被执行人财产的法律效果。协助执行系统处理完成后，协助执行结果的数据报文和电子回执（同样需要加盖电子印章）应当能按照我们的技术规范反馈到执行查控信息化系统中，并能为执行法官及助理所查看、打印与处理。

3. 工作跟进。执行协助联动单位同意签订协议，只是工作的开始。对执行协助联动单位来说，由于涉及执行协助联动单位重构他们本身的工作制度、业务流程和修改信息系统，内部的业务部门、法律部门和技术部门需要协调，有时还需要其上级主管部门审批同意。这些工作都要跟进协调。对法院来讲，从构想到执行查控信息化系统建设运行，到执行协助联动单位协助执行系统的上线，从寥寥几家银行等执行协助联动单位参与到覆盖区域所有银行以及不断加入的行政部门，从最早的查询功能到实现控制功能，再到扣划存款功能，都说明了执行查控信息化建设的不易和推进工作的艰辛。

以深圳法院为例，其经历了一个从无到有、从小到大、从大到强的过程。从无到有，即从集中查询到“执行五查组”是深圳“鹰眼查控网”首创的过程，全国首个执行查控平台诞生了；从小到大，即“执行五查组”升级成为“鹰眼查控网”，全面完成了由查询到控制的升级，“鹰眼查控网”从创建至今完成了六次技术升级，是全国查控财产面最广的平台；由大到强，即“鹰眼查控网”利用一网查尽涉案当事人财产的功能优势，反哺服务公安、检察等联动部门的过程，也是“鹰眼查控网”共享联动部门强制手段和信息的过程，现在的“鹰眼查控网”分享了执行协助联动单位涉及被执行人的出入境、乘机记录、纳税等信息和手机定位功能、临控等强制手段。截至 2014 年 6 月，“鹰眼查控网”

的联动协助单位已经扩容到36家。

（二）因势利导原则

《史记·孙子吴起列传》中提到：善战者因其势而利导之。执行查控信息化平台的建设过程就是一个因势利导的过程，需要借势、乘势和造势。

1. 借势破局。我们要借的“势”，主要是各级党委的支持。各级党委在依法治国事业建设中居于核心地位，对法院工作以及司法改革工作寄予厚望，各级人民法院要善于借助这个势。各级法院要紧紧依靠各级党委，将执行查控信息化平台打造成地方信息化的示范项目。特别要借各级党委的势，推进执行联动机制建设，执行查控信息化才能“势如破竹”般地打开局面。广西法院的建设经验就是由自治区政法委牵头成立执行指挥中心主抓执行查控信息化工作。

2. 乘势而上。在推进执行查控信息化平台的建设过程中，要抓住一切机遇推进工作的开展。党的十八届四中全会是中国改革开放以来第一次以依法治国为主题的中央全会，在贯彻落实十八届四中全会精神的工作当中，应当将推进执行查控信息化平台作为工作部署的重要内容，不能错失党中央为依法治国事业创造的发展良机。深圳法院的建设经验是将“鹰眼查控网”争取纳入地方党委“织网工程”的重点工作。

3. 巧妙造势。银行存款是被执行人常见的财产拥有方式之一，是执行查控工作的重中之重。人民银行只能向法院提供被执行人开户行信息，不能提供银行存款余额。商业银行则相互观望。这种情况怎么办？可以考虑选取一家具有代表性的银行展开谈判，把连接协议签下来，打开突破口，再召开一次“造势”座谈会，带动其他商业银行签署协议。带头银行的签约形成“羊群效应”，加上会议的“造势”推动，与其他银行的合作就顺利得多。这是深圳等地方法院在实践中得出的鲜活经验。

（三）问题导向原则

2013年11月12日，习近平总书记在关于《中共中央关于全面深化改革若干重大问题的决定》说明中指出，我们中国共产党人干革命、搞建设、抓改革，从来都是为了解决中国的现实问题。执行查控信息化要紧紧围绕着“如何解决司法实践中的突出问题”这个中心议题逐步展开，要具有针对性、现实性和迫切性，这是从问题到实践的直接过程。

1. 出现什么问题，就解决什么问题。以深圳法院为例，其跟当地车管所谈判时，车管所领导同意与法院联网，但提出申报电脑、彩色打印机和租用中国电讯专线等费用比较复杂，可能需较长时间。法院考虑到当前抓紧联网才是任务重点，此方面不属于原则问题，遂直接购买设备，上门安装，之后当即开通了与车管所的网络查控业务。

2. 不断出现问题，就不断地解决问题。执行查控信息化系统上线运行后，一线办案法官初期使用的积极性不高，原因在于查询到被执行人存款余额后，法官往往要跑数家银行办理冻结扣划手续，外勤工作量基本没有减少。因此，抓紧协调开通银行存款的冻结扣划业务成为迫切需要解决的问题。在该系统运行过程中，法官反映，查控结果不能当天反馈，这个时间差会不会导致被执行人将查询到的款项转移？要想解决这个问题就要通过法院与执行协助联动单位网络连接，并使用光闸等网络隔离系统，这样既保证了数据安全，又实现了实时反馈查询结果。在办案中有当事人反映，理财产品是被执行人财产的主要存在方式之一，目前系统功能没有覆盖到理财产品，因此又要与商业银行努力协商解决查封冻结理财产品的问题。浙江、广东两地法院执行查控信息化的逐步完善，就是靠执行局的领导和同志们如此不断解决工作实践中的问题来实现的。

二、执行查控信息化平台运行的五条经验

创建执行查控信息化平台十分不易，因为这样一个创新产品怎样运行并没有先例，从组织结构到流程管理都是前所未有的。以下将从组织、团队、管理、规范和升级五个方面来阐述这种新模式的管理创新。

（一）组织是前提

执行查控信息化平台的运行有赖于执行联动机制的建立和完善，推动执行联动机制的建立和完善，争取地方党委组织和法院党组的支持至关重要。

地方法院的实践证明了党委的支持是工作顺利开展的基础和前提，如深圳市成立了执行工作领导小组，负责领导和协调全市执行工作，由市委副书记、政法委书记担任组长，成员单位包括公安、房产、工商、人民银行、证券登记结算公司等 32 家单位，基本涵盖了保障执行工作顺利开展所需的政府机关和协助单位，这种党委牵头，成员单位参加并在主办单位设办公室的管理模式，是党委解决跨部门事宜的常用方式。每年深圳市召开执行联动工作会议，都要有针对性地解决一些重要问题。比如，2010 年宣布法院查控网启动，2011 年出台对执行协助联动单位综合治理考核文件，2012 年举行对执行协助联动单位“集体和个人双五十”大型表彰会，2013 年启动率先基本解决执行难活动，2014 年与深圳市刑侦局签订追究拒不执行判决、裁定罪的工作机制。广西在推进网络执行查控工作建设过程中，也是先从领导层开始

启动的。广西模式是由政法委书记兼任指挥长，召集各个执行协助联动单位的领导共同推进，从上到下打破观念上的障碍，力度很大。可见，先从党委领导层面突破，再推进具体工作开展的做法具有普遍的指导意义。

（二）团队是核心

在推进执行查控信息化建设中，各级人民法院干警发表不同意见、向上级提供建议和反馈工作情况应该得到上级法院和领导最大的尊重和宽容，这样才可以激发干警们的创意和灵感。推进、完善执行查控信息化，除了要广泛听取不同意见以外，还要组建高效运转的管理团队：（1）要有落实执行局决策和解决问题的强力执行者；（2）要有思维活跃，喜爱该项工作的创新型人才；（3）要有较强协调、谈判能力的人才；（4）要有熟悉法律、法院执行工作又熟悉计算机业务的综合性人才。从最早开展执行查控信息化的深圳法院，到目前多次与各个中央部委协调，着力解决基层问题的最高人民法院，经验表明拥有一个强有力的团队是事业成功的保证。

（三）管理是关键

执行查控信息化平台的建立只是工作的开端，平台的正常运行才是执行指挥中心工作的实质内容。它包含内部管理和对外协调两个层面。

1. 内部管理。各地法院的日常查控工作管理模式，分为事先审核和事后协调两种。事先审核模式以深圳法院为典型，即执行法官及助理提出的查控请求汇总到执行指挥中心，由查控组的同志先进行形式审核，即审核数据报文和法律文书的格式是否符合查控工作的要求，符合要求的直接发送执行协助联动单位，否则退回执行法官及助理要求修改，这样可以确保执行查控措施的规范与合法。事后协调则是以福建、广西等地法院所采用的模式为典型，即执行法官及助理提起的查控请求直接发送执行协助联动单位，并接受反馈结果，如果由于执行查控措施本身的问题，造成执行协助联动单位处理失败而被退回的情况发生，执行法官及助理可以联系高级人民法院执行局请示汇报，高级人民法院执行局确定问题原因后，协调执行法官及助理或者协调执行协助联动单位，以修改查控措施的数据报文、文书内容等方法来解决问题。

两种管理模式各有利弊。事先审核模式需要人工干预，虽然只是形式审核，不涉及具体内容的修改，但是审核的过程仍然对执行查控流程的效率产生一定的影响；事后协调方式直接实现执行法官及助理与执行协助联动单位的对接，效率较高，但如果执行法官及助理填写数据报文、草拟法律文书过程中由于不符合网络执行查控规范的要求而造成处理失败时，协调的过程有可能影响查控措施的有效实施。随着执行查控信息化工作的推进，查控措施的数据报文和电子法律文书逐步实现标准化，执行措施的实施逐渐规范、统一，执行协助联动单位不断完善执行查控协助系统的功能，执行查控信息化的管理将逐渐走向以事后协调为主的管理模式。

2. 对外协调。执行查控信息化平台的人员构成为：法院系统若干人+执行协助联动单位若干人（见图3.9），其运行的流程是：基层法院请求——执行查控信息化平台处理——执行协助联动单位办理反馈（见图3.10）。如何管理这样一个平台对法院来说是一个挑战。此外还有人员管理问题，即执行协助联动单位的人员怎么管理？还有法院规定查询、冻结、扣划的反馈时间，执行协助联动单位不按时反馈怎么办？这是流程问题。总之，创新的机构，需要创新的管理。建议法院打破行政管理的界限，把不属于法院编制的执行协助联动单位的协助人员纳入到法院的执行业务体系中。各联动协助机构设立专门负责协助法院执行的人员，与执行局对接，其行政管理归各自所属的机构，但是有关执行的业务工作归法院执行局指挥，也就是说，这部分人的管理隶属具有双重性。法院具体的管理手段，可以有以下三种：（1）将联动协助单位纳入综合治理考核范围，每年要给联动协助单位协助配合法院执行工作打分，计入当年的综合治理考核成绩；（2）定期进行培训和通报，对一些不按时反馈查控信息的联动协助单位进行业务培训，同时以当地执行工作领导小组的名义通报；（3）法院执行局领导要上门拜访联动协助单位，解决联动协助单位配合法院工作中出现的问题，不断深化与联动协助单位的良性互动关系。

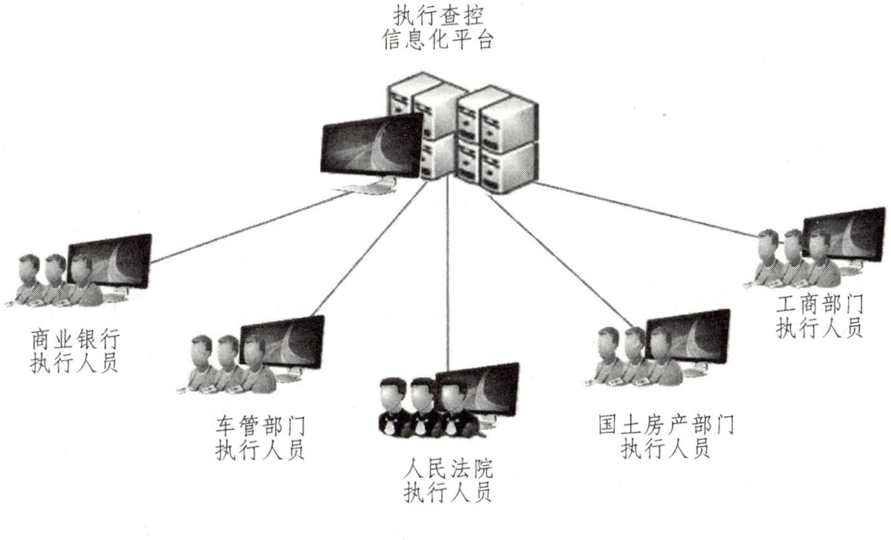

图 3.9：执行查控信息化平台人员构成图

图 3.10：执行查控信息化平台运行流程图

（四）规范是基础

规范执行是执行工作永恒的命题。规范如得不到持续发展和完善，就会成为永恒的难题，执行工作就会出问题。法院信息化查控平台的建设和运行同样需要规范。这个规范主要包括查控流程规范和保密制度规范。

1. 查控流程规范：

（1）查控请求准入。法院执行案件信息管理系统的案件可以直接通过执行查控信息化平台对被执行人发起查控请求，执行案件管理系统外的案件应当经过严格审批才能发起。比如，协助本院其他部门和有权机关查询的，应当经该部门领导以及执行局领导批准，以专门案号提起查询请求。又比如，外地法院委托执行案件进行财产查询的，查控人员应书面报请执行局领导批准，以专门案号提起查询请求。

（2）专人负责。每个法院应当根据执行法官及助理分工的不同，确定查控权限，并将人员的相关资料按要求备案。如进行财产查控的人员可以分为：执行法官、法官助理、查控员等。执行法官负责对在办案件的财产、人员信息进行查询和控制，并对执行案件的查控措施以及结果负责；法官助理可根据授权负责对跟案法官正在办理的案件的财产信息和人员信息进行查询；某些地方法院设置的查控员，专职负责对全院执行案件实施查控措施等。职责权限明确，才能更好地进行业务管理、绩效考核。

（3）操作实施。目前在已经建立执行查控信息化平台的法院，执行法官、法官助理可在登陆案件管理系统后向执行查控信息化系统提交查询和控制请求并查看反馈结果。因诉讼保全案件需要查询财产信息的，经部门主要负责人签署意见报执行局领导审批后，以专门案号提起财产查询和控制请求；外地法院委托查询执行案件当事人财产信息，需提供委托查询函、两名以上工作人员工作证、执行公务证及执行裁定书等文书；其他有权机关请求协助查询的，需出示经其相关负责人审批的协助查询函、立案材料及两名以上工作人员的工作证件。

2. 保密制度规范：

（1）人员管理。执行查控信息化平台应当由高级人民法院执行指挥中心负责管理运行，工作人员应为在编人员，明确划分和界定各人权限，签署岗位保密协议；执行指挥中心为执行法官、执行联动员、专管员、保全员配备电子证书或电子签名盘用于登录执行查控信息化系统，上述人员须妥善保管电子证书或电子签名盘；执行协助联动单位联络人员不得随意变更，发生变更的，应及时向执行指挥中心提交书面材料报备。以上措施可最大限度地保证查控资料不会流传至外界。

（2）制度管理。执行指挥中心应当制定《保密守则》等规章制度，查控请求的提起与结果反馈都应按照既定流程进行。通过系统数据审计，每一步操作都有记录，反馈信息均有备份，能实现回溯倒查。对于执行查控信息化平台反馈的财产查控结果，授权人员应当严格保密，不得告知无关人员。

（3）技术性保障。与各协助单位专线连接，限制访问权限，防止网络黑客攻击；采用电子印章，文书一旦电子签章后均不能修改，如强行修改即显示印章作废；明确人员 IP 地址以便追溯；加强数据备份。

（4）检查监督。执行局廉政监察专员定期对执行查控信息化平台使用情况开展检查，通报违反查控规程的情况，严肃查处滥用职权的责任人，对违规查询涉嫌违纪的，移送纪检监察部门处理。

（五）升级是保障

升级是执行查控信息化平台保持活力和生命力的关键。各地执行查控信息化平台自建成运行后，均根据业务、技术发展的需要，进行了多次升级。比如查控同步、异地法院协助查询、银行协助查询账户交易流水、理财产品查控等。随着经济社会的发展，财产种类的多样化，执行措施的创新和人性化，执行查控信息化工作将会增加更多的内容。执行查控信息化平台也将随着技术的发展，实现运算能力、带宽和存储容量的突破，其功能更全面、界面更友好、使用更便捷。

当执行实务中产生新的业务需求时，执行查控信息化平台将通过升级来满足需求。执行局业务部门要向技术部门说明具体的业务逻辑，技术部门根据以下三个方面编写业务功能升级方案：

1. 确定数据项。该方案主要指描述查控请求和反馈结果类型、对象、数量、期限等信息内容的数据项，技术上称为数据报文。

2. 根据数据项草拟法律文书的模板。该模板主要就是确定协助执行通知书和反馈回执的内容、格式，并用抽象的数据项替换掉日常的个案内容。

3. 确定系统工作流程。该流程指的是查控措施从执行法官发起到执行协助联动单位处理反馈的整个过程。工作流程应当切实可行、杜绝疏漏。

以银行存款的查询到冻结再到扣划的功能升级为例，查询时要确定账号、余额、币种等数据项，冻结时需要应冻结金额、实际冻结金额、冻结期限等数据项，扣划时则需要应扣划金额、实际扣划金额等数据项。法律文书模板方面，查询时需要协助查询通知书，冻结时需要协助执行通知书（冻结）及回执，扣划时则需要协助执行通知书（扣划）及回执。工作流程方面，查询时为：发起查询——→系统汇总——→生成文书——→自动盖章——→发送协助单位——→（协助单位自动处理）——→结果反馈，而冻结、扣划时则均为：发起控制——→填写数据报文——→生成文书——→审批——→自动盖章——→系统汇总排序发送——→（协助单位处理）——→结果反馈。其中，需要直接提取或者填写哪些数据项，电子法律文书是导入还是根据数据报文生成，查控措施的审批、盖章流程权限如何设置，结果反馈后如何设置提醒功能和期限预警功能等，均是业务功能升级需求中需要描述清楚的内容。

本节是关于执行查控信息化平台建设中应遵循的三大原则和运行中需要把握的五条原则的介绍。其实，是对执行查控信息化平台建设的改革创新的方法论的介绍，也许并非真正意义上的、体系化的方法论，但这种方法论式的思考，将为各级人民法院正在酝酿或推进中的各种改革提供借鉴和帮助。

第五节　执行查控信息化平台建设的启示和发展

一、执行查控信息化平台建设的启示

执行查控信息化平台创建的成功，引领了执行体制改革的潮

流。它是执行联动理念在执行工作方面的创新实践，是执行联动思想在信息化空间的生动展示，它将执行联动从传统的“文本＋人工”时代迅猛地拽入了“集约＋网络”时代，实现了法治前提下的公权力资源高效整合，展现出前所未有的多方位引领效果、示范效应和社会效益。

执行查控信息化平台的创建作为一项改革创新是成功的，但仅有其自身的成功还远远不够，其应当对其他领域的改革创新产生借鉴意义和示范效应。在这一方面，执行查控信息化平台的建设带给我们如下的启示。

（一）改革是顶层设计下的大胆创新

顶层设计下的制度只有创新，才会稳步前行、后劲十足，并成为一项有长远效益、可持续发展的改革标本。而实践探索中的创新举措，又可以为顶层设计提供思路和标本。这里有两个关键词，一个是顶层设计，一个是法律许可。一项改革创新要突破法律规定，要突破顶层设计，不仅有风险，而且有难度。执行查控信息化平台在创建阶段没有突破顶层设计，也没有突破法律规定，在制度框架内找到了一个最佳的连接点，这个连接点正是“多方接受、多方认可、多方受益”。各地探索出的经验为最高人民法院顶层设计提供了参考，成为顶层设计的有机组成部分。

执行查控信息化平台创建恰到好处地融合了各执行协助联动单位本来壁垒森严的职能边界，绕过部门利益的暗礁，使各自的权能在法律许可的空间内向对方延伸渗透。它在调查、控制、处分被执行人财产和查控被执行人方面的各项权能，均能在国家法律和地方人大决定中一一找到依据；它与联动协助单位展开的合作都是从最初的口头商议，到会议纪要，再到协议文件，最后发展到以制度化途径加以固定、规范与透明。它的机构虽然超越行政管理的边界，是一个创新产物，但它的组织结构没有违反行政编制的规定。

（二）司法为民是改革的出发点和落脚点

司法改革必须以司法为民作为出发点和落脚点。司法为民中的“民”，是司法改革者也是法院信息化查控平台建设者必须首先并且始终审视和服务的对象。从狭义上来讲，在法院的执行工作中，司法为民的“民”即是指执行工作中的当事人，也就是说，在法院执行查控信息化的改革中，必须充分考虑当事人的利益，必须将服务当事人放在首位。另外，改革还应当为执行法官和基层法院提供较为便利的服务。

1. 为当事人服务。依据传统的执行工作模式，法官办理执行案件，需要申请执行人提供被执行人的财产线索才能启动财产查找程序。执行查控信息化平台创建以后，执行案件一经立案，执行法官立即启用执行查控信息化平台查控被执行人财产线索。这种工作模式的转变解决了执行过程中财产查找的重大问题，当事人不再需要费尽心思查找被执行人及其财产，可确保当事人合法权益得到最大程度的实现。

2. 为执行法官服务。徒法不足以自行。我们的改革创新如果不能为一线法官服务，不能减轻一线法官的负担，那么再好的改革创新也无法推进，无法实施。执行查控工作实现信息化后，大大减轻了法院的工作量。一线执行干警对法院执行查控信息化平台带来的效率飞速提升有着最深的感受，他们说：以前三天两头跑国土、银行、工商、车管等部门，耗费时间和精力不说，效率也不高，现在有了执行查控信息化平台，只需坐在电脑跟前“动动手指”就可完成传统模式下几天甚至整个月的工作量。

3. 为基层人民法院服务。根据《人民法院组织法》的规定，上下级法院之间是指导和监督的关系，而执行查控信息化平台的创建，突破了这种传统的关系，增加了上级法院为基层法院服务的关系。全国法院90%以上的执行案件都在基层人民法院，而这样的平台建设又是基层人民法院想都不敢想的事情。最高人民法院牵头建立查控信息化平台就是为基层人民法院服务的实践。执行查控信息化平台的主要用户是基层人民法院，主要的受益主体也是基层人民法院，基层法官用得最多，效果也是最明显的，所以这项改革创新将具有持久的生命力。

（三）经验可复制才能影响深远

执行查控信息化平台的基本经验都是可复制的，不是只能在某个法院才能生根发芽。正是基于这样的特点，执行查控信息化平台才能在全国司法界产生深远而广泛的影响，才能对全国的司法体制和机制改革起到借鉴和示范作用。

1. 执行查控信息化平台可复制经验之一是机制整合创新。“阿波罗登月计划”总指挥在阿波罗登月成功后曾说：“阿波罗计划”中没有一项新发明的技术，都是现成的技术，关键在于综合，综合也是创新。执行查控信息化平台技术含量不高，它的创新之处就是整合执行协助联动单位资源，是一种工作机制的创新。

2. 执行查控信息化平台可复制经验之二是集约化。执行查控信息化平台的创建是一种对同质化工作通过信息化手段进行集约化处理的典型示范。执行法官和助理每天都有大量查控财产的同类请求，以往这类工作的处理需要花费大量的人力、物力，执行查控信息化平台的建立，让这种同类化工作得到了有效、快速的处理。

3. 执行查控信息化平台可复制经验之三是信息孤岛解决方案。“点对点”连接方式不直接进入对方的内网，比较好地回避了联网双方担心的网络安全问题，它既解决了“信息孤岛”的连接问题，又解决了物理隔离各自内网的问题，而且软件开发简单且费用较低。这种模式为社会治理创新中怎样解决“横向信息孤岛”连接的问题提供了一种可借鉴的通用模式。

二、执行查控信息化平台建设的发展

（一）从局部查控信息化到全国查控信息化

在最高人民法院与中央部委、全国性银行等国家层面的执行协助联动单位建立、完善执行查控信息化平台以后，地方法院应当发挥积极性，为构建以最高人民法院为主体，地方法院为补充的全国法院执行查控信息化平台体系作出贡献。对数据无法实现或尚未实现与最高人民法院查控信息化平台联网的财产，如房地产、采矿权、林业权、渔业权、航空器、船舶等财产的查封与扣押，地方法院应当积极与相关执行协助联动单位沟通协商。又比如对地方性银行、村镇银行等，地方法院可以按照最高人民法院的业务和技术规范与其开展网络执行查控业务，并通过一级专网，为全国各地法院提供与该执行协助联动单位的直接对接或者委托查控的功能。

2012 年 12 月 7 日，在最高人民法院执行局的见证下，深圳市中级人民法院等七家法院宣布启动开展执行查控工作跨区域网络协作，迈出构建全国执行网络协作机制的第一步，探索执行查控信息化在跨地域同级、不同级法院之间实现全面、高效、安全的信息交换和功能共享。执行查控信息化平台在全国范围的数据交换与共享将成为执行工作的常态，执行工作的绝大部分流程将得以在网络上完成，申请执行人甚至可能从申请执行到实现权利的全过程都足不出户。最高人民法院制定的执行查控体系的目标是，以最高人民法院执行查控信息化平台为核心，以各高级人民法院、中级人民法院执行查控信息化平台为补充，上下一体，内外联动，使各级人民法院可以在全国范围内查控被执行人的财产。

（二）从执行“四查”到大数据共享

当前，一个大规模生产、分享和应用数据的时代正迈着急匆匆的步伐向我们迎面而来，给执行查控信息化工作带来了更多的挑战和机遇：一方面，昨日创新的执行查控信息化平台在查控房地产、工商股权、银行存款和车辆四方面的财产时已无法完全应对今天被执行人及其财产形式花样繁多的变化；另一方面，人们的生产、生活信息越来越多地被网络所记载和保存，丰富多元的信息新载体和新途径将改变传统的信息传递方式、交流沟通方式、分工与合作的方式以及工作和生活的方式。上述情况给我们提出了大数据背景下执行查控信息化工作应如何创新和发展的问题。法院的执行工作应与时俱进，通过对大数据的思考，在执行查控工作中探索对大数据的采集、分析和使用，为无法查明被执行人及其财产的执行案件（终本案件）提供有价值的解决方案。

在大数据背景下，执行案件将来的流程应如下文所述：执行案件立案后，承办法官启动“四查”程序——有财产可供执行的，经过处分，全部履行完毕的，归档结案；部分履行的案件和无财产可供执行的案件终结本次执行。这也是目前的常态流程。再进一步而言，执行法官根据当事人申请或依职权，使案件进入法院建立的大数据库查询，由专职法官开展查询、分析，并出具关于被执行人及其财产的大数据分析报告，案件承办法官根据该分析报告分别对被执行人及其财产采取强制措施，被执行人履行判决书确定的还款义务的，办理结案手续；未履行完毕的，终结本次执行手续。这是大数据在执行工作领域的应用，将成为执行查控领域的重大突破，或将引领未来民事执行工作的发展方向。

（三）从执行查控信息化到国家治理现代化

我们来看以下场景，王某虽然拖欠巨额债务，但成功转移了足以使自己在移民国外后挥霍一生的巨额财产，他前往广东某国际机场，准备飞向大洋彼岸。在机场办理登机手续时，其出境信息被光速传到法院执行指挥中心的主服务器上，主服务器自动发出警报，他是法院“边控”的目标人物，并把警报内容直接传送给机场边检系统。法院执行指挥中心迅速报告执行法官确认，网络操作员飞快地在全息屏上拖动各种窗口并输入相关指令信息，随即大屏幕上传来了机场边检公安人员迅速拦截目标人物阻止其登机出境的画面，一闪而过的是王某愕然惊恐的目光，随后他被司法拘留，移交给赶到现场的法院司法警察。随着执行查控信息化平台的建成和完善，这种以往只出现在电影大片中的情节，现已成为我国法院执行案件中的真实场景。执行查控信息化平台为国家治理体系和治理能力的现代化奠定了坚实的基础。

目标的高度决定事业的高度，只有外溢型改革才能彰显人民法院的时代责任。人民法院所推行的改革，效果不应仅局限于法院的一亩三分地，应具有外溢性。执行查控信息化平台作为司法执法机关“一网打尽”涉案当事人的恢恢法网，已被应用于公安、检察、国安、纪检监察、反恐维稳，未来也将成为我国开展国际司法协作的技术平台，其发挥出来的效能已远远超出解决执行难问题本身。人民法院要以其擅长通过法治思维和法律方法解决问题的独特优势，承担起更多的社会责任，让我们改革的实效更多地惠及社会诚信体系建设，推进国家和社会治理体系和能力的现代化。

第四章 执行处分信息化

随着执行案件数量的增长，执行财产的种类和属性越来越丰富，传统的执行处分模式已经不能适应新时期执行工作的需要，呈现出执行效率低、执行成本高等问题。现代信息技术的飞速发展，大数据时代的到来，为利用信息化手段服务执行处分奠定了现实基础。执行处分信息化应顺应执行工作规律的发展，保证执行处分的公正和效率。

第一节 执行处分信息化概述

一、执行处分信息化的概念

执行处分信息化是借助现代信息化手段，将执行工作中的财产评估、拍卖、变卖等流程在网络通道完成，在虚拟空间完成交易，在电子平台完成款物交付，以更加公开和透明、更加高效和便捷、更加节约司法成本的方式处分被执行人财产，以实现价值最大化，更好地保护胜诉当事人的合法权益的一种财产处分手段。

执行处分信息化是执行程序的关键环节，与执行立案信息化、执行查控信息化、执行公开信息化、执行处分信息化一同构成了执行程序的完整链条。

（一）执行处分信息化是执行信息化的有机构成

在完整的执行信息化链条中，财产调查信息化、财产控制信息化的完成是财产处分信息化的基础，进而通过处分信息化将财产变现或者变为申请人控制、享有所有权等权限，完成整个执行过程。

（二）执行处分信息化是执行查控信息化的延续

执行处分信息化的内容要与执行查控信息化的内容相互贯通，通过数据交换来保证已有信息的准确、全面和及时。同时，执行处分信息化还具有弥补执行查控信息化存在的瑕疵和不足，发现和排除财产在处分中存在的法律上的障碍、协助执行人不配合的情形，减少来自社会各方的干预的功能。

（三）执行处分信息化是确保执行公开公正的重要手段，是执行管理的重点环节

执行处分涉及当事人的切身利益，通过财产处分使被执行人的财产价值最大化，在财产分配中使申请执行人利益最大化。执行人员公平公正地处分被执行人财产，是执行处分信息化的核心价值所在。在执行实践中，由于执行处分不当或有私心，执行人员违法犯罪的情况比较常见，因此，对执行处分信息化的管理和监督非常迫切。

二、执行处分信息化的价值追求

（一）实现执行处分信息全面公开

公开意为不加隐蔽。现代国家权力运行中最受重视的一个因

素即为公开，行政权如此，司法权同样如此。“阳光是最好的防腐剂”，“阳光”是行政权运行的一个重要理念，“阳光”同样是执行处分中应遵循的一项重要原则。公开包括过程公开、结果公开、执行处分依据公开等：（1）过程公开。通过信息化手段，将执行处分的过程置于“没有围墙”的网络空间上，使每一项工作都有迹可循。（2）执行处分依据公开。执行处分中，要将处分财产的依据向当事人和社会公开。（3）结果公开。执行处分的结果应在信息化平台上公开公示。（4）监督、救济方式公开。在执行处分信息平台上发布执行通知、执行公告等，公开监督部门及电话、邮箱，提示执行处分救济的渠道等。

（二）实现债权人权利的公正公平保护

公平，即指只要符合法定条件，就应该获得均等机会，不歧视任何人，不实行差别待遇。公平不是一律平等，而是机会公平、规则公平、权利公平。执行处分程序中，选择评估机构、拍卖机构信息化，除双方当事人商定外，原则上应实行随机选择。在司法拍卖竞拍的过程中，所有符合条件的竞买者机会均等，均可以参与竞价，杜绝在信息工具上的处分环节实行差别对待、暗箱操作。在财产分配过程中，通过信息化手段实现对当事人公平对待，维护中立，杜绝徇私舞弊。公正包括实体公正和程序公正两个方面的要求。在执行处分信息化中，要始终围绕公开、公平、公正的理念设计信息化流程、信息化窗口和信息化程序。执行处分信息化中，公开是前提，公平贯穿全程，公正是最终的目标。

（三）实现执行处分最低成本、执行财产价值最大化

通过执行处分信息化，被执行人的财产可以得到最快捷、最

有效、最大化的处分。处分被执行人的财产要注重时效性，时效性是指相关信息的新旧程度、行情最新动态和进展。在执行处分信息化中，时效性意味着执行法院的执行一定要快速、及时与高效，否则，某些标的物的价值有可能会贬损，阻碍法院正常处分，将在实质上损害申请执行人的合法权益。另一方面，时效性在拍卖、变卖环节中也有充分体现，例如，以物抵债本身有一定的期限要求。最大化处分被执行人财产，是最大化保护当事人利益的前提。要做到处分被执人财产最大化，就必须尽量降低处分费用，这需要价值鉴定、价值变现的方式和平台等发挥作用。

三、执行处分信息化的主要内容

（一）执行处分一般流程信息化

执行处分的对象是被执行的实物形式的财产，执行处分的程序是将被执行人实物形式的资产变现为货币形式资产或者变更权属关系，从而满足申请执行人的合法执行请求的活动。这一程序的信息化，包括财产评估信息化、拍卖信息化、变卖信息化、以物抵债信息化。财产评估信息化内容，包括评估机构的选择，评估结果的信息化，评估标的物基本信息的信息化，评估结果送达及异议处理信息化等。拍卖信息化的主要内容包括拍卖标的物的信息化、拍卖公告的信息化、拍卖方式的信息化、拍卖异议及其他事项的信息化。

（二）其他执行处分方式信息化

除了拍卖这一执行处分的一般方式之外，执行处分的方式还有变卖、以物抵债、强制管理、抵债返租等。变卖的启动有当事人同意或法院决定两种方式。在向当事人送达变卖裁定并确定变卖价格后进行变卖。若变卖不成功，则可以采取以物抵债的方式实现当事人的权益。这些非拍卖的执行处分方式信息化的重点，是在执行案件信息管理系统中，以及在执行公开网站上（可供当事人查询）记录处分的方式、处分的时间、处分的价值、处分的保障等静态内容，以满足信息公开、监督、公正的需要，而这些处分方式的过程则不是信息化的重点。

（三）执行处分信息化的标的

1. 不动产信息。该信息包括房产所有权及国有土地使用权。房产又包括厂房、办公楼、商品房、营业房、在建工程等。

2. 动产信息。该信息包括机动车、机器设备、生产原料等。

3. 投资权益信息。投资权益是指当事人因投资而享有相应财产利益的权利，内容较广泛，包括股票、债券、期货、基金、保险等金融产品及其他企业法人中的投资权益或股权。

4. 其他资金信息。该信息是指除了银行存款、股票、债券、期货、基金、保险等金融产品及其他法人企业中投资权益或股权之外的其他资金，包括住房公积金、离休金、退休金（养老金）、应退税款、保险理赔款、住房基金以及拆迁征收补偿、补助款等。

5. 其他财产权信息。该信息包括注册商标专用权中的财产权、专利权中的财产权、农村经济组织中的股权、农村土地承包经营权、债权、票据、单据权利、网络虚拟财产、排污权及其他可供执行的财产权利。

四、执行处分信息化的发展历程

执行处分从传统方式、分权管理到信息化方式，经历了漫长的发展。

（一）传统的执行处分阶段

在很长一段时期内，执行处分都以传统的方式进行，评估、拍卖、变卖全部以实体形式在特定的场合进行，在纸质媒体上进行公告，执行处分的相关法律文书用传统的方式送达。传统的执行处分自程序起动，到执行款项的分配都以执行人员为主导。在传统的执行处分中存在的明显不足，以廉政问题尤为突出，尤其在下述的三个环节中：

1. 以物抵债环节。一是强制以物抵债。执行人员给双方当事人施加影响，或违反法定程序，高价抵债给申请执行人造成损害申请执行人的利益，或可能低价抵债给申请执行人造成损害被执行人的利益，而执行人员从中牟取好处；二是变相以物抵债。执行人员可能将自己所有的物品或关系户的物品，高价抵债给申请执行人，从中获取差价。

2. 财产拍卖环节。由于拍卖公司在拍卖业务中所支付的成本很低，但拍卖佣金的收取相对较高，在丰厚利润的诱惑下，加之市场发展不成熟，极易导致拍卖公司违规操作的发生。又由于委托哪家拍卖公司完全由执行承办人一人做主，因此，拍卖公司为拉到业务使出各种手段，找关系托人情，其中不乏送钱送物的行贿行为。2001 年前全国法院执行中出现的廉政问题多与拍卖有关。此外，拍卖过程中也曾发生有的执行人员与拍卖机构串通，控制成交价和买受人并从中牟利的情形；还有，有的执行人员给双方当事人施加影响，名义上由双方当事人协商确定，实为指定拍卖公司实施拍卖，从中照顾个人关系或获取好处的情形。

3. 财产处分的款项收付环节。在实践中，有执行人员收取执行款项后存入个人或关系户的账户中予以挪用或据为己有的，有将被执行人的款项转入私立的账户中挪用或据为己有的，有将甲案的款项付给乙案的申请人，滥用执行权，从中获取好处的等等情形。

（二）执行财产处分行为与执行机构相分离阶段

2000年开始，最高人民法院倡导从执行工作机构、执行管理体制、执行权运行机制、执行方式方法四个层面进行改革，其中执行分权是执行权运行机制改革的重要组成部分，而执行分权的主要内容是两项：一是执行实施权与执行审查权（裁决权）相分离，由不同的执行人员行使；二是执行中评估拍卖事项与执行机构相分离，由各法院成立专门的对外委托机构行使委托权。2003年以来，全国法院陆续推进执行中评估拍卖工作的改革，采取的主要措施有三项：（1）大幅度压低评估、拍卖佣金；（2）建立拍卖人名录制度，实行抽签方式来产生评估、拍卖中介机构；（3）统一对外司法委托，将执行中的拍卖事项从执行机构中分离出去。

（三）执行处分信息化阶段

随着信息技术的迅猛发展，从政府信息公开到政务信息化，司法工作也已逐步走上信息化的道路，执行工作及执行处分信息化已成为时代发展的必然。以浙江法院为例，2006年着手研发全省法院执行案件管理系统，2008年形成全省统一的高级人民法院、中级人民法院、基层人民法院三级联网的执行管理系统，标志着浙江法院进入执行信息化阶段。2010年起，浙江法院继续努力推进执行征信系统、执行查控系统、执行惩戒系统、执行监督系统、执行保障系统五个系统的建设，通过近四年的努力，上述系统已经成为执行查控、执行征信、执行惩戒、执行监督、执行保障的主要手段。从2012年开始，浙江法院在全国首推网络司法拍卖，并建立与之相配套的法院内网“鉴定、评估、拍卖系统”，使执行处分信息化又上一个新的台阶。

第二节 被执行财产评估信息化

执行财产变价信息化体系以司法拍卖为核心，以公开化、便捷化为根本，以变卖、以物抵债等措施为补充。执行财产变价信息化让群众看得见、摸得着，使得法院执行财产变价更为透明，更加方便服务当事人；让管理者对案件情况了如指掌，更加有利于管理工作。一般情况下，被执行财产的评估是执行处分的开端，评估的信息化包含以下四方面。

一、评估机构及资质信息化

评估机构及资质信息化的内容主要有评估机构的名称、资质等级、经营范围、注册资金等（参照工商登记信息）。评估机构及相关资质的信息化，要在各高级人民法院和各法院门户网站对外委托栏目中列明，并向社会开放查询功能。

评估是财产变价的前置程序。根据 1998 年《执行工作若干规定》第 47 条规定，人民法院对拍卖、变卖被执行人的财产，应当委托依法成立的资产评估机构进行价格评估。2000～2011 年间，各地法院均采取名录的方式，将通过审查的评估机构向社会予以公布，并在执行中随机或抽签产生评估中介机构。而 2011 年的《委托评估、拍卖规定》第 2 条规定：取得政府管理部门行政许可并达到一定资质等级的评估、拍卖机构，可以自愿报名参加人民法院委托的评估、拍卖活动。人民法院不再编制委托评估、拍卖机构名册。这一规定使得人民法院不再编制评估机构名册，但对于参与到司法处分中来的评估中介机构来说，其资质信息的采集和公开仍然十分重要。

二、评估机构产生的信息化

评估机构的产生过程是执行评估信息化的核心环节，也是执行监督管理的重点环节之一。2009年最高人民法院发布的《委托评估、拍卖和变卖规定》第8条规定：人民法院选择评估、拍卖机构，应当通知审判、执行人员到场，视情况可邀请社会有关人员到场监督。最高人民法院《委托评估、拍卖规定》第3条规定：人民法院采用随机方式确定评估、拍卖机构。高级人民法院或者中级人民法院可以根据本地实际情况统一实施对外委托。实践中，法院通常采用电脑摇号确定评估机构的方式，或者采取抽签的形式，杜绝了人为操作。法院将评估机构产生的过程，以信息化的方式在法院官网上和执行案件管理系统上予以公示、公开，是评估机构信息化的主要方式。

三、评估结果信息化

评估结果，即《评估报告书》，通常由评估机构以纸质的方式提供，在执行信息化的要求下，评估结果在提供纸质文件的同时，还应当提供电子文档，作用包括：（1）整合到执行案件管理系统中，为建立执行案件数字档案、实现数字执行奠定基础；（2）方便当事人了解标的物评估情况，也更有利于意向人了解标的物的实有状况，防患误解和歧义；（3）在当事人同意的情况下，可以电子文档的方式替代纸质文档的送达，并接受当事人提出的异议。

四、评估流程信息化

财产评估的启动、评估机构的产生、评估结果的送达、评估结果异议的救济，以及相应节点的期限规定，以电子信息形式，在法院网站上予以公开（如图 4.1）。

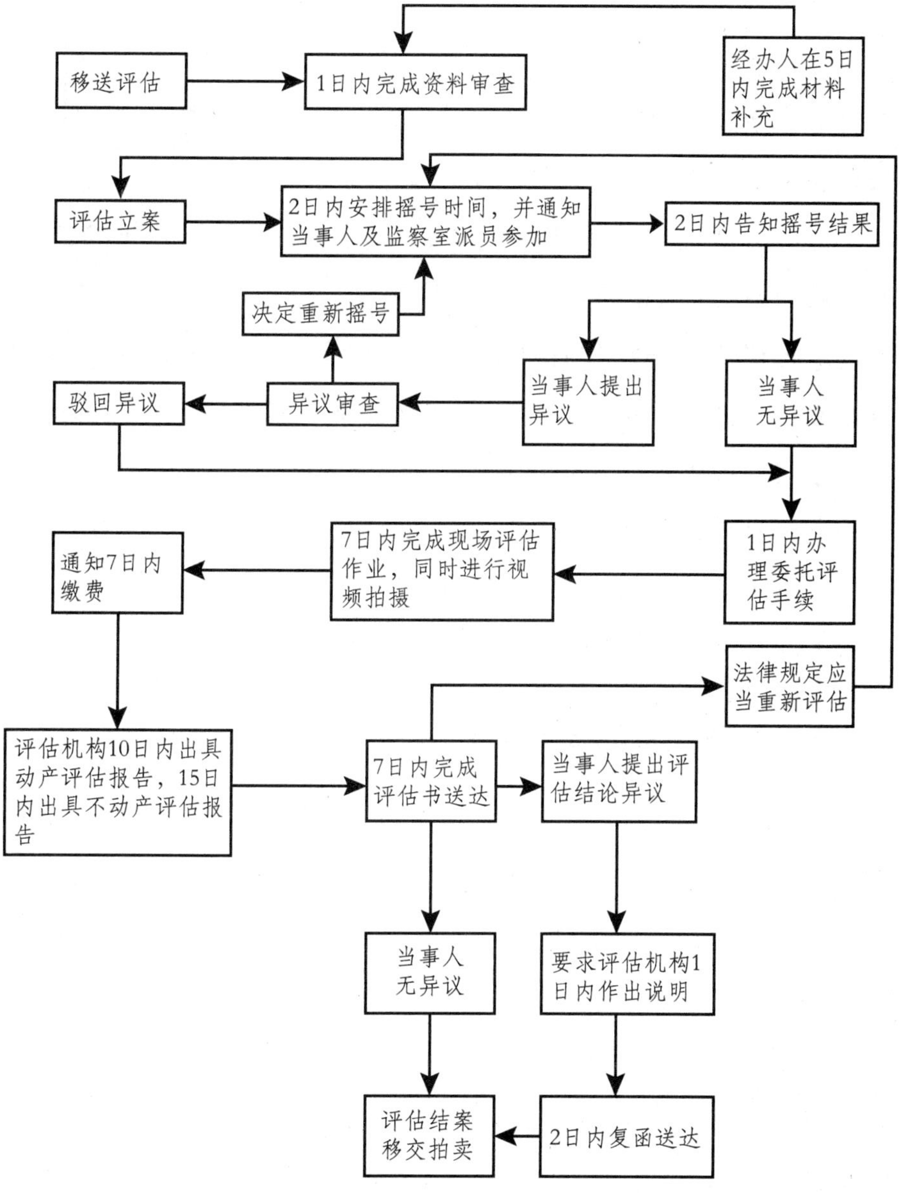

图 4.1：评估流程示意图

第三节 财产拍卖信息化

利益交割、权利兑现是人民法院执行工作最关键的环节。随着经济社会的快速发展，传统的以变卖方式变价被执行人财产的缺点和不足不断显现。对财产处置公开竞价、程序透明、参与广泛、保值增值的要求越来越迫切，拍卖逐渐成为财产变价最重要、最普遍的方式。同时，由于互联网与电子商务的迅猛发展，人们对司法拍卖信息化程度的要求也越来越高。自从 eBay 成为首家知名的网络拍卖平台以来，世界各国的网络拍卖得到迅速发展，很大程度上打破了传统拍卖行业几百年来的垄断地位。拍卖过程的信息化，使得人民法院执行财产变价更为透明，让群众看得见、摸得着，让管理者对案件情况了如指掌，既方便管理，也使得司法拍卖更加透明、便捷、高效与经济。

一、司法拍卖信息化概述

信息化概念产生于日本，① 其核心是反映信息社会前进的动态过程。英文一般称为“Informatization”或“Informatisation”。信息化作为名词，通常是指现代信息技术应用，特别是促成应用

① 1963 年，日本的梅倬忠夫在《信息产业论》一书中，描绘了信息革命和信息化社会的前景，预见到信息科学技术的发展和应用将会引起一场全面的社会变革，并将人类社会推入信息化社会。1967 年，日本政府的一个科学技术经济研究小组在研究经济发展问题时，正式提出信息化概念，并从经济学角度下了一个定义，即信息化是向信息产业高度发达且在产业结构中占优势地位的社会——信息社会前进的动态过程，反映了由可触摸的物质产品起主导作用向难以捉摸的信息产品起主导作用的根本性转变。

对象或领域（比如拍卖或社会）发生转变的过程。拍卖信息化不仅指在司法拍卖中应用信息技术，更重要的是深入应用信息技术所促成的或能够达成的拍卖模式、拍卖过程乃至拍卖效果的转变。“信息化”一词作为形容词时，常指对象或领域因信息技术的深入应用所达成的新形态或状态。例如，信息化司法拍卖，是指信息技术应用到一定程度后达成的拍卖形式，它包含许多只有在充分应用现代信息技术后才能达成的新特征。

司法拍卖是指人民法院在执行程序中，对已被查封、扣押、冻结的执行标的，依照法定程序公开变价的执行措施。司法拍卖信息化则主要是指，人民法院通过运用信息技术，将司法拍卖的信息在网络平台上公开，并在网络平台上强制拍卖已被查封、扣押、冻结的财产，以便于人们广泛参与和监督的一种执行财产处分行为，也称作网络司法拍卖。目前拍卖领域和实业界对网络拍卖还未形成一个完全统一的看法，但是比较主流的观点认为，网络拍卖是指网络服务商利用网络传输技术，向商品、服务或权益所有者提供有偿或无偿使用的交易平台，让其独立开展以竞价、议价方式为主的在线交易模式。该交易模式的核心在于，网络拍卖平台的拍卖设计与服务，以及大量交易双方的参与。

二、司法拍卖信息化的历史进程

1991 年《民事诉讼法》首次规定了司法拍卖制度，但并未规定在执行处分中优先适用。在 1991 年《民事诉讼法》实行后的一段时间，以变卖的方式对被执行财产进行变价仍是司法实践中的主要选择。1997 年 1 月 1 日，《拍卖法》开始施行，我国司法拍卖信息化的实践探索和制度建设也逐渐发展，主要经历了以下五个阶段：

1.1998年7月，《执行工作若干规定》施行，司法拍卖正式成为诉讼资产处置的主要形式，并从法院自行组织拍卖进入委托拍卖机构进行拍卖的阶段。

2.2005年1月，最高人民法院《关于人民法院民事执行中拍卖、变卖财产的规定》（法释〔2004〕16号）施行，司法拍卖从任意指定拍卖机构到进入严格规范拍卖机构选定程序的阶段。

3.2009年11月，《委托评估、拍卖和变卖规定》施行，司法拍卖的对外委托开始全面转由法院的司法技术辅助部门负责，委托拍卖工作正式与审判、执行工作分离。

4.2011年实施的《委托评估、拍卖规定》第4条规定：人民法院委托的拍卖活动应在有关管理部门确定的统一交易场所或网络平台上进行，另有规定的除外。上述规定标志着司法拍卖开始将网络平台纳入了司法拍卖机构的范畴。

5.2012年修订的《民事诉讼法》第244条规定：被执行人未按执行通知履行法律文书确定的义务，人民法院有权查封、扣押、冻结、拍卖、变卖被执行人应当履行义务部分的财产。该条确立了法院自行拍卖的原则，强调了法院有拍卖的自主权，剔除了人民法院委托拍卖的表述。从效力位阶上看，法律是优于司法解释的，这一修改预示着司法拍卖未来的发展方向。同年，最高人民法院《委托评估、拍卖规定》开始实施，司法拍卖以建立统一的交易场所和网络平台作为重要内容，引入了司法拍卖的信息化要素。该司法解释进一步肯定了在网络平台上进行司法拍卖的合法性。

2012年2月召开的全国法院深化司法拍卖改革工作会议，确定逐步建立统一的交易场所和网络平台是下一个继续推进司法拍卖改革的重大措施，会议还明确了涉诉资产的拍卖要逐步通过信息化交易平台竞价，以电子（信息化）的竞价方式来取代击槌成交的改革方向。

三、司法拍卖信息化的内容

（一）司法拍卖信息化的主要方式

司法拍卖信息化主要有两种方式。目前，有的法院采取直接在网络平台上拍卖的方式，有的法院则采取委托拍卖公司或其他机构在网络平台上进行网络拍卖的方式。前一种由法院直接实施的网络拍卖涉及到三个主体：执行法院、网络平台提供者、竞买者（电子贸易中往往称为消费者）；后一种委托拍卖方式涉及到四个交易主体：执行法院、拍卖公司、网络平台提供者、竞买人（消费者）。

这两种方式都属于司法拍卖信息化的范畴，但第一种方式更广为人知，该网络技术平台，即是人们常说的网络拍卖。我国的网络拍卖自 1999 年开始起步，主要有淘宝网、易趣以及一拍网等。目前，各地法院司法拍卖实践中主要使用的是淘宝网（2012 年 6 月，浙江法院依托淘宝网建立的司法拍卖平台正式上线）。对于网络拍卖，我们将其定义为：人民法院在纯粹的网络技术平台上（非拍卖协会、产权交易所等设立的拍卖师和网络相结合的网络平台），以电子竞价的方式依法自行处置涉讼财产的方法。第二种方式主要是指重庆、南京的产权交易中心模式（2011 年 7 月 1 日，重庆联合产权交易所诉讼资产网上线运行，2012 年 1 月，人民法院诉讼资产网开发完毕并投入试运行）。该模式主要是由产权交易中心委托拍卖机构来完成司法拍卖，产权交易中心只是分担了法院和拍卖机构的一小部分工作，并且该种模式只针对特定人群，即对获得竞拍资格的人开放，整个竞拍过程还未完全实现互联网化。

有观点认为，网络拍卖区别于传统拍卖的最为根本的特点，就是其处于一个具有双边市场特征的交易环境中，并存在着一个第三方的拍卖交易平台（网络拍卖公司），买卖双方在基于平台所提供的服务的基础上进行在线交易。如果只将网络拍卖视为不存在第三方的拍卖交易平台，就存在一个问题，即第三方的拍卖交易平台的存在有无合理性和必要性？

我们认为，目前两种模式都有存在的必要性。虽然互联网拍卖是司法拍卖改革的重要措施，但其并不能完全取代其他形式的司法拍卖。从拍卖实践来看，一些通用型的动产乃至不动产，比较适于网上拍卖，但一些特殊的动产、不动产，如珠宝、古董、特定用途的建设用地、工业生产线等，还是比较适宜采用现场拍卖的方式。同时，有的潜在竞买人不熟悉或不愿意通过网络操作，愿意参与现场拍卖，如果采取网上拍卖与现场拍卖相结合，能进一步扩大竞买人的参与范围，更有利于形成充分竞价。对于不易直接在网上拍卖的动产及不动产，在传统的拍卖模式中引入信息化因素，更有利于实现拍品的价值。在本节中，我们将重点研究网络司法拍卖的特点和流程。

（二）司法拍卖信息化的特点及优势

网上拍卖与传统的现场拍卖相比，具有以下优势：一是有相对固定的第三方网络交易平台，受关注度更高，拍卖公告的效应更好，可以突破纸质媒体公告的地域性限制，吸引更广范围内潜在竞买人参与竞买。二是获得技术支持的网络空间可以容纳更多的竞买人，突破了现场拍卖中物理空间的限制。三是竞买人信息具有保密性。竞买人全程以拍卖报名时获取的竞买号参加竞买，竞买人仅能在拍卖网页上看到他人的代号及出价，而无从知晓其他人的信息，从而可以排除拍卖中的人为因素，有效杜绝竞买人之间串标、压标等恶意干扰竞价的行为，保证了竞买人的广泛参与，提高了拍卖的成交率、溢价率。四是拍卖过程有前所未有的公开性和参与性，竞买人随时都能了解竞价进程，看到其他人的出价，也可以在拍卖公告载明的竞价期内，随时参与竞价。全部拍卖过程均在网上司法拍卖平台上公开、公布、记录，任何人均可以随时上网查询。五是网上拍卖实行零佣金制度，成交后买受人除支付成交款外，不需支付佣金，最大限度地维护了执行当事人的利益。

（三）司法拍卖信息化的具体操作流程

1. 拍卖公告的信息化。根据《拍卖法》第 45 条的规定，拍卖人应当于拍卖日 7 日前发布拍卖公告。网络司法拍卖公告期动产一般为 8 天，不动产为 15 天以上。公告的基本内容，一是说明执行法院、拍品介绍、拍卖时间、竞买人资格条件、保证金数额及缴付方式等事项；二是说明清楚权利义务和法律责任，特别是竞买人的权利义务。① 优先权人有意向参加竞拍的，应告知优先购买权人在一定期限内向法院提交有效证明。至于公告的方式，在利用电子商务平台进行信息发布的同时，必须将该拍卖公告在人民法院诉讼资产网发布，进一步扩大信息发布广度。此间竞买意向人可以到现场查看实物。在法院委托进行网络司法拍卖的模式中，人民法院诉讼资产网基本上是拍卖信息发布的统一平台，也有少部分法院在本地区指定的统一网络平台上发布拍卖信息。目前，各地法院已基本实现司法评估、拍卖信息在人民法院诉讼资产网上统一发布，司法评估、拍卖对外委托、摇号选择机构公告、摇号结果、拍卖结果等其他司法拍卖信息也一并在人民法院诉讼资产网上予以公开发布。

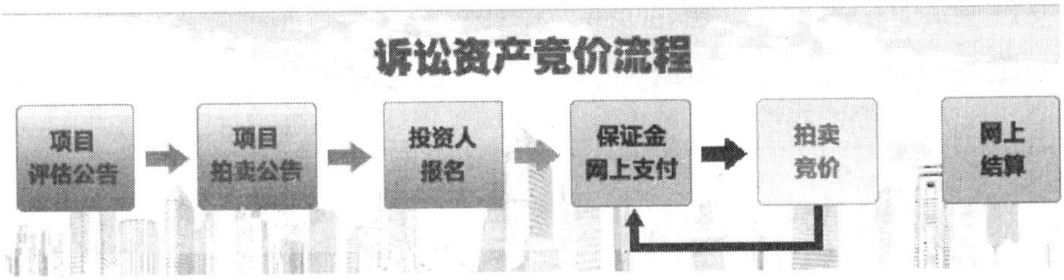

图 4.2：人民法院诉讼资产网首页截图

① 网络司法拍卖也同样存在竞价成功后因拒不付款而承担责任的情形。2013 年 6 月 28 日，陈某参加浙江省丽水市青田区人民法院举行的网络司法拍卖，以 165 万元竞得评估价为 80.9 万元的店铺，但事后反悔，未在规定期限内将价款缴到法院指定的账户。期间，执行法院多次与陈某沟通，向其说明相关法律规定，催促其支付拍卖款，但陈某拒绝。7 月 29 日，青田区人民法院依法重新将该店铺进行网拍，最终以 85 万元成交。根据相关司法解释，重新拍卖的价款低于原拍卖价款的，原买受人应当补足差额。执行法院依法裁定原买受人陈某补齐两次拍卖成交款的差额 80 万元，并执行到位，全部用于分配给原执行案件申请执行人。

2. 拍卖过程的信息化。在法律程序上，网上拍卖与传统委托的现场拍卖一样，需作出拍卖裁定、确定拍卖保留价、成交确认书及相应裁定。但在操作流程上，网上拍卖有以下特点：（1）由执行法院在网站注册网店及相应的支付账户。（2）制作拍卖公告和拍卖须知，拍摄拍品的视频、图片等，并进行必要的说明和编辑。确定拍卖时间后，上传资料到网络司法拍卖平台，并在后台设置起拍价、评估价、保证金金额、保留价、加价幅度等。（3）在拍卖公告确定的期间接受咨询（如非竞买人本人参加竞买的还需到执行机构办理委托竞买的相关手续），安排看样，并随时关注网上报名情况。竞买人报名、交付保证金均在网上完成，开拍、竞价及是否成交则由系统自动进行。（4）拍卖成交后，查询买受人的身份、保证金是否到账，及时与买受人取得联系，告知其后续流程。（5）成交确定。督促买受人在规定的期限内支付拍卖余款，并与买受人签订成交确认书。（6）交接拍卖标的物。买受人付清成交款后，在规定的时间内由买受人自行提取拍卖标的物，执行法院出具裁定书、协助执行通知书等法律文书，并协助买受人办理拍品的过户手续或办理相关证照。

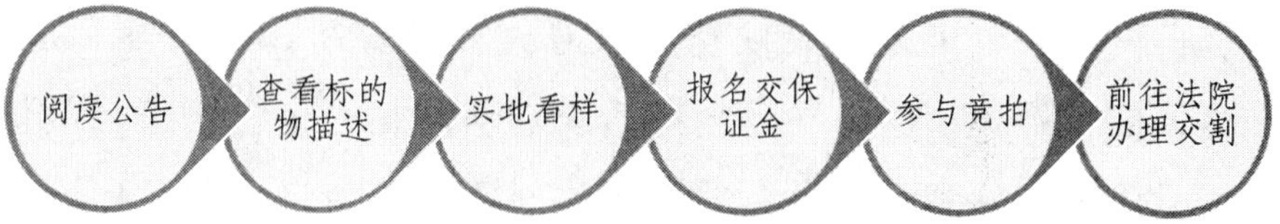

图 4.3：参加网拍流程图

3. 网上拍卖需要注意的问题：

（1）确定保留价。2009 年的《委托评估、拍卖和变卖规定》第 13 条规定：拍卖财产经过评估的，评估价即为第一次拍卖的保留价；未作评估的，保留价由人民法院参照市价确定，并应当征询有关当事人的意见。

（2）交纳保证金。竞买人（含申请执行人）参加竞拍需交纳保证金。保证金数额由拍卖法院按标的起拍价的一定比例确定。标的额小的，比例要高，但最高不超过30%；标的额大的，比例要低，但最低不低于5%。

（3）报名人数限制。网络司法拍卖需2人以上报名才能成交。对于这一规定，目前有不同意见，有观点认为，一人竞拍也具有法律效力。①

（4）竞价时间。拍卖公告确定的拍卖时间开始后，网络平台会自动启动拍卖程序，竞买人可以按照拍品展示的竞价幅度输入出价金额进行竞价。竞拍人在网络平台的对话页面上点击“出价”，在出价框里填上愿意出的价格，系统会显示竞买号和报价，系统将根据最后的最高出价确定拍品中标者。为防止在拍卖预设截止时间前竞价拥堵，网络系统通常会设置延时报价功能，即在预定截止时间前一定时间内（例如2分钟）有新的报价的，竞价时间会自动延迟一定的时间。

（5）确认成交。竞拍人可以在拍卖期间内的任何时间进行竞价，但网络平台未必全天候都有人守候着计算机、盯着显示屏。在这样的情形下，网络平台会有系统自动设定的应答程序来确认竞拍人的报价。到系统设定的截止时间，系统会自动确认出价最高者，并反馈给出价人。竞买人发出报价指令的时间与系统确认并反馈的时间会有时间差，当报价时间非常接近截止时间时，该

---

① 张能宝：《拍卖法律关系中一人竞拍行为的效力——以法的效率价值为视角》，载《人民法院报》2012年7月4日。乔宇：《一人竞买对强制拍卖效力的影响》，载《法律适用》2013年第8期。

时间差对于确定报价是否成功、确认成交时间尤其重要。对此，浙江、福建等地在网络拍卖程序中设置了延时出价功能，在拍卖活动结束前最后的一个时间段（例如 2 分钟），如果有竞买人出价，系统自动延迟一定的时间。最高竞价人确认后，拍卖程序结束，竞买人付清余款，网络拍卖管理员可以与竞买人签订拍卖成交确认书，由执行法院制作相应的法律文书，并交付财产。

（6）负责网上拍卖的具体职能部门。《委托评估、拍卖规定》第 1 条明确规定，人民法院司法辅助部门负责统一管理和协调司法委托评估、拍卖工作。将执行与对外委托拍卖工作分离，有利于堵塞廉政风险漏洞，增加司法拍卖的透明度，有效遏制传统拍卖中的围标、串标和职业控场等现象。但同时，对于网上拍卖的具体职能部门，该司法解释并没有明确具体的规定。目前，在单一交易场所、单一网络平台模式下，拍卖的具体操作是由当地拍卖机构主持，重庆、上海模式是该模式的典型代表；在多交易场所、多网络平台的模式下，拍卖的具体操作也是由当地拍卖机构主持；在多交易场所、单一网络平台模式下，网络交易则统一由拍卖机构与自然人等联合筹资建立的联拍网进行，广西模式是典型代表。还有，浙江法院的网上拍卖主要是采取司法技术部门与执行部门共同参与、分工协作的方式。执行部门负责对标的物瑕疵情况的调查并据此决定拍卖方式，提出保留价和起拍价，如决定网拍，则协助司法技术部门接受竞买人询问和看样，成交后出具确认裁定、协助办理解封和过户等事宜；司法技术部门享有确定保留价和起拍价的权力，并负责制作、发布网拍公告及影像资料，实施网上拍卖的具体操作；如被执行标的不适合网拍，则仍由司法技术部门委托给拍卖机构按传统方式拍卖（如图 4.4）。

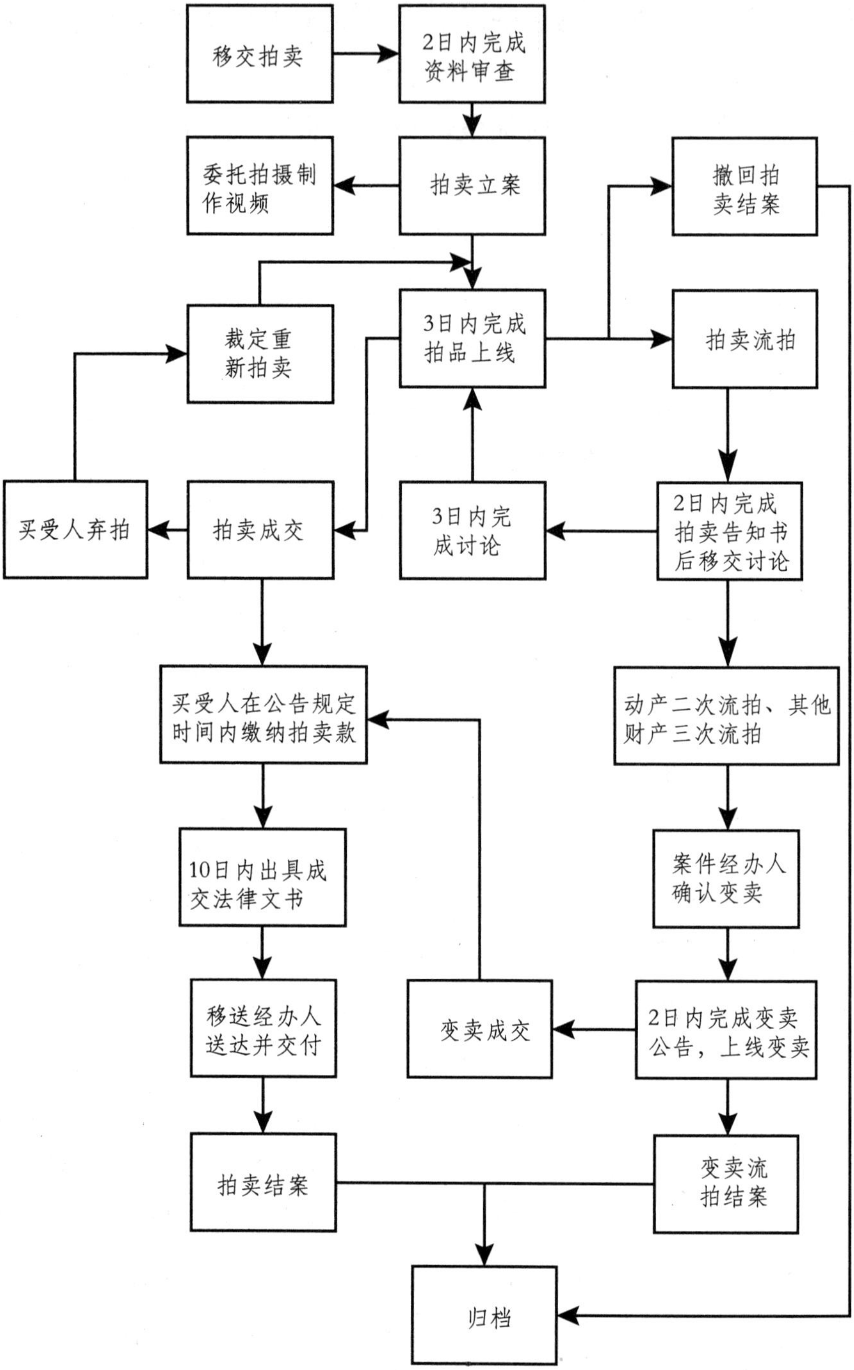
移交拍卖
2日内完成资料审查
委托拍摄制作视频
拍卖立案
撤回拍卖结案
裁定重新拍卖
3日内完成拍品上线
拍卖流拍
买受人弃拍
拍卖成交
3日内完成讨论
2日内完成拍卖告知书后移交讨论
买受人在公告规定时间内缴纳拍卖款
动产二次流拍、其他财产三次流拍
10日内出具成交法律文书
案件经办人确认变卖
移送经办人送达并交付
变卖成交
2日内完成变卖公告，上线变卖
拍卖结案
变卖流拍结案
归档

图 4.4：拍卖流程示意图

四、司法拍卖信息化的成功经验

当前，在最高人民法院的大力推动下，在财产拍卖信息化平台不断涌现以及先行先试法院的带动下，不少地区的人民法院结合本地经济发展、技术水平和司法拍卖实际需要，都对司法拍卖信息化进行了各自的探索。在运用信息化改革司法拍卖成为不可逆转的时代趋势之时，对有益经验加以总结是十分必要且极具意义的。

（一）建立或使用全国统一的司法拍卖信息发布平台

标的物信息、评估信息、委托信息、摇号选择机构公告、摇号结果、拍卖结果等信息，由覆盖全国、业务统一的平台进行发布具有以下优点：（1）有利于迅速积聚平台的知名度和受关注度，提升涉诉资产处置的规模效应和聚合效应，提高司法拍卖的成交率和溢价率；（2）有利于人民法院对平台进行实时监管，亦能减少与其他单位、组织的沟通量；（3）赋予债权人、债务人、竞买人等司法拍卖活动的参与者以平等和最大限度的知情权，有利于减少因信息不对称、不全面等原因造成的争议。如人民法院诉讼资产网、淘宝网的司法拍卖频道均为相对成熟和规模较大的司法拍卖信息平台，前者是经最高人民法院认可的，由重庆联合产权交易所具体负责运营维护的、具有官方色彩的专业司法拍卖平台，经过几年的发展，已经逐步形成了比较完整的司法拍卖信息发布和运行机制；后者则是地方法院借用淘宝网已有的技术平台，直接以卖家的身份入驻淘宝网，将司法拍卖几乎所有的程序内置于该平台，拍卖信息也因此获得了极大的“围观度”。

（二）通过网络平台进一步缩减和规范司法拍卖的交易环节

中间环节多且不透明是传统司法拍卖的一大弊端，也是司法拍卖活动出现违法违纪情况的重要因素之一。网络平台的出现，为解决这一难题提供了更优选择：（1）不再不加区分即对拍卖标的进行全部委托评估，而是根据标的性质确定具体的委托评估；（2）司法拍卖活动参与者无需多次往返经常居住地和标的物所在地，而是通过网络平台对标的物全面了解，以决定是否进一步了解情况抑或是参与竞买；（3）减少了法院工作人员和评估拍卖机构的“联合”机会，有助于提高司法拍卖的公正性。对于无需完全明晰全部情况即可进行处置的拍卖标的，可以在网络平台上实现变价交易，有效避免消耗潜在竞买人的大量人力、物力和财力；对于其他标的，网络平台也通过拓宽发布渠道促进了拍卖标的的充分变现。

（三）通过网络平台实现网上竞买和在线支付

互联网具有前所未有的覆盖面、保密性和便捷性，既能够发挥随时在线支付的便利优势，又能充分吸引更多的竞买者：（1）更广泛的发布信息是为了吸引更多的竞买人，网上竞买可以突破纸质媒体公告的地域性限制，吸引更广范围的潜在竞买人参与竞买；（2）获得技术支持的网络空间可以容纳更多的竞买人，这也突破了现场拍卖中物理空间的限制；（3）竞买人身份具有保密性，除网络平台基础数据外，外人无法得知竞买人信息，仅能在拍卖网页上看到他人的代号及出价，从而排除拍卖中的人为因素，避免出现传统拍卖中串标、围标、职业控场的弊端；（4）在线支付功能有利于更快捷地支付价款和实现标的的价值。

（四）因地制宜确定交易场所的设立和数量

由于各地产权交易机构基本均有成熟的网络系统，因此，当前实施网络司法拍卖的地方法院的差异仅在于采用单一交易场所还是多交易场所。单一交易场所具有的优点包括：(1) 选取辖区内最具实力的产权交易机构或人民法院自建产权交易场所，有助于保证司法拍卖的市场公信力和较高的管理水平；(2) 有助于避免出现交易场所散、乱、小的情况，有效地推动司法拍卖价值品牌的塑造和人气的聚集。多交易场所具有的优点包括：(1) 多家交易场所并立，能够促进良性竞争格局的形成，有助于不断提高技术水平和服务水平；(2) 为当事人提供不同的选择，充分体现意思自治原则，有助于减少因拍卖而引起的矛盾纠纷；(3) 交易场所数量的增加，也有助于缓解改革的压力。我们认为，当前我国网络司法拍卖正处于开创时期，各地应在充分考虑本地区经济发展水平、交易习惯、法院的技术和管理水平等因素的情况下，因地制宜地选取交易场所，并根据发展需要实时进行调整。

（五）建立健全相关管理制度促使网络司法拍卖建设走上良性发展轨道

司法拍卖的规范化和信息化，二者不可偏废，尤其是在信息化发展纷繁复杂、一日千里的背景下，人民法院对网络司法拍卖的探索更不能忽视建章立制和规范管理。信息发布的范围和方式、参与机构及网络平台的选择、网络交易规则、保证金账户的设立与监管等关键节点，无不需要具体的制度加以规范。浙江、北京、江苏、重庆等地法院在试行网络司法拍卖的同时，结合本地实际，制定了一系列规范性文件，成为上述法院试行司法拍卖取得显著成效的基本条件。

五、目前网络司法拍卖中存在的问题

全国法院在探索网络司法拍卖的过程中，具体做法不尽相同，发展进度不尽均衡，遇到的困难和问题也各有侧重，但有些问题是共性的。

（一）司法拍卖工作完全交由中介机构操作，缺乏有效监管

目前有少数法院，将包括摇号选择评估和拍卖机构、与拍卖机构签订委托协议、保证金账户管理等重点环节的工作全部交给第三方机构负责操作，使法院事实上失去了对司法拍卖活动进行有效监管的抓手。对此，在继续深化司法拍卖改革的过程中，各级人民法院应切实加强对司法拍卖工作的有效监管。

（二）保证金账户的设置和管理存在安全隐患问题

司法拍卖中竞买人保证金账户的设立和管理，一方面涉及到竞买人的信息保密，另一方面还涉及到保证金资金的安全。绝大多数法院对保证金账户的设立和管理高度重视，积极与地方财政、金融部门协调，由法院设立保证金专用账户并规定了严格的查询权限和程序，部分法院还制定了保证金账户管理办法等规范性文件。但也有少数法院未设立保证金专用账户，而是利用拍卖机构账户或交易所账户作为保证金账户，在竞买人信息保密和保证金资金安全方面存在较大的隐患。

（三）司法技术辅助部门和执行部门的衔接不够密切

司法拍卖划归到司法技术辅助部门管理后，执行机构与司法技术辅助部门的配合、两者的分工与衔接直接关系到司法拍卖工作能否顺利开展、当事人合法权益能否得以现实兑现。在利用互

联网开展司法拍卖后，更加需要执行部门与司法技术辅助部门的密切配合，以便在涉诉资产上网拍卖之前彻底地查明附着在待拍资产上的瑕疵，如抵押、租赁、产权共有情况等。若待上网竞拍后才发现拍卖资产有未查明的瑕疵，则会造成中止竞拍或者不能交付已拍卖资产的被动局面，严重影响司法拍卖的公信力。①

（四）网络司法拍卖的适用范围需要明确

各地人民法院的探索实践表明，现阶段并非所有的涉诉标的物都适合上网拍卖，如农村宅基地、偏远地方的小标的额资产等都不适于上网拍卖。这些资产如果进行网上拍卖，可能会引起新的纠纷或者增加当事人的成本。随着司法拍卖改革的推进，需要进一步研究适合网上拍卖的标的物种类和范围。

六、推动网络司法拍卖建设的思考

网络司法拍卖并非无根之木、无源之水，其发端于传统司法拍卖，又与当前信息化趋势紧密结合，短短几年中，网络司法拍卖渐成潮流。对此，一方面人民法院不应只看优势，视网络司法拍卖为传统司法拍卖的完全替代品；另一方面也不能只看劣势，因噎废食，对网络司法拍卖不闻不问，怯于推行。新生事物的发展从来不会一帆风顺，也不会完美无缺。因此，在推动网络司法

---

① 浙江法院开展网上司法拍卖，采取司法技术部门与执行部门共同参与、分工协作的方式。执行部门负责对标的物瑕疵情况的调查并据此决定拍卖方式，提出保留价和起拍价，如决定网拍，则协助司法技术部门接受竞买人询问和看样，成交后出具确认裁定、协助办理解封和过户等事宜；司法技术部门享有确定保留价和起拍价的权力，并负责制作、发布网拍公告及影像资料，实施网上拍卖的具体操作。如某标的不适合网拍，则仍由司法技术部门委托给拍卖机构按传统方式拍卖。

拍卖建设的过程中，各级人民法院应当以实事求是的态度统领全局，采取切实可行的措施，真抓实干，全面推进。

（一）进一步做好对网络司法拍卖的顶层设计

现阶段我国并无全国统一的网络司法拍卖制度框架，对于各省高级人民法院而言，应当充分借鉴先进省份已经成熟的司法拍卖模式，积极探索信息化与司法拍卖的结合点，对网络司法拍卖进行长远规划，打造坚实的理论根基，确定明晰的发展方向，不可任其无序发展。对于最高人民法院而言，则需要有效整合全国法院网络司法拍卖的实验资源，借鉴国际上的优秀经验，取长补短，以全国一盘棋的战略构思，做好未来统一的网络司法拍卖顶层设计。

（二）进一步加强人民法院对于网络司法拍卖活动的掌控力度

网络司法拍卖决不能淡化人民法院对拍卖活动的主导地位，更不能将人民法院的司法拍卖职能拱手让出，司法拍卖是国家法律赋予人民法院的法定职能，不能因为变换了拍卖方式而改变了基本性质。针对评估机构、交易场所、网络平台、拍卖机构等对司法拍卖活动的参与紧密性，人民法院应在各个环节予以监督管理，既要加强内部保密，杜绝滋生新的腐败温床，防止法院内部与其他机构有不正当往来的情况出现，又要加强外部制约，在不同环节的衔接处设置“防火墙”，最终确保网络司法拍卖活动仍处于人民法院的严密掌控之中。

（三）制定符合本地区实际的网络司法拍卖流程规范

从根本上来说，网络司法拍卖也是一场拍卖流程的革命，大部分的节点、程序、步骤都与传统拍卖相异。当前我国存在多种模式的网络司法拍卖，不同模式在交易场所、网络平台等环节有着迥然不同的选择，这就需要各地区在实践中挖掘地区特色，因地制宜，制定符合本地区发展要求的流程规范。最高人民法院将继续研究制定科学、系统的网络司法拍卖流程，实现人民法院网络司法拍卖的规范化和统一化，推动、引导与监督网络司法拍卖活动的有序进行。

（四）建设架构合理、运行有序的网络司法拍卖平台

网络司法拍卖离不开优秀的信息化平台作为基础条件，人民法院应按照网络司法拍卖的专业要求，着力建设一支懂技术、懂法律的业务骨干队伍，为网络司法拍卖平台的建设和维护夯实根基。同时，根据实践需要，对平台进行实时的升级和革新，切实加强安全技术保障，规避可能出现的技术风险，防止因平台原因造成拍卖活动的阻碍，确保网络司法拍卖平台的安全、稳定运行。

第四节　参与分配信息化

债权人想要申请参加到其他法院已开始的执行程序中，一方面，债权人须知道针对该债务人的执行程序已经开始，知道债务人的财产不足以清偿所有债权，知道自己是适格的分配参与人。另一方面，现行法律未规定执行法院、首封债权人或被执行人有将参与分配信息通知其他债权人的义务，再加上其他各种因素的制约，导致在现有的参与分配制度下保障其他债权人获得参与分配信息的途径有限，申请参与分配的债权人往往很难知悉债务人的财产是否能清偿其所有债权，也经常存在许多债权人根本不知

道其他法院针对该债务人的执行程序已经开始的情形，因此失去了申请参与分配的机会与权利，导致其债权在事实上落空，使得案件当事人对法院的执行公平产生怀疑和猜测，影响司法公信力。

通过参与分配信息化建设，对执行中参与分配流程及相关信息进行信息化改造、公示，拓宽包括已知的债权人和潜在的债权人在内的社会公众获得参与分配信息的路径，落实参与分配信息的披露与公示，及时、全面公开参与分配信息，以切实保障其他债权人申请参与分配的权利。

一、参与分配信息化概述

参与分配是执行中的一项重要制度，在被执行人的财产不足以清偿其所有债务的情况下，为了解决多个债权人之间的利益冲突，法律上创设了参与分配制度，即由主持处置被执行人财产的法院按照法律规定的分配顺位和比例，在多个债权人之间进行依法公平清偿。参与分配信息化旨在解决平等保护多个申请执行人债权问题，对维护执行分配公平、提高执行公信力具有重要的意义。

1. 参与分配信息化的基本设想是：通过信息化手段，对参与分配的基本内容和关键节点的信息及时进行披露，减少和杜绝参与分配环节中存在的混乱现象，解决参与分配程序中存在的信息不对称问题，借助信息化手段加强参与分配管理与信息公开。

2. 参与分配信息化的目标是：（1）通过信息化方式，把参与分配的关键节点信息主动、及时地通知包括担保物权人、其他优先权人和对执行财产轮候查封的债权人在内的所有已知的债权人；（2）确保其他的未知债权人及社会公众可以通过完备的信息化手段，方便快捷地检索、查阅到有关被执行人财产的参与分配情况。

二、参与分配信息化的主要内容

参与分配信息化包括申请参与分配信息化和法院依职权分配信息化两方面。申请参与分配信息化，即其他债权人申请参加已经开始的执行程序，主要涉及可申请参与分配的债权范围、申请参与分配的起止时间、申请参与分配的方法等内容。法院依职权分配程序信息化，主要涉及在多个债权人之间依法定的顺位、比例制作分配方案，并通过参与分配异议程序设置，对分配方案进行修正与完善。各级人民法院应当在执行公开网站或各法院官网上，开辟参与分配公开专栏，为参与分配信息化提供平台。参与分配信息化主要包括四个方面的内容。

（一）申请参与分配的期限信息

债权人未在规定的期限内申请参与分配，将被视为放弃本次参与分配机会；超过期限申请参与分配将不受法院保护。因此，其他债权人知悉申请参与分配的期限，进而在规定期限内提出参与分配申请至关重要。但是，现行的法律法规尚没有关于参与分配期限的相关规定，申请参与分配的起止时间由执行法院根据案件情况或者惯例予以明确。这一问题的存在，不利于债权人权利的保护，给权力寻租留下了空间。实践中，有些法院迟迟不出台分配方案，等待其他关系人的案件法律文书生效；有的权利人为赶时间，宁可牺牲一些利益也要采取调解方式快速结案生效；更有甚者，是债务人与其他关系人串通，虚构借贷案件，“周瑜打黄盖”式快速地调解结案来申请参与分配。

为了克服上述不足，各地法院也针对参与分配制度作了相应的规定，如浙江法院对其他债权人申请参与分配的起始时间规定为：人民法院对被执行人的财产采取查封、扣押、冻结措施后，其他债权人发现其不能从被执行人的其他财产中全额受偿，或者被执行人的可执行财产不能清偿全部债权之日。申请参与分配的截止时间为：主持分配的法院的执行程序中只有一个申请执行人的，其他债权人申请参与分配的截止日期，为执行价款支付给申请执行人的前一工作日，或者执行标的物因以物抵债而将产权转移给承受人的前一工作日；主持分配的法院的执行程序中已有两个以上债权人参与分配的，其他债权人申请参与分配的截止日期，为执行法院将分配方案送达第一个当事人的前一工作日。

参与分配的申请时限还有其他不同于浙江法院的做法，但无论怎么样的规定，能够保证分配公正的最基本的要求，是各地法院的参与分配制度能够为其他债权人所知悉，其他债权人可以以便捷的方式参与到程序中来，这也是参与分配信息化的使命所在。

（二）申请参与分配的债权人信息

1. 在执行公开网上，应当就有权申请参与分配的债权人的条件进行公告：（1）对同一被执行人已经取得执行依据的债权人。（2）有以下情形之一的债权人，对其可分得的款项予以留存，待其取得执行依据后支付：一是在先查封为财产保全，所涉案件尚未审结，经协调由首先进入终局执行的法院处置财产并主持分配，在先查封的申请人要求参与分配的；二是被执行人的职工主张支付被拖欠的工资和医疗、伤残补助、抚恤费用，应当划入职工个人账户的基本养老保险、基本医疗保险费用，以及法律、行政法规规定应当支付给职工的补偿金的；三是人身损害赔偿纠纷案件的受害人向被执行人主张赔偿金，不能实现将严重影响受害人生活的。（3）对执行标的物享有优先权，虽未取得执行依据，但申请参加参与分配程序主张优先受偿的债权人。(4) 其他债权人等对相关债权人申请参与分配的资格及申请参与分配的债权真实性等有异议的，可以在查询债权申报情况后及时向主持分配的法院提出。

2. 主持分配的法院收到其他债权人的参与分配申请后，应当及时进行审查，对符合参与分配条件的债权情况予以公示，便于其他债权人及利害关系人查询。

3. 执行法院确定具体案件参与分配的债权人后，在执行公开网上将参与分配的全部债权人进行公示，公示的内容包括债权人的名称、债权依据、债权金额等。

(三) 参与分配方案的信息

主持参与分配的法院应当根据参与分配的债权数额以及被执行人可供执行的财产具体情况制作参与分配方案。分配方案应当在执行公开网上公示，并以短信形式及时告知申请执行人、所有申请参与分配的债权人及被执行人。公示的参与分配方案应当记载下列事项：当事人姓名或者名称、地址，可供分配款项总额，债权总额，各债权人的债权额及各债权的性质，参与分配的依据，原执行法院及案号，分配顺序及各债权受分配的比例和数额，分配方案制作及实施分配的日期等。通过有效途径公示和披露参与分配方案，有助于保障相关当事人提出参与分配方案异议的权利，接受案件当事人及社会各界的监督。

(四) 参与分配方案救济信息

债权人或者被执行人对分配方案有异议的，可向主持分配的法院提出书面异议：一是对申请参与分配债权人的资格提出异议；二是对参与分配的顺位、比例提出异议。法院应当将异议情况通知未提出异议的债权人或被执行人。未提出异议的债权人、被执行人收到通知之日起15日内未提出反对意见的，依异议人的意见对分配方案审查修正后进行分配；提出反对意见的，应当通知异议人。异议人可以自收到通知之日起15日内，以提出反对意见的债权人、被执行人为被告，向执行法院提起诉讼；异议人逾期未提起诉讼的，执行法院依原分配方案进行分配。

对参与分配方案的异议信息也应及时进行公开，通过执行公开网，将异议人、异议理由等信息在网上公开，便于其他债权人了解情况并提出意见，使经过分配方案异议之诉程序最终确定的分配方案更加完善与公平。

三、参与分配信息化的主体架构

按照分配信息网上查询，分配过程短信告知的基本要求，从参与分配信息自助网络检索查询、主要分配节点手机短信告知的基本方式着手，对参与分配节点公示的方式进行信息化建构。

（一）参与分配信息网络公示平台

主持分配的法院可在法院门户网站设置专栏，公示所有执行案件的参与分配进展情况，集中、全面、及时发布相关信息，并提供网站内信息检索服务；也可通过官方微博、微信等平台或在各大门户网站上公示相关参与分配信息；或要通过相应技术设置，实现让各类债权人借助百度、搜狗等各大搜索引擎，即可检索到各法院门户网站发布的关于特定被执行人的参与分配信息。

（二）参与分配信息手机短信互动系统

建立健全法院执行管理信息平台，对执行办案系统进行模块升级，细化录入参与分配的相关流程节点，自动采集参与分配基本信息，并通过执行管理信息平台发送短信给已知的债权人，以便于债权人及时掌握案件参与分配的相关情况。

有条件的法院可构建12368等执行短信互动系统，设置参与分配信息节点自动告知、开放式公开查询、双向式互动沟通等功能，对已知的债权人通过手机短信建立“移动、互联、互动”的参与分配信息发布途径，有效保障其在参与分配程序中的相关权利。

（三）参与分配信息化的辅助机制

1. 当事人有充分的渠道知悉债务人的财产状况，积极、及时地主张自己的权利，提起参与分配请求。这一信息化渠道的基本平台是各法院的执行信息公开网，主持分配的法院在公开网上向社会公告特定被执行人的财产分配。当事人根据了解到的情况可提出如下请求：（1）当事人可以凭生效法律文书自行向财产分配法院申请参与分配；（2）当事人可以向自己案件的承办法院提出申请，要求向执行法院参与分配。

2. 执行法院有充分的渠道知悉被执行人的关联案件情况，即被执行人在其他法院是否另有尚未掌握的执行地位为被执行人的案件和执行地位为申请执行人的案件，或作为当事人一方正在诉讼中的案件，并根据具体情况作出相应的处理：（1）有以被执行人为债务人的其他生效判决存在，且尚未申请人民法院执行的，应当注意公告的范围，并注意这些当事人申请参与分配的可能性；（2）有以被执行人为债务人的其他生效判决存在，且已经申请人民法院执行的，应当主动联系相关执行法院了解执行情况，提示可参与分配的情形；（3）有以被执行人为一方当事人的诉讼案件，执行法院应当向审理法院了解案件审理进展情况并应当在本案分配之后继续关注审结情况。

3. 信息化系统对参与分配的主动干预。在参与分配信息生成的过程中，系统能够主动提示执行人员开展关联案件查询，形成没有完成关联案件查询的，不能生成分配方案的系统限制。

第五节 执行案款管理的信息化

一、执行案款信息化管理的现实意义

近些年来，法院执行案件数量逐年俱增，执行案件管理不断规范，执行款项流动日趋频繁，以简单、机械的手工操作为主的传统单机版执行案款管理模式已经不能满足实时化、规范化、信息化的现代法院的管理要求。与此同时，伴随着人民群众法律意识的增强，执行程序作为保障胜诉当事人合法权益的最终途径，被人民群众寄予越来越高的期望。执行案款的管理是否科学、收付是否及时，直接关系着案件执行的质量和效率，进而影响着人民群众对法院执行工作的感受。因此，加强以规范、高效为特点的执行案款管理信息化建设，不仅是执行案款规范化管理的需要，也是深化司法为民的需要，更是廉政建设的需要，具有十分重要和深远的意义。

二、当前执行案款管理面临的困境

传统单机版的执行案款管理主要面临以下困境：

（一）内外网物理隔离，信息不互通

传统单机版的执行案款管理系统与法院账户的开户行是两个完全独立的系统，法院银行账户的进出账情况，法院财务人员无法及时掌握，存在很长一段时间的滞后。

（二）执行案款进账信息不完整，查询管理困难

由于缺乏案款的匹配功能，执行案款进入法院银行账户后，无法自动对应到具体案件，财务人员需要根据案件信息及到账数额进行手工匹配录入，工作量大且无法完全保证数据录入的准确性。

（三）执行案款发放渠道不够畅通，申请执行人收款不方便

由于执行案件管理系统无法与法院账户开户行数据互通，案件实际执结后，法院财务人员需要根据案件承办人指令，到银行柜台或通过网上银行将款项转账给执行申请人，或者由申请人自行到法院领取执行案款，领款手续繁杂。

传统单机版的执行案款管理模式导致了执行案款未明款沉淀多，执行案款应退未退款项沉淀多，执行案款应收未收款项多的“三多”现象，并已逐渐成为近年来专项审计中较为突出的问题。

三、执行案款收付管理信息化的主要内容

执行案款的管理应当坚持案件承办部门、财务部门、档案部门分工负责的原则，对执行案款收付过程中的重点环节相互配合、相互监督。

（一）执行案款的收取环节信息化

法院应当不断拓宽执行案款缴纳的渠道及缴款方法，方便当事人缴纳案款。在收到案款后，财务部门应与对应案件进行查询与核对，并开具收据。以银行本票、转账支票、银行汇票交付的案款，应先开具临时收据，在确认款项入账后，再开具正式

收据。

（二）执行案款跟踪管理环节信息化

执行案款应当实行专户管理，人民法院应在银行设立执行款专户，所有执行案款收与发均通过该账户结算；不得将执行案款与其他资金混并在一个账户。执行案款由财务部门统一管理，非财务部门和非财务管理人员不得经管执行案款；财务部门应完善核对、清理手续，凭案件承办部门通知，发还执行案款，确保案款安全。财务实行日流水记账、月季核对、年度清理制度，确保执行款收付账目清楚、准确。

（三）执行案款转付申请执行人环节信息化

执行案款到账后，案件承办人应当将收款时间和数额等有关情况告知申请执行人，核算执行申请费、执行中实际支出的费用和应付的执行款金额，报相关负责人审核批准后，交财务部门办理划账支付。财务部门在收到执行部门的支付指令后，应当按照有关财务管理规定进行审核，审核通过的，办理划付款手续。

四、执行案款管理信息化的体系架构

执行案款管理信息化建设应当坚持安全、便捷、科学的原则，立足执行款管理的实时化、规范化、信息化的要求和方便当事人、方便承办人、方便收支、方便查询的目标，以信息共享为着力点，通过法院执行管理系统、案款管理系统和银行系统之间的对接互通，实现数据的实时交互；通过用户的权限设置，不相容岗位严格分离，重要票据明细化、透明化等措施防范财务风险。

（一）立案时启用专属账号

执行案件立案时，执行管理系统按“一案一人一账号”原则，在法院执行款专户下自动为案件当事人生成包含案件相关信息的执行案款专属缴纳账号，并在系统自动生成的《执行通知书》中载明。该专属账号应当为银行标准账号，自带识别功能，当事人缴纳案款时输入错误会自动提醒。当事人通过专属账号缴款，资金可以实时、安全地到达法院执行款专户，并自动对应到相应案件，有效解决执行款的未明款问题。

（二）拓宽当事人缴款渠道

协调银行全渠道支持当事人缴款，当事人不仅可以通过银行POS机、银行柜面缴款，还可以在网上银行、银行自动终端、手机银行的“诉讼费缴费专栏”中缴纳执行案款，此外，还可以开通支付宝等第三方缴款渠道。

（三）财务出具收据并反馈于案件承办人

当事人完成缴款后，银行实时将进账信息推送到法院案款管理系统，财务部门可及时开具收据。法院案款管理系统支持一键式生成会计凭证，月末一键式对账，方便财务部门对案款的管理。财务部门确认案款进账后，通过将相关信息推送至法院执行管理系统通知案件承办人。法院案款管理系统与短信平台实现无缝对接，一旦财务部门确认案款的收取和支付，当事人即可以短信形式即时获取信息。

（四）案件执结后结算划付

结案后，承办人可以在法院执行管理系统中直接下达结算、划付指令，经审批流转后，该指令被实时推送至案款管理系统，财务人员收到指令后，办理结算和划付款手续。法院执行管理系统可以对应收未收执行案款实行追踪动态管理，款项沉淀时间分级预警提醒，使执行案款的管理更加全面与高效。

（五）网银划付案款

通过立案预留、银行返传，以及申请执行人填写《执行案款收款账户确认书》等多种渠道，获取申请执行人的收款账号。案款管理系统每天把案款划付信息推送到银行系统，由银行系统批量向申请执行人预留的收款账号进行网银支付，当日出账，实时到账，并配备短信提醒功能。

五、地方法院执行款管理信息化的有益尝试

近几年，浙江法院为更好地加强对执行款的管理，从源头上防止“三多”现象，在执行款管理信息化建设中进行了大量的有益尝试，取得了良好效果。宁波市江东区人民法院自 2013 年下半年以来，与中国农业银行宁波市江东支行共同开发“银法通”执行款管理软件，实现了执行款明细信息实时互通共享。“银法通”是一种超文本传送协议，该软件以案款财务管理软件为平台，银行每日将每笔执行款对应的案号和进出明细信息录入该行“银法通”管理系统，通过通信专线由银行主动传送至法院前置服务器。办案法官凭账号和密码登陆“银法通”系统后，点击需查询的案件案号，就能实时掌握所办案件的款项缴付和进出情况；点击需查询的当事人名称，就能实时掌握该当事人在该院缴付的款项和进出情况，能对款项数据的支出情况进行系统内指示、确认和反馈。承办人员可以按权限查看本人或部门承办的各案件的执行款收支明细，包括执行款到账日期、付款人、支付日

期、被执行人、申请执行人、实际收款人、支付方式、进账票据号、即时余额等详细数据；各庭（室）领导及院领导能够掌握每一起案件的费用流向和支付时限及分配情况，便于对案件执行的质效和执行款划付的监督。2014 年，浙江省高级人民法院在大量调研和充分论证的基础上，联合浙江省工商银行、农业银行，合作设计开发了新型诉讼费管理系统，现已在杭州市中级人民法院、嘉兴市中级人民法院、西湖区人民法院、桐乡市人民法院试点运行。该系统通过法院业务管理系统和银行系统之间数据的对接互通，实现数据实时交互，目前系统在试点法院运行良好。

第五章 执行惩戒信息化

面对快速发展的信息化社会，将执行惩戒工作信息化成为人民法院的必然选择，同时，执行惩戒信息化是实现执行工作现代化的必由之路和组成部分，它不仅是提高执行工作战斗力的重要着力点，更为确保司法公信力提供了基础支撑。

第一节 执行惩戒信息化概述

执行惩戒信息化就是采用科技信息手段，确保人民法院在执行过程中，及时准确地发现被执行人应被惩戒的行为，并依法追究被执行人的违法行为，确保惩戒措施能够落实，教育指引社会公众与当事人依法协助、配合人民法院执行工作，使被执行人及时偿还债务。社会信息化的发展促进了生产方式的加速转变，提高了社会生产力，但与此同时，人流、物流和信息流流量激增、速度加快，被执行人财产转移和隐匿的国际化、智能化、动态化趋势也日益突显，给执行工作带来了新的挑战。可以说，在信息社会中，执行惩戒措施的施行，执行法官与“老赖”的较量更多地体现在对现代科技手段和信息的掌握与运用上。在执行工作中，只有更多、更快、更准地掌握人员、财产等信息，才能抢占制高点、把握主动权。

执行惩戒措施的作出与施行，常常需要众多相关部门提供信息资源支持，例如公安机关的人口户籍信息、旅馆业信息、车辆信息、交通卡点信息；房管部门的房屋权属、交易信息；土地管理部门的土地权属、交易信息；金融部门的资金存取、资金流信息；证券部门的证券开户、交易信息；工商部门的企业登记信息、行政处罚信息；保险部门的人身、财产保险和理赔信息；税务机关的纳税人登记、纳税、退税信息等等。这些信息都被相关社会管理部门结合其职能予以开发和收集，大致可以归纳为人员信息、财产信息、轨迹信息和案件信息四类，也存在二合一，甚至三合一的情形。传统的执行工作方式对人员和财产的查找以及随后采取的执行制裁措施，很难做到及时、准确和具有针对性，已经无法适应信息社会人、财、物大流动的现状。唯有不断增强和提高执行工作信息化的意识和手段，才能解决执行惩戒措施的低效和被动问题，充分发挥执行惩戒措施的社会效用与法律效用。

《执行联动机制意见》着重强调了对执行工作信息化的具体要求，尤其是提出人民法院应当与有关部门的信息系统实现链接，为执行联动机制的顺利运行提供基础数据信息，因此，加快信息技术在执行工作中的广泛应用，进一步提升执行惩戒措施的信息化水平，发挥执行惩戒措施的威慑作用，提高法律效果，是促进执行工作可持续发展的必由之路。

第二节　失信被执行人名单制度

为了破解执行难问题，推进执行工作，促进社会信用体系的建设，最高人民法院根据《民事诉讼法》的相关规定，总结各地法院的实践经验，创立了失信被执行人名单制度。2013 年 10 月 1 日，《失信被执行人名单规定》正式施行，通过这一司法解释及其相关配套措施，失信被执行人名单制度在全国范围内正式建立。

一、失信被执行人名单制度概述

（一）《失信被执行人名单规定》的出台背景

1. 社会背景。诚信是立身之本，更是立国之基。诚信缺失，不讲信用，欺诈牟利，已成为当前困扰我国社会经济发展与转型的突出问题。这些问题蔓延到司法执行领域，即突出表现为行为人藐视法律、恶意逃债，不仅损害债权人的利益，加剧了执行难，也在很大程度上破坏了人与人之间的信任，妨碍了健康社会经济秩序的建立。最高人民法院通过调研发现，近几年全国法院每年新收执行案件约 240 万件左右，2014 年新收执行案件达到 282 万件，其中 70% 以上案件存在财产债务人不主动履行的情况，甚至还有大量恶意逃避执行或者暴力对抗执行等现象。①

社会信用体系不健全、公众诚信守法意识不强是形成执行难问题不可忽视的深层原因。首先，社会公众的诚信意识与法制观念淡薄，大部分人面对法院执行的第一反应就是拖延和逃避；其次，社会征信体系建设尚在发展之中，信用信息不全面，市场主体难以对交易双方的信用水平和财产状况作出准确判断；最后，信用惩戒机制严重缺位，失信成本过低，对有关主体产生了负面示范效应，使隐匿财产、逃避执行的现象越发普遍和严重。

2. 政策背景。2011 年 7 月，中共中央、国务院在《关于加强和创新社会管理的意见》中提出了“建立健全社会诚信制度，并制定社会信用管理法律法规”的要求。为推进社会信用体系建

---

① 以上数据来源于全国法院执行案件管理系统。

设，国务院指令由国家发展和改革委员会与中国人民银行牵头，建立社会信用体系建设部际联席会议制度。最高人民法院作为上述部际联席会议成员单位之一，有责任为促进社会信用体系建设作出自己应有的贡献。随着执行管理体制改革的进一步深化，执行信息化建设作为一项重要的理论创新和制度创新，得到了高度重视。人民法院通过执法办案形成的被执行人失信信息，能够揭示出相关当事人在诉讼、仲裁以及法院的执行过程中的种种失信行为。其性质比在其他民商事领域的失信行为更为严重恶劣。民事强制执行程序中法律文书的效力，以及民事强制执行这一司法活动的公开性、独立性、强制性和终局性，决定了被执行人不履行法律义务的信息在社会信用信息体系中具有极高的权威性，社会大众毋需再分析判断即可直接采信，因此应当让其在健全社会诚信制度中发挥重要作用。

3. 实践背景。作为在强制执行程序中构建与社会诚信相关制度的司法实践，从本世纪初开始，就有一些地方法院尝试将“老赖”列入“失信者黑名单”并在媒体上予以曝光。各地人民法院在运用执行案件信息对失信被执行人进行信用惩戒方面进行了积极的探索，积累了丰富的宝贵经验。2006 年 3 月，重庆市高级人民法院公布了全市第一批 50 个失信被执行人名单。2009 年 3 月开始，浙江省高级人民法院和浙江省发展改革委员会协作，将全省超过 6 个月未结的执行案件信息在信用浙江网上公开。2011 年，北京市各级人民法院集中通过多种媒体公布失信被执行人信息，在北京法院网开通不履行义务信息专栏，公布不履行义务的被执行人名单。2012 年，河南省各级人民法院集中开展“曝光赖账户活动”，共公布 4638 名失信被执行人。自 2013 年以来，河南省高级人民法院分两批公布 30 名、全省法院共公布列入名单的 1074 名严重失信被执行人。各地法院这些做法在一定程度上起到了惩戒被执行人、督促其履行法定义务的效果。但由于缺乏全国性的统一规定，各地标准不一，办法各异，加之受地域局限，对被执行人的信用惩戒效果难以充分彰显，因此，迫切需要在总结各地经验的基础上，统一法律适用标准，规范操作程序，形成在全国范围内有效的对失信被执行人的信用惩戒措施。在这样的大背景下，制定失信被执行人名单制度被提上议事日程。①

（二）失信被执行人名单制度的主要内容

《民事诉讼法》第 255 条规定：被执行人不履行法律文书确定的义务的，人民法院可以对其采取或者通知有关单位协助采取限制出境，在征信系统记录、通过媒体公布不履行义务信息以及法律规定的其他措施。这一规定解决了建立失信被执行人名单制度的合法性问题，授权人民法院可以对不履行生效法律文书的被执行人采取在征信系统上记录、通过媒体公布相关信息等措施予以惩戒，实质就是通过信用惩戒的方式促使被执行人积极履行法律文书确定的义务。《失信被执行人名单规定》进一步细化和统一了法律适用标准，规范了具体操作程序，明确了信用惩戒的对象、措施和程序。《失信被执行人名单规定》全文共七条，主要解决了以下三个问题。

1. 明确规定被执行人被纳入失信被执行人名单的情形。《失信被执行人名单规定》确定的标准有两个方面：（1）对象标准。纳入失信被执行人名单的应当是不履行生效法律文书确定义务的被执行人。（2）行为标准。《失信被执行人名单规定》根据有关

① 有关数据参见刘涛、朱燕：《最高人民法院〈关于公布失信被执行人名单信息的若干规定〉的理解与适用》，载《人民司法》2013 年第 19 期，第 25 页。

法律、司法解释及相关规范性文件的规定，列举了行为标准的六种情形：①以伪造证据、暴力、威胁等方法妨碍、抗拒执行的；②以虚假诉讼、虚假仲裁或者以隐匿、转移财产等方法规避执行的；③违反财产报告制度的；④违反限制高消费令的；⑤被执行人无正当理由拒不履行执行和解协议的；⑥其他有履行能力而拒不履行生效法律文书确定义务的。

2. 明确规定将失信被执行人纳入名单的程序。“任何特定的法律决定都不得不伴随着不特定的效果。为了使社会变革更加顺利地进行，既需要单义的状况设定、特定的行为分工、容易判断的选择对象，但同时又不能不对应于社会的功能多义性。能够满足这种需要的是程序。”[①]《失信被执行人名单规定》作出了三个方面的程序设置：（1）纳入程序。《失信被执行人名单规定》将纳入程序分解为提示、启动、认定、生效四个环节；（2）救济程序。《失信被执行人名单规定》明确了被执行人认为将其纳入失信被执行人名单错误的，一般应由自然人本人、法人或其他组织的法定代表人或负责人，到人民法院提出纠正申请并说明理由；（3）删除条件。《失信被执行人名单规定》明确了被执行人符合条件应予删除的，人民法院应依职权主动、及时从名单中删除，当事人也可以申请人民法院删除。

3. 对失信被执行人进行信用惩戒。信用惩戒是失信被执行人名单制度的主要价值所在。《失信被执行人名单规定》明确了失信信息记载内容、公布范围和方式，并依托社会信用体系推出定向通报制度。需要特别介绍的是定向通报制度，该制度是借助现代信息科技手段，将失信信息数据向政府相关部门、金融监管机

---

① 季卫东：《法治秩序的建构》，中国政法大学出版社1999年版，第67页。

构、金融机构、承担行政职能的事业单位及行业协会等，进行“点对点”通报，由其依照法律、法规和有关规定等在政府采购、招标投标、行政审批、政府扶持、融资信贷、市场准入、资质认定等方面，对失信被执行人予以信用惩戒。

（三）《失信被执行人名单规定》的目的及功能

1. 制度目的。《失信被执行人名单规定》的序言部分明确了制度设计的两大目的：

（1）为了促使被执行人自觉履行生效法律文书确定的义务。失信被执行人名单制度，就是要通过信用惩戒手段，使被执行人的信用和其经济利益、个人名誉、企业声誉、交易机会、生存空间直接挂钩，使失信被执行人寸步难行，借此促使其履行生效法律文书确定的义务，以更有力的手段破解执行难问题。

（2）为了促进社会诚信氛围的建立，推进社会信用体系建设。2011 年 7 月，中共中央、国务院《关于加强和创新社会管理的意见》中提出了建立健全社会诚信制度，并制定社会信用管理法律法规的要求。在国务院指令下，国家发展和改革委员会与中国人民银行牵头建立了部际联席会议制度，进行社会信用体系建设的国家层面的顶层设计与统筹。最高人民法院作为成员单位之一，既身负责任，又面临机遇。责任，是最高人民法院作为社会信用体系建设部级联席会议成员单位的责任；机遇，是最高人民法院利用社会信用体系的建设来推进执行工作、促进执行工作科学发展的机遇。

2. 制度功能。促进执行工作科学发展和推动社会信用体系建设这两大目的的实现，归根结底依赖于发挥失信被执行人名单制度所具备的惩戒、威慑和引导三大功能。

（1）惩戒功能。对失信被执行人的惩戒，可以分为市场性惩戒和文化道德惩戒。市场性惩戒就是一种以制度安排的方式实现对失信者在市场价值上的惩戒，使失信者因处罚而遭受的损失远远大于其从失信行为中获得的利益；文化道德惩戒是失信惩戒中的一种软约束机制。通过报纸、广播、电视、网络、公告栏等公众媒体公布失信被执行人名单，在社会生活中营造一种道德上的共识，使失信被执行人处在一种无形的、充满公众负面舆论的环境与氛围中而倍感道德约束的压力。

（2）威慑功能。英国的法理学家边沁曾经这样解释威慑，“痛苦与快乐是人类行动的巨大动机，……如果痛苦明显的分量大于所预期的快乐的分量，他便会绝对被阻止实施这种行为。”① 依据《失信被执行人名单规定》的制度安排，将纳入失信被执行人名单的范围限定为有履行能力而不履行生效法律文书确定义务的被执行人，以区别于无履行能力而不履行生效法律文书确定义务的被执行人，将符合《失信被执行人名单规定》第1条列举的任一情形的被执行人作为严重失信的被执行人，对这部分人形成社会合力促使其主动履行债务，增加对尚未进入执行程序和已经进入执行程序的债务人的压迫力、约束力和追及力，形成威慑效应，促使其主动履行债务。

（3）引导功能。法律的引导功能在于为人们的未来行为提供预期，司法解释自然也能对某个领域内的行为模式产生深远影响。《失信被执行人名单规定》引导人们诚实守信，推动社会风气向诚信的方向发展，是一种正向的、积极的引导。失信被执行人名单制度的建立，是人民法院积极参与国家信用体系建设的重

① ［英］菲利普·本：《刑罚与威慑》，邢馨宇译，载邱兴隆主编：《比较刑法第二卷·刑罚基本理论专号》，中国检察出版社2004年版，第530页。

要举措，对引导诚实信用的社会风尚具有积极作用。①

二、失信被执行人名单制度实施状况

（一）公布失信被执行人名单

《民事诉讼法》第 255 条规定的通过媒体公布债务人不履行生效法律文书确定义务的信息，其实就是将自然人、企业不履行生效法律文书确定义务的失信行为公之于众。一方面利用债务人维护自身声誉、商誉的需要使其产生自我压力，另一方面确保征信机构和潜在的交易对方能够准确地掌握债务人的信用信息，进而充分发挥信用的惩戒功能，减少不履行生效法律文书确定的义务的债务人的交易机会，加大其违法成本，最终使债务人不敢拒绝履行生效法律文书确定的义务，更不敢规避执行或者暴力抗拒执行。说到底，公布债务人不履行生效法律文书确定的义务的信息，就是要利用信用惩戒功能减少规避执行案件和暴力抗拒执行案件。这是一种从源头对执行难问题进行治理的方案，它可以使现存的部分执行难案件在将来根本不用进入执行程序，即在债权人申请执行之前，债务人已经自觉履行义务，生效法律文书确定的内容已经实现。因此，公布失信被执行人不履行生效法律文书确定义务的信息，是一种通过信用惩戒功能解决执行难问题的长效机制。《失信被执行人名单规定》对《民事诉讼法》第 255 条的规定细化后，使其更具有可操作性，有利于确保法律的正确、有效实施，在解决执行难问题的制度完善方面迈出了重要一步。目前，失信被执行人名单信息主要通过以下几种方式向社会

① 刘涛、朱燕：《最高人民法院〈关于公布失信被执行人名单信息的若干规定〉的理解与适用》，载《执行工作指导》总第 47 辑，第 88 页。

公布：

1. 最高人民法院官网发布。《失信被执行人名单规定》出台后，最高人民法院于2013年10月18日开通了失信被执行人名单库，全国各级人民法院按照要求，将符合条件的失信被执行人名单信息录入名单库，实时录入，实时发布。最高人民法院在官方网站首页醒目位置开设“全国法院失信被执行人名单信息公布与查询”平台，统一向社会公众权威发布失信被执行人信息。截至2014年12月31日，已向社会公众发布失信被执行人信息894869例，其中自然人776256人，法人或其他组织118613个，公众点击和查询量已超过1800万次。上述措施引起了社会的广泛关注，对失信被执行人产生了强大的震慑力，已有超过20%的失信被执行人迫于压力主动履行了义务。①

2. 推出失信被执行人排行榜。失信被执行人名单制度推出后，最高人民法院与中央电视台、法制日报、人民日报、人民网等多家新闻媒体合作，通过新闻发布会、新闻报道、专家访谈、网友在线交流等多种形式，开展多轮宣传工作，广泛深入宣传失信被执行人名单制度，为这一制度的有效实施创造了良好的舆论环境，引起了社会公众与舆论的广泛关注。我们认为，当前社会处于信息时代，应当充分借助、发挥新闻媒体的宣传、监督和舆论导向作用，提高人民法院执行工作的公众知悉度，不断扩大失信被执行人名单制度的影响力和威慑力。

2014年7月，最高人民法院与人民网联合推出“失信被执行人排行榜”，每天将最新的失信被执行人名单信息通过网络专线发送给人民网，通过定项分析，以失信金额、失信时间、失信次数、失信年龄等为标准，分别公布前100名失信被执行人。同

---

① 数据来源于全国法院执行案件信息管理系统。

时，通过深入挖掘和报道排行榜背后的人和事，更大力度地推动被执行人履行义务，引领社会诚信风尚。“失信被执行人排行榜”推出以来，受到了各界的广泛关注与好评，中央、地方等数十家媒体纷纷对其进行了报道，百度搜索引擎主动提供链接并予以公布，该榜单已经成为人民网精品栏目之一。

“失信被执行人排行榜”是人民法院与新闻媒体合作的成功范例，充分发挥了媒体的宣传引导功能，积极调动了社会力量，产生了良好的舆论影响力，形成了社会媒体广泛参与，与人民法院携手推进执行工作、树立司法公信力的良好局面，值得各级法院学习与借鉴。

3. 最高人民法院微博、微信曝光。为充分利用最高人民法院官方微博、微信具有的关注度高、影响面大、及时便捷的特点和优势，2014 年 9 月 1 日起，最高人民法院官方微博、微信开通“失信被执行人曝光台”，对“老赖”排行榜上的失信被执行人，按照排名先后每天曝光自然人和法人各一名，定期曝光典型失信惩戒案例。同时，利用中国法院网和最高人民法院网两个法院自有媒体，开设人民法院执行工作专栏，在突出对失信被执行人进行公开曝光惩戒的同时，加强对人民法院整体执行工作的宣传。

4. 地方法院公布情况。全国各地人民法院充分发挥司法能动性，在发布失信被执行人名单信息方面创造性地进行了多种有益探索，采取了许多行之有效的举措。例如，鉴于微信、微博等新媒体的影响力越来越大，一些法院积极开辟了微信、微博等曝光平台；考虑到电视、报纸等媒体上的曝光信息不一定能有效覆盖社区及村镇居民，一些法院还尝试在市民广场、车站码头、金融机构网点等公共场所电子屏上播放失信被执行人信息；甚至通过张贴布告、发放传单、制作信用惩戒动漫等方式广而告之，提高了失信被执行人信息公开的覆盖面，产生了积极效果。

以最早开始在闹市区市民广场采取曝光措施的无锡市中级人民法院为例，从2013年10月份起，根据最高人民法院有关公布失信被执行人名单信息的要求，无锡市各级人民法院陆续向最高人民法院失信被执行人名单库中报送失信被执行人名单信息，截至2014年9月，共计报送452名。为扩大社会影响，增强执行威慑力，无锡市中级人民法院先后在无锡市中心三阳广场百盛商场外墙巨幅电子显示屏、无锡公交下属186条公交线路共2600多辆公交车的移动电视平台上集中公布失信被执行人名单信息。2014年7月28日起，无锡市地铁一号线车厢及站台上安装的1480余个LED屏幕也开始公布失信被执行人名单信息。截至2014年9月底，无锡市中级人民法院已先后公布四批共计481名失信被执行人名单信息，涉案标的共8.19亿元。此外，无锡信用网、全市《人民日报电子阅报栏》和无锡市中级人民法院微博也对上述481名失信被执行人名单信息进行了同步转载。在无锡市中级人民法院采取集中公布措施后，宜兴市人民法院、锡山区人民法院、南长区人民法院、江阴市人民法院也随后在其辖区内商业中心的电子屏幕上集中公布了部分失信被执行人名单信息。

无锡市中级人民法院采取的集中公布举措，受到社会公众的广泛关注，取得了良好的社会效果与法律效果：一是提高了执行工作的社会影响力。中央电视台、人民日报、人民网、中新网等各大传媒先后对无锡市中级人民法院集中公布行为进行了报道。多地法院到无锡市中级人民法院交流学习工作经验，南京、宿迁、苏州等多地法院纷纷效仿采取相应的曝光公布措施。二是集中公布行为增强了执行工作威慑力度，对失信被执行人形成了一定的震慑。短期内纳入失信被执行人名单库的被执行人中，先后有42名被执行人履行了义务，为当事人挽回经济损失共2508余万元。其中，21名被集中公布到百盛商场外墙大屏幕和公交移动电视上的被执行人，履行金额总计为1902.24万元。① 三是强化了社会公众对法院执行工作的信心。腾讯网在2013年12月27日以《无锡商业圈大屏曝光赖账名单，应该吗》为主题进行了网络民意调查，12362名网友投票参与调查，支持法院做法的投票比例高达96.85%。从无锡市两级法院执行中反馈的情况来看，集中公布行为赢得了当事人与社会公众对执行工作的理解与支持，有相当数量的申请执行人在知悉该院的做法后，积极向执行法院提出将自己案件的被执行人纳入集中公布范围实施信用惩戒的要求。

（二）对失信被执行人进行联合信用惩戒

党的十八届三中全会明确要求推进部门信息共享、建立健全社会征信体系，褒扬诚信，惩戒失信。本质上是要通过法律惩治和道德谴责的双重手段，严惩失信者，最大限度地压缩失信主体的生存空间，形成一个“诚信者赢、失信者亏”的正向激励机制。在民事执行理论研究和立法完善的过程中，人们已经普遍意识到民事执行工作与社会信用体系的关联性，认为要彻底解决民事执行难问题，必须以完善的社会信用体系为基础，利用信用惩戒功能确保有履行能力的债务人不敢拒绝履行义务，更不敢规避执行、暴力抗拒执行。人民法院依托信息化手段推行失信被执行人名单制度，正是构建社会信用体系的重要组成部分，其重要功能就是将失信被执行人信息向全社会公开，通过与政府相关部门、金融监管机构、行业协会等相关执行联动部门进行对接，由全社会对失信被执行人进行信用惩戒，在投资、经营、置产、出境、高消费等各个领域对其进行限制，以增强人民群众的法律意

① 相关数据由无锡市中级人民法院提供。

识和诚信意识，有力地推动社会诚信体系的建设。

失信被执行人拒绝履行生效法律文书确定的义务，既损害债权人的实体利益，又严重破坏国家的司法权威和法律秩序。为加大对其的惩戒力度，《失信被执行人名单规定》明确规定执行法院可以向政府相关部门、金融监管机构、金融机构、承担行政职能的事业单位及行业协会、征信机构、失信被执行人的服务单位、上级单位等定向通报失信被执行人名单信息。信用惩戒失信被执行人的途径越多，对被执行人形成的压力越大，惩戒功能发挥的效果越突出，失信行为产生的损害后果就会越小。

目前，人民法院主要通过两种途径发挥失信被执行人名单制度的信用惩戒作用：一是联合有关部门限制或禁止失信被执行人高消费；二是将失信被执行人名单信息公告特定职能部门、单位，由社会成员根据公告内容拒绝同失信被执行人进行交易。二者均是依靠负面信用信息的传播和一定期限的行为限制，使失信者付出高昂的失信成本。

1. 联网限制被执行人高消费。最高人民法院于2010年发布了《限制被执行人高消费规定》，明确人民法院可以对被执行人发出限制高消费令，禁止其乘坐飞机、列车软卧出行，不得在星级以上宾馆、酒店住宿，不得购买房屋，不得旅游、度假等多达九种类型的高消费行为，并规定了违反“限高令”的处罚规定。上述司法解释首次尝试以法律手段对不履行义务的被执行人进行信用惩戒。该规定实施三年来，起到了一定的震慑作用，但是由于法院人力、手段有限，与相关部门缺乏配合，实践中很难发现被执行人高消费的情况，即使发现一次被制止或处罚后，行为人仍然可能进行高消费。限制高消费的效果差强人意，实施遇到了瓶颈。

实践证明，为了使《限制被执行人高消费规定》真正发挥作用，需要相关协助执行部门的配合以及社会公众的监督。在这种情况下，必须让社会公众和相关部门掌握被执行人的信息并积极配合“限高令”，只有这样才能从社会的各个方面有效限制被执行人的高消费行为。《失信被执行人名单规定》的出台，恰恰契合了这种需求。根据规定，无论被执行人是否具有履行能力，只要违反“限高令”，就可以纳入失信被执行人名单，为范围更广、效率更高地落实限制高消费措施，进一步提供了条件。通过将失信被执行人名单信息向社会公布，让全社会对失信被执行人的高消费行为进行监督和举报。同时，将失信名单通报给政府相关部门、金融监管机构、金融机构、行业协会等，对纳入失信被执行人名单库的人，有关职能部门就可以事先预设限制措施，其一旦想高消费就会得到制止，从而不能高消费。

2014 年 1 月，中央文明办、最高人民法院、中国民用航空局、中国铁路总公司等八个部门联合签署了《“构建诚信，惩戒失信”合作备忘录》，信用惩戒的范围包括联手禁止失信被执行人乘坐飞机、列车软卧等，这是对《限制被执行人高消费规定》和《失信被执行人名单规定》的具体落实，在联合惩戒失信被执行人方面迈出了更加有力的步伐。2014 年 6 月 18 日、7 月 1 日，中国铁路总公司、中国民航信息网络股份有限公司分别正式上线限制失信被执行人购买列车软卧车票和飞机票。截止 2014 年 12 月 20 日，共发布失信被执行人信息 834262 例，限制失信被执行人乘坐列车软卧 54353 人次，限制失信被执行人乘坐飞机 972492 人次，限制失信被执行人办理银行信用卡和贷款近 10 万人次。①

利用信息化手段，对应当限制高消费的被执行人提前向职能部门推送名单，由有关职能部门事先预设限制措施，改事后追究

---

① 数据来源于全国法院执行案件信息管理系统。

为提前禁止，才能真正发挥出“限高令”应有的作用。目前，限制高消费措施还未能完全实现联网，还有很大的提升空间。惩戒措施的全面落实、有效施行不仅需要各部门积极配合，还与社会信用体系建设进程息息相关，需要逐步完善。最高人民法院已经启动了对《限制被执行人高消费规定》的修改工作，修改方向为：一方面要扩大限制高消费范围，另一方面还要加大对单位失信被执行人直接责任人员的限制措施，防止被执行人利用法律漏洞规避惩戒，使限制高消费措施切实、有效发挥作用。随着对失信被执行人的联合信用惩戒越做越实，失信被执行人的活动空间将越来越小，不履行义务的成本也将越来越高。自动履行生效法律文书确定的义务，才是被执行人唯一的正确选择。

2. 其他信用惩戒措施。目前，最高人民法院与有关部门开展的信用惩戒合作包括：

（1）与公安部全国公民身份证号码查询中心、全国组织机构代码管理中心展开合作，通过网络进行有关数据的查询及校验，确保被执行人身份信息的准确性。

（2）与中国人民银行征信中心签署合作备忘录，明确将失信被执行人名单信息纳入征信系统相关工作规程。中国人民银行征信中心制作企业和个人信用报告时，会将失信被执行人名单信息整合至被执行人信用档案中，并以信用报告的形式向金融机构等单位提供。中国人民银行征信系统在整个金融行业以及很多商业领域得到广泛应用，金融机构得以在贷款等业务审核中对失信被执行人进行衡量，谨慎判断。

（3）与中国银行业监督管理委员会联合限制失信被执行人在全国金融机构贷款或办理信用卡。最高人民法院已与中国工商银行、中国农业银行、中国银行、中国建设银行、交通银行等20家金融机构就网络执行查控与失信被执行人信息共享工作达成一致，联网查询、冻结、扣划被执行人在相关金融机构的存款，相关金融机构在贷款和发放信用卡等事项上对失信被执行人采取相应的控制和限制措施。

（4）与国家工商行政管理总局联网限制失信被执行自然人担任企业法定代表人、董事、监事、高级管理人员。

（5）与中国证券监督管理委员会联网在行政许可等环节对失信被执行人予以限制或者约束。

（6）与中国中小企业协会合作，利用“国家公共服务示范平台”信用栏目重点公布失信被执行人信息，作为风险数据扩大失信被执行人信息的应用范围与影响力。

以中国工商银行为例，工商银行依托自主研发的“外部欺诈风险信息系统”，将失信个人、企业信息与银行主要业务及管理系统进行对接，当失信被执行人（企业）在工商银行办理业务时，系统将自动筛查和实时预警，并依据风险评级规则对其申办业务进行相应的限制。2014 年 1 ~9 月，中国工商银行在信用卡业务领域中，甄别并拒绝失信被执行人办卡申请近 7 万笔；在信贷业务领域，甄别发现数千户失信个人及企业信贷信息，并有针对性地开展监测、催收、保全等限制措施；在私人银行高端客户营销与服务领域，甄别发现数百户失信执行人信息，对其重点研究采取相应的风险控制策略。

除全国层面的联合信用惩戒措施初见成效外，全国各级人民法院在地方党委、政府支持下，在各自的“信用城市”“智慧城市”实施更富成效的信用惩戒措施。如，福建省工商行政管理局就根据法院的共享信息，在 2013 年度福建省“守合同重信用企业”初选名单中，将 112 家法院案件被执行人予以剔除。还有一些地方政府部门在政府采购、招标投标、行政审批、政府扶持、融资信贷、市场准入、资质认定等行政管理事项中，陆续将失信被执行人名单信息作为一项重要参考指标，对失信被执行人进行信用惩戒，也取得了很好的成效。

以广东省为例，广东省高级人民法院与中国人民银行广州分行建立人民银行征信信息导入接口，自动提取全省法院未结执行案件信息录入征信系统，商业银行据此限制不履行义务被执行人贷款、融资。此举措实施短短半年时间，仅平安银行广州分行、中国邮政储蓄银行广东省分行、广发银行、渤海银行广州分行四家商业银行就利用该系统对失信被执行人限制贷款达 359 笔，限制贷款金额达 20786.49 万元。其中，揭阳市中级人民法院利用该系统成功执结一宗金额达 1.3 亿元的案件，在社会上引起了很大反响。此外，广东省高级人民法院还与广东省发改委、经济和信息化委、国土资源厅、住建厅、工商局等五家行政机关会签了《关于共享被执行人失信信息、共建失信被执行人惩戒机制的纪要》，进一步加大对失信被执行人的惩戒力度。根据上述纪要，发改委将停止办理其申请的投资项目审批和备案手续；国土资源部门停止办理其申请的土地使用权、采矿权、探矿权变更登记手续；住房和城乡建设管理部门将向社会披露房地产、建筑企业失信信息，不予受理失信被执行企业和个人建设类企业和个人资格注册，涉案项目规划审批、房地产权转移登记等手续也将停止办理；工商部门对可能通过减少注册资本、变更法定代表人、企业分立合并、新设公司、注销企业、办理动产抵押、股权质押等形式逃避债务的申请人，不予办理相关手续，对被吊销营业执照的企业，限制其负有个人责任的法定代表人自该企业被吊销营业执照之日起 3 年内不得担任其他企业的法定代表人，并将失信信息录入企业信用分类监管系统。

以上仅仅是联合信用惩戒的开端，失信惩戒措施应当进一步渗入失信被执行人生产生活的各个方面，失信惩戒仍迫切需要多个领域、多个部门共同参与，联合进行。除了已经建立的信用惩戒联动机制外，最高人民法院还将不断推进更多领域和更大范围内的沟通与合作，不断扩大名单库的适用范围，加强联合惩戒的力度，力争出台更多轮次、多个部门参与的联合信用惩戒备忘录。例如，与公安部、国家旅游局、住建部等部门联合，对失信被执行人住宿星级以上宾馆，在高档娱乐场所消费，购买豪华车辆、豪宅，出国旅游等方面进行限制，最大限度地压缩失信被执行人的社会生存空间，使他们寸步难行，唯有主动履行生效法律文书确定的义务才能解除限制。

三、失信被执行人名单制度的成效

《失信被执行人名单规定》实施以来，引发了社会的广泛关注，取得了良好的社会效果。

（一）制度威慑效果明显

制度出台后，大量的被执行人慑于信用惩戒的威力，主动配合执行法院积极履行生效法律文书确定的义务，被执行人自动履行比例上升，一批长期难以执行的案件得以顺利执结。例如，吉林省通化市中级人民法院将被执行人某房地产开发公司的失信信息通报给工商、房产、金融等单位后，被执行人无法开展正常的房地产开发、销售等业务，认识到了问题的严重性，主动联系执行法院并将两起执行案件的债务全部履行完毕。自《失信被执行人名单规定》出台至今，全国法院数千名被执行人慑于被纳入失信被执行人名单受到信用惩戒的威慑作用，积极配合执行法院履行生效法律文书确定的义务，使案件得以顺利执结。

（二）破解被执行人财产查询难题

被执行人的生活、经营状况不可能完全绝缘于社会，对于转移、隐匿财产甚至“玩失踪”的被执行人，由于失信被执行人名单的公布和曝光，使被执行人个人的行踪去向及其“地下财产”“隐性财产”的暴露成为可能。例如，河南省鹤壁市山城区人民法院执行的一起案件，执行人员虽经多方查找被执行人的财产仍一无所获，在将被执行人纳入失信被执行人名单后，执行法院在被执行人住所附近多处张贴公告进行曝光，很快便有群众向法院举报被执行人在多地有未登记的房产及信用社的存款，使得十余年来未能执行的案件顺利执结。

（三）有效促进被执行人主动履行义务

由于法院联合有关部门对失信被执行人实施信用惩戒，被执行人的生存空间进一步受到挤压，使被执行人因为失信承担较高的风险与代价，从而促使其权衡利弊得失，通过利益选择，主动履行生效法律文书确定的义务。目前，众多金融机构在进行信贷审核时，都会查询失信被执行人名单信息，对失信者拒绝办理贷款及其他融资业务。许多被执行人因被纳入失信被执行人名单而无法从银行得到贷款，迫于压力，他们主动到法院将所欠款项履行完毕。

（四）防范金融风险作用明显

最高人民法院已同中国工商银行、中国农业银行、中国银行、中国建设银行、交通银行等 20 家主要金融机构展开合作，实现共享失信被执行人名单信息。金融机构在进行信贷审核时，通过利用失信被执行人名单信息对具有失信情形的当事人拒绝发放贷款及其他融资形式来规避金融信贷风险。这些措施相应地限制了失信被执行人的融资渠道，对其产生了明显的限制和惩戒作用。

（五）规避社会交易风险

失信被执行人名单信息向社会公众公布后，很多企业和个人在签订合同、进行交易时，均事先在失信被执行人名单库中进行查询，确认交易对象是否存在失信情形，将此作为是否与其交易的重要参照和考量，以此降低交易风险。例如，企业和个人一旦发现交易对象存在失信情形的，可避免与其交易或要求其提供更多担保。

（六）提高行政部门管理科学性

《失信被执行人名单规定》出台后，多个行政管理部门已着手制定相关规范，在今后的政府采购、招标投标、行政审批、政府扶持、融资信贷、市场准入、资质认定等行政管理事项中，将失信被执行人名单信息作为一项重要指标纳入行政管理的考量和参照范畴，利用失信被执行人名单信息完善相关行业、部门的行政管理职能。

从失信被执行人名单制度产生的积极法律效果与社会效果来看，制度设计功能已经初见成效，体现出权益保障与诚信治理的双重制度价值。从某种意义上讲，信用就是一个企业或个人的声誉，它为企业和个人带来的不仅仅是人格上的利益，还有经济上的利益。声誉受损、名誉扫地，必然带来经济利益的损失，这是市场经济中最具有杀伤力的武器。而公开是一切信息价值最重要的社会分享形式。公布“失信者黑名单”蕴含着潜在的权益保障与诚信治理的功能,① 让其他社会成员充分分享司法提供的信用咨询，在社会经济交往前通过“失信者黑名单”进行查询，将信用情况作为是否交易的重要参考和考量，以此来降低交易风险，最大限度地保障自身权益不受损失。应该说，人民法院率先以公布“失信者黑名单”为突破口，为我国建立健全社会信用体系积累了制度经验，以司法服务社会的职业责任感和社会良知，将信用信息由权力资源转变为权利资源，与社会共享，在参与社会信用体系建设中发挥了新的作用。

第三节 信用惩戒信息化面临的问题及解决之道

信用具有社会学和经济学的双重属性。在社会学层面，信用是指社会对个人道德品质、人格特征的评价，“人无信而不立”；而在经济学层面，信用是指市场经济活动的参与者在交易行为中所产生的、与其履行法定或者约定义务有关的记录，以及从不同侧面对其守信履约情况所作的评价。社会学上的信用是经济学上信用的基础，若没有道德范畴的信用是不会产生现代经济学和金融学的，但前者难以具体评判，后者可以细化、量化，故现代社会所称的信用惩戒中的信用正是特指那些可借助一定标准加以数据化呈现的直观信用，这也是节省交易成本的需要。

惩戒是指运用经济手段、行政手段、道德（舆论）手段等方式，对失信者在各个领域的活动进行限制和惩罚，实现对市场经济活动参与者的去芜存菁。“惩戒”一词具有某种程度的公法意义属性，这与我国的市场环境和法治现状有着不可分离的关系。

---

① 倪寿明:《公布“失信者黑名单”的三重价值》，载《中国党政干部论坛》2013 年第 12 期，第 62 页。

更相信个人主义、经验主义的英美法系国家，如美国、英国，其征信体系多为市场主导的私人征信模式，而更相信社群主义、理性主义的大陆法系国家，如德国、法国，其征信体系多为政府驱动的公共征信模式。当然，我国作为后发国家，应当充分吸收和借鉴各国先进经验，将其与我国实践有机结合，做好信用惩戒机制的顶层设计，并在深化改革中健康有序推进。

在信息网络技术迅猛发展、大数据时代方兴未艾的今天，信息化已经成为一道不可抑制的潮流，必将从根本上重塑社会的方方面面。信用惩治机制也不例外，错失一步，很可能落后十年，但如能赶上一步，则有可能好风凭借力，在短时间内扭转我国信用惩戒机制框架不成形、机制不健全的局面。正是在此背景下，最高人民法院将信息化提到了前所未有的高度，最高人民法院党组多次召开专门会议对全国法院信息化工作进行统一部署，最高人民法院执行局则将信息化列为执行工作基本思路之一，① 要求全力推进执行工作信息化。信用惩戒是对执行案件信息的实际应用，其信息化水平的高低将直接决定惩戒效果的成败。近年来，国家大力推动社会信用体系建设，各部门在职权范围内着力研究各类信用信息的收集和应用，分别取得了一定的进展。其中，失信被执行人名单制度是人民法院探索信用惩戒信息化的一大有力举措，制度出台以来，效果突出，成就显著。

但是，信用惩戒信息化所面临的问题也是无法回避的，这些问题不仅是信用惩戒信息化的问题，更是当前我国信用惩戒现状本身的问题。产生这些问题既有体制机制的因素，又有法院内部外部的症结，而解决这些问题既需要思想层面的开拓创新，更需

① 现阶段执行工作的基本思路为“一性两化”，即依法突出执行工作的强制性、全力推进执行工作信息化、大力加强执行工作规范化。

要在实践中锐意进取。

一、信用惩戒信息化面临的问题及原因分析

（一）法院系统内部对信用惩戒信息化的重视程度不够

部分法院未能充分认识到信用惩戒信息化的重大意义，由此导致了信用惩戒基础数据条件和信用惩戒运行机制的脱钩，无法满足信用惩戒信息化的实际应用需要。

1. 执行案件信息录入不全面、不准确。通过全国法院执行案件信息管理系统所采集的全国各级人民法院执行案件信息，形成了当事人司法信用的基础数据信息库，以数据库为中心，以信息化为纽带，以惩戒措施为抓手，则构成了信用惩戒信息化的基本框架。

上述问题产生的原因分析：（1）长期以来，部分法院一直存在历史案件数据缺失、新增案件增补滞后的问题，客观上已成为阻碍执行案件信息化水平提高的一块硬骨头；（2）对于执行案件信息录入的重视程度、投入程度，各地法院相差很大；[①]（3）部分地区法院原有自身运行多年的案件管理系统，[②]对于案件信息，这些法院需要通过数据接口或其他方式导入，而一部分导入方式无法确保实时性，从而影响了数据的完整性。

① 在我们的调研中发现，各地法院执行案件信息管理系统的一线负责同志基本为两类：一是内勤；二是临时聘用人员。前者本已工作繁杂，难以抽出必要时间维护系统，后者则因工作不稳定和流动性较大，无法维持工作的持续性和连贯性。

② 各地执行案件信息管理系统亦存在地域差异，有的省份全省统一，有的省份各市、县互不相同，有的省份则直接使用全国法院执行案件信息管理系统进行日常办案工作。

2. 失信被执行人名单录入数量总体偏少，纳入率偏低。《失信被执行人名单规定》明确了应当纳入失信被执行人名单的标准，① 并在全国法院执行案件信息管理系统增加了失信被执行人名单管理模块。制度出台以来失信被执行人名单系统曝光了超过50万的数据，名单库中已有超过20%的失信被执行人迫于压力主动履行义务。② 但是，相对于庞大的被执行人数据量，如何进一步增加纳入数量、在更大范围内增强制度影响力已成当务之急。

上述问题产生的原因分析：（1）在失信被执行人名单纳入数量的问题上，大多数法院普遍认识不到位，甚至部分法院认为纳入的越多，面子上越难看，所以有的法院单纯以完成规定动作为最高目标，而且保量不保质，疏漏频出，出现差错后，不愿修订与增加数量，造成恶性循环；（2）案件数据客观上存在不规范、不完整、欠缺实时性的情况，这也是纳入数量无法短时间内增加的重要原因；（3）对于执行案件信息尚需从本院系统导入至全国法院执行案件信息管理系统的法院而言，提高纳入量无疑会为其本来已繁重的工作增加更多负担。

（二）法院系统、各联动部门的信息化水平均亟待提高

在我国尚未建立跨地区、跨行业、跨部门的信用信息整合系统平台之前，不同系统平台之间进行对接的技术压力很大。

1. 法院系统信息化水平普遍不高，而且各地发展不均衡，一

---

① 根据立法原意，《失信被执行人名单规定》确定的纳入标准是比较宽松的，这也是为了在初期最大程度地展现该制度的威慑力。

② 参见2014年7月25日最高人民法院院长周强在福建省福州市召开的全国法院执行信息化建设现场会上的讲话——《以改革创新精神推进人民法院执行信息化建设》。

方面落后于信用惩戒信息化的远景要求，另一方面又落后于对其存在紧迫需求的金融机构。相对于信息技术投入，长期以来，法院系统更倾向于进行短期且易于见效的其他物质性投入来进行信息化建设，如改善办公条件等。① 可以说，法院系统没有赶上信息化的第一波浪潮，又未能做到迎头直追，至今仍存在许多短板。

上述问题产生的原因分析：（1）各地法院信息化程度水平不均，起步晚与起步早相差很大，一些法院信息化基础设施相对薄弱，特别是经济欠发达地区法院信息化建设投入不足。（2）欠缺具有指导意义的顶层设计。以最高人民法院来讲，全国法院信息化标准体系尚未完全建立，科学整合、资源共享、有效应用尚未有统一规划；以地方人民法院来看，一些法院对信息化建设缺乏整体规划，重建设、轻应用，重部门开发、轻资源整合，重复建设、条块分割、数据资源独立分散等问题比较突出。②（3）一方面，由于现实需求和物质条件决定，我国金融机构的信息化水平在各行业中居于前列；另一方面，对被执行人在金融机构财产的“查、冻、扣”是耗费执行干警精力最多的事项，紧迫的需求和巨大的技术鸿沟成为当前的突出矛盾。

2. 各部门自发性的自建平台，技术参数各异，网络平台众多而分散，没有统一规范的通用标准。在我国，金融机构、工商部

---

① 在这里，我们并不把单纯的购买电脑、打印机、扫描仪等投入列为信息技术投入，虽然这是应用信息技术的基本条件之一。而我们所称的信息技术投入，是指根据具有长远意义、战略意义的计划，以全面推进审判执行流程管理、司法公开、信用惩戒等为目标，围绕自身技术短板，有明确定位的信息技术类投入。

② 参见2013年10月9日最高人民法院副院长贺荣在人民法院信息化工作会议上的总结讲话——《以务实作风贯彻落实会议精神和部署》。

门、税务部门等大多根据自身工作需要搭建了网络工作业务平台，收集信用信息是其日常工作的一部分。对于先行先试的地区、部门，已经自行制定了相关规定对信用信息加以利用，若要从根本上推进社会信用体系建设，如何在技术上全面整合各平台信息已成为必须跨越的障碍。

上述问题产生的原因分析：（1）各地的电子政务平台、各部门的工作业务平台已运行多年，强大的制度惯性使得即使极小的变革也需要极大的动力；（2）不同地区、不同部门的技术水平之间，同一地区、同一部门的上下直属关系内部的技术水平之间，都存在着比较明显的差距，填补差距非一时之功；（3）要将执行案件信息导入至各种平台之中，需要根据不同部门的技术指标要求对信息进行个性化调整，联动部门越多，需要调整的种类和方式则越多。

（三）各部门缺少对于信用信息应用的整体规划和共享平台

在技术达标的前提下，仍然存在着比技术坚冰更难击破的部门壁垒，各部门尚未做到将信用信息的跨部门应用纳入整体规划，一个统一高效的协调机制和共享平台的建立应当提上议事日程。

1. 一些部门依然保留着浓厚的部门意识，将信用信息视为部门私产，致使现阶段信用信息资源开放、共享程度不足。不可否认，每个部门为收集信用信息进行了一定的人力、物力和财力的投入，信用信息有时似乎不应完全无偿、不加区分地开放给全社会，但社会信用体系建设是一项利国利民的必行之策，单凭单打独斗绝不可行。

上述问题产生的原因分析：（1）有的部门在对信用信息的采

集和应用过程中，单纯服务本部门的业务特点和业务需要，并不为联合信用惩戒作出规划和提供基本方案，人为增添了联合信用惩戒的困难；（2）过度强调信息资源的安全保障，因噎废食。假借安全之名，行部门保护主义之实；（3）一些部门甚至还有着以物易物的观念，认为如果其他部门无法提供自己所需的信息，则不能向其提供本部门信息。①

2. 当前我国既缺乏一个政府主导的社会信用信息共享平台，又尚未培育出比较繁荣的信用中介机构市场，各自为战的局面将在一定时间内存在。环顾其他国家的先进经验，无论是倾向政府主导还是市场支配的国家，都已经有过多年发展而至成熟的历程，而我国则尚处于社会信用体系建设初创时期、开拓阶段。

上述问题产生的原因分析：（1）当前我国尚缺乏一个政府主导的社会信用信息共享平台，② 没有一个有效的共享协调机制，不同部门的多头管理在很大程度上导致信息资源的重复建设、重复投资和信息不畅；③（2）限于制度、环境和政策的制约，我国的信用中介市场并未得以充分发展，因此，对于将信用信息交给市场，不少部门有着相当大的疑虑；（3）人民法院作为信用惩戒工作的先行者，在外部条件不完备，同时还需要

① 在系统对接的协商中，这一点表现得尤为明显。但银行等金融机构对人民法院的被执行人信息有着防范金融风险的需求，又希冀人民法院加大力度处理金融债权案件，因此，双方的信息共享工作进度远超法院与其他部门之间。

② 就目前而言，由中宣部、发改委、商务部等部门组成的全国整顿和规范经济秩序领导小组，由发改委和中国人民银行牵头的社会信用体系部际联席会议均尚未完全达到成为信息共享平台的要求。

③ 《征信前沿问题研究》编写组：《征信前沿问题研究》，中国经济出版社 2010 年版，第 484 页。

解决内部相互掣肘、信息化分工协作运行模式不顺畅等制约问题的情况下，需要面对更复杂的环境、迎接更大的困难、付出更多的艰辛。

（四）政策和文件普遍缺少对应用信息化进行信用惩戒的系统阐述

关于社会信用体系建设的政策、法律等多为框架性设计，[①] 而对政策、法律进行落实的各类规范性文件则由于令出多门而无法顾及全局。同时，已出台的规范性文件大多没有对应用信息化进行信用惩戒作较为明晰的系统阐述。

1. 顶层设计追求战略性，务必需要细化的战术指导加以配合。由于多种原因，当前各地区、各部门的规定欠缺统筹协调和协同发展的意识。近几年，在国家的大力倡导下，关于社会信用体系建设的全国性、地方性、部门性指导意见和规范性文件层出不穷，即便如此，我们仍然不得不面对信用信息共享滞后、信用惩戒无法联动等诸多问题仍未得到根本性解决的现状。

上述问题产生的原因分析：（1）全国性指导意见和规范性文件基于覆盖范围的广泛和篇幅的限制等因素，虽面面俱到但往往点到为止，指导意义重于应用意义。（2）地方性、部门性的规范性文件关注的视野较为狭窄，局限于各自领域、着眼于当前紧迫事项，忽视了信用信息共享和信用惩戒的整体布局和长远发展。（3）全国性的规范性文件与地方性、部门性的规范性文件存在着

---

① 如国务院《关于印发社会信用体系建设规划纲要（2014～2020年）的通知》（国发〔2014〕21号）、国务院办公厅《关于社会信用体系建设的若干意见》（国办发〔2007〕17号），另有党的十六大、十七大、十八大报告中对于社会信用体系建设问题的相关论述。

衔接不畅的问题。前者由于制定主体分散、包含内容众多而难以突出重点；后者则由于制定机关松散的工作组性质，难有强有力的权威性以保证统一性和执行力。

2. 信息化并不是纸上谈兵能够谈出来的，需要切切实实真抓实干，将信息技术运用于社会信用体系建设的每个具体环节之中。客观而言，已出台的各类规范性文件并没有对信息化的重要性给予足够的阐述，亦没有对如何利用信息化为社会信用体系建设、为信用惩戒服务作出多少符合实际的规定。

上述问题产生的原因分析：（1）各类规范性文件仍然以传统行政思维考虑社会信用体系建设，将信息共享、信用惩戒简单地理解为部门之间签签协议、帮帮忙；（2）各类规范性文件中对信息化的应用大多着墨不多，而是对要达到的目标、效果、意义频繁论述；（3）没有对信息化本质的理解，缺少真正的专业信息技术人才参与，致使已搭建的一些所谓信息共享平台大部分只提供了一个信息公开的功能，没有发挥应有的作用。

二、对信用惩戒信息化所面临问题的解决之道

（一）提高对于信用惩戒信息化的思想认识

各级人民法院应将确保执行案件信息数据完整性、准确性、实时性和严格按照《失信被执行人名单规定》录入失信被执行人信息，作为当前和今后相当长一段时期的两项基础性工作来抓，为信用惩戒信息化筑牢坚实的数据库根基。

1. 既要争分夺秒尽快完成执行案件历史数据核录、补录工作，又要通过技术上系统对接、模式上建章立制等措施保证新增案件信息的全部收录。

上述措施的具体要求：（1）按照最高人民法院院长周强对执

行案件的历史数据核录和补录工作提出的要求，各级人民法院要有条不紊地完成执行案件信息的录入工作，做到“三个确保”，即确保录入信息的公平性，将执行案件信息全部录入，公平对待、一视同仁，不得遗漏；确保录入信息的准确性，尽可能做到准确无误；确保信息异议处理的及时性，降低不实信息的负面影响，注重社会效果；①（2）充分利用四级法院联网的全国法院执行案件信息管理系统、全国法院专用身份信息认证系统、全国组织机构代码共享平台等对现存案件数据进行全面核查、纠错，并以各项专项活动为突破口，集中精力、全力以赴，将遗漏数据、瑕疵数据尽可能地进行补正；（3）适应新时期案件管理规范化、信息化的要求，结合以往工作经验，将行之有效的、符合规律的操作方式、操作规则、操作纪律以文件的形式明确下来；② 及时与上级法院沟通联系、多向先进地区法院学习，以周密的制度、健全的管理、完善的系统保证新增案件信息的数据质量和数量；（4）一方面尽量做到案件录入人员工作固定，专人专岗，另一方面需要加大培训力度，确保当人员正常流动之时，工作能稳定照常开展。

2. 各级人民法院要高度重视失信被执行人名单的纳入问题，依据《失信被执行人名单规定》确定的纳入标准，做到应纳入的全纳入，同时，以节点控制的方式掌握名单动态变化，增补、删除人员名单务必及时、准确。

上述措施的具体要求：（1）失信被执行人名单的纳入数量和

① 参见2014年7月25日最高人民法院院长周强在福建省福州市召开的全国法院执行信息化建设现场会上的讲话——《以改革创新精神推进人民法院执行信息化建设》。

② 最高人民法院将在全国执行案件信息管理系统的推广应用过程中，根据工作需要出台相关规定。

质量决定了信用惩戒的范围和影响，在社会信用体系初创之时，各级人民法院应严格依据《失信被执行人名单规定》，将符合条件的失信被执行人全部予以纳入，做到同样标准、同等对待；（2）鉴于信用惩戒对于失信被执行人的生活、工作等诸多方面会引发巨大消极影响，在纳入前应对案件信息，尤其是失信被执行人身份信息、执行标的、履行情况等进行全面、仔细核查；（3）对符合删除条件的原失信被执行人，应及时将其从失信被执行人名单库中删除，防止出现被执行人履行义务后仍被人民法院惩戒，以致减损其他被执行人履行义务的积极性和损害法律权威的情况发生。

（二）全面提升人民法院信息化水平

一方面，人民法院应大力推广最新信息技术应用，另一方面，要继续推进与执行协助联动部门的系统对接工作。

1. 以天平工程建设、执行指挥系统建设、网络执行查控机制建设为契机，结合已成熟的信息技术和法院工作实践，实现人民法院执行信息化水平的跨越式前进。

上述措施的具体要求：（1）天平工程是推动法院工作科学发展、实现科技强院的龙头工程，也是最高人民法院对人民法院信息化工作的最新顶层设计，各级人民法院应充分利用天平工程建设的有利时机，将信用惩戒信息化所需的资源和投入以科学合理的方式纳入工程项目，严格遵照工程确定的标准推进各方面建设，注重工程的前瞻性和兼容性，推动执行信息化水平迈上一个新台阶。（2）各高级人民法院负责辖区法院信息化重大项目的方案制定、资金统筹、建设实施等，在一个都不少的基础上，把信息化工作统一到天平工程项目上来，力争做到一个都不落队，整体提升人民法院的信息化水平。① （3）执行指挥系统建设、网络执行查控机制建设是最高人民法院针对当前人民法院执行难困局、解决执行工作新挑战而推出的两大举措，二者的结合即是以信息化为基石，打造人民法院执行工作内部上下一体、外部协作联动的执行新格局。推动信用惩戒信息化，也是这两项举措的目标和意义之一，各级人民法院应不折不扣落实各项任务的建设步骤，为信用惩戒信息化搭建良好的系统内部技术平台。（4）高度重视对最新信息技术的接收和转化力度，无论是超高速宽带网络、新一代移动通信，还是云计算、物联网、大数据等，凡是能够对执行信息化、信用惩戒信息化有所裨益而又不超出必要限度的新技术、新应用，人民法院都应秉持拿来主义的精神加以利用，尽快拉近与金融机构等技术水平较高行业的距离，避免出现系统建设刚刚完成即落伍的情况出现。

2. 坚持以我主导、需求优先、以点带面、务实有序的原则推进与执行协助联动部门的系统对接工作。

上述措施的具体要求：（1）经过几年的艰苦努力，人民法院已经成为我国推进信用惩戒信息化工作的模范，取得的成果社会有目共睹。在各部门依然未能达到互通互联、共享信息的情况下，人民法院需要继续坚持以我为主，即以执行案件规范化管理为核心，以对失信被执行人进行惩戒为目的执行信息化建设。（2）对于各部门技术平台不一、技术标准各异的问题，人民法院应坚持需求优先原则，即根据实际工作需要与相关部门进行会商，不一味求大求全，不搞噱头很大，但缺乏实际意义的形象工

---

① 参见2013年10月9日最高人民法院常务副院长沈德咏在北京召开的人民法院信息化工作会议上的讲话——《科学谋划，真抓实干，稳步推进天平工程建设》。

程，让需求引领联动方向，方能集中精力做出成绩。（3）坚持以点带面，即通过主攻几个部门达成合作，以取得的合作成果带动其他部门主动参与，从而实现提高工作效率、降低工作成本的目的。（4）坚持务实有序，即能推进多少则推进多少，分清轻重缓急，重要的、紧急的务必尽快实现合作，相对次要，不那么急迫的可放在下一步考虑。

（三）积极推动建立统一的社会信用信息共享平台

人民法院应将应用信用信息纳入法院信息化建设整体规划之中，积极参与社会信用体系建设。

1. 信用信息的具体应用是信息化建设的重要组成部分之一，各级人民法院应在计划和落实的每个层面对其充分考虑。

上述措施的具体要求：（1）在采集、汇总信用信息的过程、制定信息化建设具体方案的过程、对方案进行全面落实的过程中，均应把应用信用信息的模式作为必要因素加以分析，明确信息收集的种类和应用的目的；（2）坚持开放建设的理念，对执行协助联动部门提出的可采集信息、可交换资源，应在有充分依据、不增加负担的前提下纳入采集交换范围，做信用信息共享的先锋，不能畏首畏尾；（3）严格完善信息安全管理制度，遵守国家和人民法院各项信息安全相关规定，达不到安全条件的坚决不做，并在信息应用过程中实时监督核查。

2. 积极主动参与社会信用体系建设，为建立互联互通、信息共享、业务协同的社会信用信息统一平台贡献力量。

上述措施的具体要求：（1）最高人民法院作为社会信用体系建设部际联席会议成员单位之一，一方面要带动各级人民法院共同努力，全面落实国家有关文件精神，完成分内任务，另一方面要最大限度利用联席会议提供的沟通条件，与相关部门进行“总对总”会商，不断扩大信用惩戒范围。（2）在信息资源体系的建设方式上，人民法院应有效利用各类形式的政府信息共享、公开平台，推动各部门从以往的各自为政、相互封闭向基于顶层设计的跨部门协同互动和资源共享转变。（3）人民法院的信用信息本质上来源于市场交易主体的民商事行为，可以通过市场的方式加以合理应用。在制度、环境、市场条件尚不成熟的情况下，可以谨慎、稳妥地探索参与推进信用中介市场的建立。

（四）推动制定以信息化为主线的各类规范性文件

在积极参与制定社会信用体系综合类规范性文件的同时，人民法院也应注重将各类文件的内容和精神转化为具体的规定，必要的情况下可以推动文件精神转化为法律、司法解释，发挥纲领性文件推动信用惩戒信息化的作用。

1. 将国家性质的框架性文件分解为细化的工作安排，使得文件中的意见不仅见于纸面，更落于实践。

上述措施的具体要求：（1）为社会信用体系建设相关文件的草拟和颁布建言献策，推广人民法院的信用惩戒信息化思路，使之上升为国家政策；（2）制定本部门的规范性文件之时，应注意短期利益和长期利益的平衡，部门利益和整体利益的平衡，不可偏废一头；（3）推动建立更具权威性、更具执行力的社会信用体系建设协调组织，保证规范性文件的统一，减少不同部门规定的冲突和失调。

2. 以信息化作为贯穿相关信用惩戒规定或文件的主线，并对如何具体利用信息化为社会信用体系建设、为信用惩戒服务作出明确的要求。

上述措施的具体要求：（1）打破传统思维定势，以信息化理念统领社会信用体系建设以及信用惩戒的全过程，将部门间的协议最终变为一条条具体信息的共享；（2）引进信息技术专业人才参与文件起草和项目规划，做好各项任务的信息化基础工作，并在系统建设中全方位把关；（3）将如何应用信息化具体到每个细节，使信息化不仅是一种工具，更成为制度本身的一部分。

信用数据是历史数据，意义在于让历史告诉未来，提示未来的市场交易活动参与者对交易对方有可能存在的失信风险进行评估，从而作出更加明智的交易选择，最终推动塑造诚实守信的社会氛围。信用数据是经济数据，惩戒则是社会性和全方位的，这就必须借助于信息化，将散落于各地区、各部门的数据予以统一和交换，将分散给各地区、各部门的职能进行集约和整合。在社会信用体系建设的过程中，人民法院应接受挑战、迎难而上，通过将信息化真正应用于信用惩戒的方方面面，重塑信用惩戒的模式，为打开信用惩戒信息化的新格局贡献应有之力。

第六章　执行管理信息化

通过信息化系统实现对执行中各项工作的高效管理，2007 年最高人民法院在研发并运行的全国法院执行案件信息管理系统中已有涉猎。该系统除具有案件管理功能外，还具有执行人员管理、执行文件发布、疑难问题解析、执行案件公开等功能，为规范案件执行，提升执行工作管理质效发挥了积极的作用。各地人民法院在此方面也进行了积极探索，并取得了一定的成效，但从全国整体来看，相对网络执行查控等系统建设，执行管理信息化在执行信息化建设中仍属于薄弱环节，处于探索阶段。本章从促进执行规范化建设的目标出发，结合执行管理工作实际，对执行管理信息化的建设内容、模式等进行探讨，以期为读者提供一种开拓性的思路和建议，举一反三，群策群力，共同推动执行管理信息化的发展。

第一节　执行管理信息化概述

一、执行管理信息化的概念

随着网络执行查控系统等执行信息化系统的建设，传统的执行工作管理模式已不能适应执行工作发展的需要。执行工作中已实现执行案件信息数字化、执行事务管理网格化、执行流程信息公开化和执行卷宗档案电子化，上述执行工作模式的转变要求执行管理必须信息化。执行管理信息化是以执行案件管理为主线，运用现代信息技术将执行工作中的案件执行、事务办理、绩效评估、人力资源等通过计算机进行数据化管理，并通过对执行案件和执行事务办理过程中产生的数据信息进行收集、整理、分析与预测，从而实现对执行工作和执行队伍科学、有效的管理。

二、执行管理信息化制度规定

1. 最高人民法院于2014年4月下发《执行指挥系统建设意见》，要求各高级人民法院依托执行案件管理系统，建立统一管理、统一协调、统一指挥，辐射辖区各级人民法院的执行指挥系统。

执行指挥系统中的监督管理、远程指挥和决策分析功能都属于执行管理信息化的主要内容。其中，监督管理是指能够实现对执行案件流程的节点控制、对有财产案件和无财产案件的分类管理、对已终结本次执行程序报结的案件进行动态监控，以及对大要案和重要执行工作的监督指导。各高级人民法院对辖区各级人民法院，执行法院对本院的各项执行工作可通过系统进行检查、提示、督促，对执行人员、执行案件、执行行为进行全方位监督，从而加强执行工作的规范化、精细化管理。远程指挥是指能够实现高级人民法院与辖区法院之间的远程指挥、视频会议、协调案件、执行听证等功能，还有法院与法院、法院内部各部门之间进行工作协调、联合执行、交叉执行等功能。决策分析是指能够实现数据统计、动态监控，通过对人、对案、对事的监管，对各个执行数据进行智能分析，为执行工作的科学决策提供数据支持。上述指导意见为执行管理信息化的平台搭建提供了技术支持、数据标准和功能要求，对建设统一的执行工作信息化管理平台具有重要的指导意义。

2. 最高人民法院于2014年9月3日印发《执行流程公开意见》，要求各级人民法院对依法应当公开、可以公开的执行流程及相关信息，一律予以公开，实现执行案件办理过程全公开、节点全告知、程序全对接、文书全上网。要求各级人民法院要以互联网门户网站（政务网）为基础平台和主要公开渠道，辅以手机短信、电话语音系统、电子公告屏和触摸屏、手机应用客户端、法院微博、法院微信公众号等其他平台或渠道，将执行案件流程节点信息、案件进展状态及有关材料向案件当事人及委托代理人公开，将与法院执行工作有关的执行服务信息、执行公告信息等公共信息向社会公众公开。该意见同时对执行流程信息作了详尽的描述，其中公开的平台、媒介既是执行管理信息化需要对接的平台，也是能够为执行工作管理带来信息数据的工具。人民法院运用这些平台公开执行流程信息的同时，也在获取当事人及社会公众对案件执行和法院执行工作的评价，这些评价成为执行管理信息化的重要数据源信息。此外，详尽的执行流程信息，为执行管理信息化，尤其是案件管理信息化的数据采集提供支撑，是执行管理信息化的基础数据源。

三、执行管理信息化的实现基础

执行管理信息化得以实现并发挥作用，其基础有以下四点：

（一）立案、审判、执行各部门协调配合

执行管理信息化需要法院各部门的通力协作，其中，信息技术部门负责执行管理信息系统的建设和维护，系统的使用更离不开审判管理、立案、审判以及组织人事、纪检监察等部门的协作配合。比如，执行队伍管理中的人事档案信息要由组织人事部门

录入管理，执行案件管理中的立案信息要由立案部门录入管理，执行绩效管理中的绩效指标等要由审判管理部门设定。同时，及时、准确、详尽地录入执行案件流程信息又是执行公开和执行绩效考评的基础。它们之间紧密联系、环环相扣、互为基础，只有加强配合才能建设好、实现好执行管理信息化。

（二）数据统一共享的信息化管理系统

根据管理内容的不同，执行管理信息系统由执行案件管理、执行事务管理、执行队伍管理和执行决策等几个子系统组成，各子系统相对独立，功能不同，又相互关联，如此才能充分发挥各子系统的作用，进而实现对执行工作的全方位、全流程管理。比如，执行事务管理中的边控审批、再续封审批要依托于执行案件管理系统中的执行案件数据，执行队伍管理中的人员信息为执行管理信息系统的角色设定、权限分配提供基础依据，执行决策系统赖以分析、挖掘的数据又来源于执行案件管理、执行事务管理、执行队伍管理等系统。

（三）执行人员熟练运用管理系统

执行管理信息系统着眼于执行办案、办事的信息化、标准化、规范化，着力提高执行工作的效率。同时，执行管理信息系统又是由执行人员来操作运用的。因此，在系统建设中，必须要加强对执行人员运用系统方面的培训指导，确保执行人员能够熟练掌握系统的操作技能。只有执行人员熟练运用信息化系统，才能真正发挥系统的作用，避免将系统束之高阁。执行人员在系统运用中发现问题、提出问题、解决问题，也能促进系统的改进完善，更进一步拓展系统的功能。

（四）信息录入必须及时、真实

在执行管理信息系统建设使用过程中，必须坚持信息数据生成的自动性，尽可能减少人工录入。这一方面减少了人工操作的工作量，提高了信息系统使用的积极性；另一方面也能保证数据的真实性，提高数据收集汇总的效率。在及时、准确录入系统所需基础数据源信息的基础上，尽可能地由系统自动生成其他相关数据，才能最大限度确保信息的及时性、真实性，基于信息数据所进行的统计、分析、比对、挖掘等数据开发才能符合执行工作实际，发挥管理的效能。

四、执行管理信息化的意义

（一）提高执行管理工作效率

执行管理信息化建设，要最大限度发挥信息系统效用，在大幅度节约人力、物力及时间成本的同时，成倍提升管理工作效率。如传统的跨省执行、边控、再续封等管理事项，不再需要执行法院的干警来回奔波，只要点击系统即可实现网络审批办理。同时，上级法院对辖区法院案件的评查、考核等管理工作，无需再派出人员赴各地进行调卷等工作，只要通过信息化系统进行网上调卷评阅、数据自动评比即可。

（二）加强执行管理工作规范化

在执行管理工作的全面信息化下，所有执行数据都在网上自动生成、汇总，避免了数据造假、数据失真等问题。执行人员对自身办理的案件，执行局领导对全局案件，上级法院对辖区法院办理的案件情况都可通过执行管理信息系统一目了然，有利于执行管理的规范运行。

（三）全面促进执行工作发展

通过对执行管理信息系统的运用，使执行案件办理、执行事务管理等日趋标准化、数据化与信息化，使执行管理更加高效、更加便捷、更加规范，并为科学决策提供数据支持，促进执行工作全面发展。

第二节　执行案件管理信息化

一、执行案件管理信息化概述

在传统执行案件管理模式下，每一个案件的进展情况只有承办人自己掌握，案件流程进展和执行时间取决于承办人的责任心、办案能力以及工作量等因素，缺乏有效监督，有权机关和相关人员需要了解案件情况只有通过查看案件报告或者调阅卷宗等方式。承办人面对大量执行案件也往往疲于应付，在制作文书、外出查控等工作上容易顾此失彼，无法科学合理地安排好各项工作，办案效率较低。因此，建立一套服务执行办案、提升办案质效的执行案件管理系统，成为执行管理信息化中的重中之重。

执行案件管理系统的功能，包括管理和服务两个方面。管理功能有两个层面：一是面向法院决策层面，对象包括院领导、执行局领导、审判管理部门等，通过对收结案数、执行标的、结案标的、结案方式、案由、当事人类型等案件数据信息的统计、分析，了解某一时间内某一地区执行案件的整体情况，了解某一具体案件的进展情况，了解每位执行人员的办案质效等；二是面向执行人员，执行人员必须按照执行案件管理信息化的要求，及时、准确地录入案件执行流程信息等数据信息，为执行案件管理、采取执行措施、执行流程信息公开打下基础。服务功能主要针对案件承办人员开发建设，包括法律文书生成、关联案件提示、关联案件搜索、节点预警提醒、文书网络送达、执行日志生成、电子卷宗归档等功能。

根据不同案件类型，执行案件管理系统还应包括执行实施案件流程管理、执行异议（复议）案件流程管理、执行信访案件流程管理、委托执行案件流程管理等。

二、执行实施案件流程管理

通过执行实施案件流程管理系统，以环节控制、自动流转为重点，将执行实施中的每一环节精确化、信息化，执行承办人员及相关领导可通过信息系统对案件进展情况一目了然，有效解决消极执行、执行不规范等问题。每一环节完成后即自动进入下一环节，所有信息均需在系统中留痕，未经审批不得修改。所有节点都明确承办人员及办理时限，完成上一节点工作后，系统会自动提示下一节点要完成的工作时限，逾期未完成的系统自动预警。执行实施案件流程管理分为金钱义务执行案件管理和行为义务执行案件管理两类，系统根据案件信息自动选择适用不同的管理流程。以下重点介绍金钱义务执行实施案件管理。

（一）立案

立案环节的信息统一由立案庭负责录入。信息内容包括立案时间、案号、当事人身份证号码和组织机构代码及其联系方式、执行标的、执行依据等执行案件基本信息。执行立案完成后，系统即自动将该立案信息流转至执行局。

（二）分案

立案信息流转至执行局后，系统自动根据各执行人员在办案件数等情况进行分案，系统自动分案可以避免出现忙闲不均等问题，同时也可避免因人情、关系等对分案环节的人工干预。若是系列案、关联案，则由系统提示关联案件的承办人，由执行局领导确定具体承办人。因其他原因确需对承办人进行变更修改的，由具有分案权限的人员在系统中填写变更修改请求、变更修改原因及建议承办人名单，报执行局领导审批后方可变更修改。对承办人进行变更修改操作需在系统中留痕备查。

（三）网络查控

在已实现网络查询自动反馈的情况下，系统分案到承办人的同时，即自动向银行、房管、国土、车辆、工商等协助执行单位发出查询请求，保证承办人收到案件后即可第一时间掌握被执行人财产线索，并采取相应的控制措施。同时，承办人也可根据案件实际，适时通过网络向相关协助执行单位发起网络查询请求。网络查控的每一条信息都应在系统中留痕，并自动写入执行日志中。承办人员非通过网络查控系统采取的查控措施，如对货物等物品查封，由承办人员自行将查控信息录入系统中，主要包括查封时间、查封地点、查封标的物种类、型号、数量、查封见证人等信息。若查封不动产，则要将该不动产的坐落地址、产权证号、他项权证、抵押权人、优先购买权人等信息尽可能地录入到系统中。

（四）移送评估

对需要委托评估的案件，承办人可直接勾选需要评估的查封标的物信息，系统自动生成移送评估通知书并随附标的物信息（如房产坐落地址、房产证号、面积等）发送至负责对外委托评估的部门。本环节中移送评估时间、选择评估机构时间、委托评估时间及确定的评估机构为重要节点信息。其中，对外委托评估时间及评估机构名称信息由负责对外委托评估的部门填写。评估机构在作出纸质评估报告的同时，还应将评估现场照片、视频及评估报告电子版交承办人，承办人应将评估报告电子版等文件上传至案件管理系统。本环节还应设置评估报告送达、评估异议答复等节点。

（五）网络拍卖

评估报告作出后，系统自动流转至网络拍卖环节。承办人点击系统生成拍卖公告，并在网络司法拍卖平台（如淘宝网）发布拍卖公告，随附评估报告电子版、拍卖标的的照片、视频资料等，便于竞买人了解标的物情况。本环节应设置拍卖成交、流拍、以物抵债、变卖四个节点，承办人根据拍卖情况和进程选择不同节点。

（六）执行款管理

执行款进入法院执行专用账户后，先由财务部门在系统中对执行款进行登记入账，登记信息包括汇入时间、款项金额、汇入单位等。承办人员根据财务登记信息对每一笔到账的执行款进行网上申领确认。申领确认完成后，该笔款项与具体执行案件相关联的，由承办人员对每一执行案件下的执行款在规定的时间内进行分配操作，并制作分配方案。系统根据执行款的到账情况及分配记录自动生成执行案件的“一簿两表”。[①] 系统设置分配时限预警，即执行款到账一定期限后未分配的，系统将自动预警，第一次向承办人预警，随后逐级向专职廉政监察员、执行局领导、法院领导预警，同时可通过 12368 短信进行提示，以督促执行款项及时、规范地发放，杜绝在此环节中可能产生的拖延、腐败等问题。系统中也应设置合理期限扣除模块，对有正当合理的理由，如提出分配方案异议之诉等，从而使执行款不能及时分配的，承办人经报领导审批后，系统可解除对未分配款项的预警。

（七）结案

在结案环节中，系统应根据不同结案方式设置检验执行程序的功能，如以执行完毕方式报结的，该案件项下还有未分配的执行款和未解除的查封、扣押、冻结措施等，则不予结案；以终结本次执行程序报结的，该案件系统中应有存款、房产、土地、工商登记等资产和身份的网络查控记录，否则不予结案。同时，案件结案后，系统自动将结案方式等信息通过 12368 短信平台向当事人公开。本环节中，要重点通过系统设置、结案信息公开，防止出现虚假结案、结案不规范等问题。

---

① 一簿，即指执行款往来登记簿；两表，即指执行案件收支一览表和执行案件汇款审批表。根据最高人民法院《关于执行款物管理工作的规定（试行）》（法发〔2006〕11 号）第 3 条、第 10 条规定，财务部门对执行款的收付进行逐案登记并建立明细账，执行机构应当指定专人负责对执行款的收付情况设立台账，同时对每个案件实行明细记账。案件承办人应当对每个执行案件的执行款往来情况进行登记，并归入案件档案。执行款专用账户的款项需要支付时，执行人员应当填报有关支付案款审批表。

三、其他类案件流程管理

（一）执行信访案件流程管理

执行信访案件流程管理系统与网络申诉信访平台相对接。对涉执行信访案件实行上级督办、分级负责，执行法院承担第一责任的机制。对信访人通过申诉信访平台填写申诉信访件或来访、来信的，由信访工作人员进行分类处理，逐级确定承办人，上级法院的承办人可以通过系统查看该信访所涉案件的具体执行情况及信访情况。承办人根据信访内容写出相应的报告，通过信访案件流程管理系统层报领导审批，并将处理结果告知信访人。每一次信访案件处理情况均在系统中留痕，对信访人重复信访的（包括不同领导机关或信访部门督转办同一信访件），信访工作人员可对执行信访案件流程管理系统的记录予以查询核实，反映同一问题的不再转交承办人办理，直接将答复处理情况予以反馈即可。相关领导在审批承办人信访报告时，也可在执行实施案件（异议复议案件）流程管理系统中了解相应的案件情况，确保信访处理意见符合案件事实。对已经过信访处理程序认定为无理访的，不再答复办理。通过执行信访案件流程管理系统，规范执行信访案件办理程序，确保信访案件得到及时、有效处理，同时也可节约司法资源，减少因重复信访等现象造成的重复劳动。

（二）执行异议、复议案件流程管理

执行异议、复议案件流程管理系统与执行实施案件流程管理系统相关联，异议、复议案件承办人有权调阅执行实施案件流程信息及其电子卷宗档案。对异议、复议案件实行审理期限管理，异议、复议裁决均需上网公开。

（三）委托执行案件流程管理

根据最高人民法院《关于委托执行若干问题的规定》（法释〔2011〕11号），案件委托执行是整个案件执行权的移交，因此，委托执行案件的流程管理与执行实施案件的流程管理一样。但随着最高人民法院及各省（区市）法院司法查控系统的建立，委托执行案件将会逐步被事项委托所代替。因此，必须对发生于不同法院之间的事项委托进行信息化管理，通过信息系统对委托事项、委托法院、委托时间、受托法院、受托事项、受托时间、完成情况、完成时间进行统一的管理和记载，通过省高级人民法院与市中级人民法院一级的指挥中心对委托事项和执行资源、执行力量进行合理调配，并配以相应的考评监督机制，以更加便捷、更加高效、更加公开的方式完成不同法院间的执行送达、查封、扣押、冻结、扣划、评估、拍卖、财产调查等事项，并通过集约管理系统对事项委托实行动态管理。

四、执行案件辅助系统

执行案件辅助系统是指在执行案件管理系统中，为辅助和服务承办人员办案，简化相关流程，提高办案效率而设计、建设的辅助系统。主要包括以下几项：

（一）法律文书生成

系统在案件管理每一环节中都设置所需的案件文书模板，承办人点击生成后只需简单修改补充即可。如在查封环节自动生成查封裁定书，评估环节自动生成评估委托书、评估结果告知书等。法律文书自动生成还应带有文书校错功能，经网络审批加盖电子签章后即为正式法律文书。法律文书由系统自动生成可提高文书制作效率，同时也可减少文书差错。

（二）关联案件搜索

关联案件搜索应具有两种模式：一是自动提示功能，即案件立案后系统会自动将本院及所属上级法院辖区内有关本案被执行人正在进行的诉讼、执行案件进行提示，以便承办人进一步了解和掌握被执行人的财产情况。二是承办人搜索，即承办人可根据自己承办案件的当事人信息在一定范围内对相关案件进行搜索。此功能可使案件承办人全面掌握当事人涉案信息，有助于承办人办理系列案件、进行参与分配等工作，也能够有效杜绝虚假诉讼等问题。如本案被执行人在异地法院有作为申请执行人的案件，承办人根据关联信息通知异地法院冻结划转相应执行款即可；如承办人查询到被执行人有系列案件尚未履行，则可对达成和解、以物抵债等涉嫌侵害其他权利人权益的行为进行重点审查。

（三）节点预警提醒

除案件结案期限预警外，还可设置查封冻结到期提醒、边控到期提醒、执行款分配逾期预警等功能。如此，在面对大量执行案件及采取的执行措施时，承办人就无需担心因疏忽大意而导致未及时续冻、续控等问题。

（四）文书网络送达

对执行裁定书、决定书以外的程序性执行文书，当事人及委托代理人同意人民法院采用电子方式送达执行文书的（应有确认书），[1] 文书经系统审批签章后，只需点击发送即可向当事人网

---

① 参见《执行流程公开意见》第6条。

络送达文书，当事人接收后即自动生成送达回证。

（五）执行日志生成

承办人在系统中的每一次操作即自动写入执行日志中，避免承办人的重复劳动。

（六）12368 短信平台

对案件的关键节点信息，如立案、分案、查控情况、款项分配、结案等信息，系统通过 12368 短信平台自动向当事人发送短信。对预警信息，如查封期限预警、边控期限预警、执行期限预警等，系统通过 12368 短信平台向案件承办人和执行局领导发送短信。对当事人通过 12368 短信平台发送的举报财产信息，系统可以自动回写到具体案件中，并提示承办人。对当事人通过 12368 短信平台发送的投诉信息，系统可以自动分送给有权部门和人员查看。同时，承办人也可通过该系统与当事人进行短信沟通交流，提高沟通效率。

（七）电子卷宗归档

案件结案后，系统自动将全部案件信息及相应电子材料进行归档，便于档案保存。对系统中没有的纸质材料，承办人只需扫描上传即可，无需再进行传统的装卷、整理、归档工作。电子卷宗归档也为网络阅卷评查等奠定了基础。

第三节 执行远程视频指挥调度系统

一、执行远程视频指挥调度系统概述

执行远程视频指挥调度系统是利用4G通讯网络、视频语音传输、定位导航等信息技术，实现对执行现场的录音录像、执行人员的指挥调度、执行案件协调及听证的远程视频系统。根据《执行指挥系统建设意见》规定，执行远程视频指挥调度系统需要在指挥中心大厅配置拼接指挥大屏、音响系统等可实现现场影音通讯、远程视频会议的多媒体指挥系统，在执行现场配置具有4G信号通讯基站、现场影音摄录系统、保密通讯功能的执行现场指挥车，并为现场执行人员配备符合4G通讯标准，具备现场摄录、保密通讯功能的单兵作战系统。

二、执行远程视频指挥调度系统功能

（一）通过现场录音录像实现管案功能

执行人员在采取查封、送达、拘留、强制腾房等重要执行措施时，佩戴单兵作战系统对执行过程进行录音录像，并可实时回传至指挥中心。对执行过程录音录像可促使执行人员规范执行，现场执行的视频资料与执行案件管理系统的案件信息相关联，作为案件执行的重要证据材料，可直观展示案件执行的时间、程序、措施及现场情况，在案件结案后归入卷宗归档，方便当事人及有关人员的查询。

（二）通过远程调度实现管人功能

远程调度主要应用在重大执行活动及突发事件应对中。在联合执行、统一执行等重大执行活动中，指挥中心根据现场回传的实时画面，发布指挥指令，调度执行现场。在遇到暴力抗法等突发事件时，现场执行人员只需按下单兵手持终端的预警键，即自动向指挥中心及周边执行人员发出预警信息，指挥中心可通过系统与现场执行人员进行通话，了解突发情况，同时可根据定位导航功能对执行现场进行定位，第一时间指挥附近的执行人员赶往执行现场。执行人员外出执行办案携带单兵系统，指挥中心可以适时掌握执行人员所处的位置，了解案件执行的情况等，便于加强执行人员外出办案的管理。

（三）通过视频会议实现管事功能

在遇到执行争议需协调处理时，以前需要先发函沟通，再通过协调会进行商讨处理，费时较长，也耗费了人力财力。通过视频会议系统，对异地法院间协调执行案件，无需出差也可实现面对面的沟通协调，大大提高了效率、节省了成本。

第四节　执行事务管理的信息化

一、网上办文

网上办文有横向和纵向之分。横向办文是指对本级法院发生的相关文件、法律文书通过网络系统在不同角色之间进行流转、修改、审核、审批，每一个角色的流转都会留痕，都会有办理时间的记载。纵向办文主要是指上下级法院之间借助网络系统发布文件，上传有关材料，文件的发布和相关材料的上传均与具体工作要求相关联，并留痕备查。

网上办文必须具备三个条件：（1）明确审批权限和流程。系统要严格按照有关文书审签管理规定制度，赋予相关领导相对应的文件审批权限，如拘留决定书必须经院领导审签，通知类文书及其他一般裁定文书经执行局领导审签即可，以确保文书审签权限分明，流转顺畅，避免出现无权审批、越级审批等问题。（2）认证有效的电子签章系统。文件审批管理系统必须要有经过资质认证的电子签章系统相配套，经网络审批的文书加盖电子签章后方具备相应的法律效力。（3）便捷安全的移动办公平台。只有将文件审批系统与移动办公平台相融合，系统使用者才能够跨越空间随时随地提交并审批文件，如此才能扩展审批系统的实用性，满足执行出差办案的需要。

二、网上办理执行事务

（一）网上办理执行事务的内容

根据现有的司法解释及相关规定，上级法院执行局对下级法院执行工作具有统一管理、统一协调的职能，因此，执行工作中需要经过上级法院审批的执行事务较多。同时，上级法院所承担的对下级法院的工作指导与监督任务也较重，借助执行案件管理系统可将执行事务的办理网络化。目前，需要网上办理的执行事务主要包括对被执行人进行边控、对查封财产的再续封以及赴外省执行等。

（二）网上办理执行事务的实现模式

对边控、再续封、跨省执行等需要审批的事项，承办人可在系统中填写申请，系统生成相应的表格及文件，层层流转至各有权领导进行网上审批，审批完成后，系统对表格及文件加盖电子签章并反馈至承办人系统页面（边控文书同时发送到相关职能部门），省却了人来人往、文来文往的繁琐。

三、信息传递的扁平化

信息化时代下，如何使执行工作信息、最新法律法规、重要文件精神等快速、准确地传达到每一位执行干警心中，对执行事务管理提出了更高的要求。传统的开会传达、文件逐级下发等方式已跟不上信息化时代的节奏。通过以下三项系统，可以有效提高信息传递效率，实现信息传递的扁平化：

（一）一个执行门户网站

一个专业化、综合性、统一的执行门户网站是执行事务管理的中枢系统。执行门户网站应包含以下六个栏目：（1）新规速递。刊载最新颁布的与执行相关的法律、司法解释、案例选编、请示批复等内容。（2）法规文库。包含所有的法律、法规、司法解释、规章等法律文件，为执行办案服务。（3）要闻传真。刊载最新执行工作要闻，如相关会议、领导讲话等，各地法院也可在此栏目刊载交流各自工作的信息。（4）文件汇总。刊载汇集有关执行工作管理制度等规范性文件。（5）信息化系统整合。在门户网站上提供各信息化系统的链接，并附带相关系统功能介绍及操作说明。（6）绩效指标分析。以可视化图形方式，直观展现各地区执行办案绩效指标。

（二）一款即时通讯软件

即时通讯软件主要实现执行人员之间“点对点”交流的信息

化，便于执行人员间的工作联系、文件传输。如最高人民法院已经建成的“CoCall”软件，已经基本实现了最高人民法院及各省（市、区）高级人民法院之间无纸化传输，各种数据报送、文件传送的效率也大大提高。下一步可探索建设全国四级法院执行人员间使用的即时通讯软件，还可开发建设手机终端的专用版本，形成一个全国范围内的执行干警工作群与朋友圈。

（三）一套信息交互系统

信息交互系统主要实现“总对总”交互的信息化，即上级法院对辖区法院，各法院对内部干警间信息的传递交流。以福建法院为例，福建法院运用12368短信平台，在发挥12368平台对外公开功能的同时，使之成为法院内部信息传达交互的媒介，将全省法院执行干警、执行局长和院领导的手机号码都输入到该系统中，重大工作信息、最新要闻动态、法律新规解释等以短信形式第一时间直达执行干警，确保信息传递的全覆盖和及时性。

第五节　执行绩效管理信息化

一、执行绩效管理信息化概述

绩效管理作为现代社会不可或缺的管理工具之一，其本质就是通过收集各种绩效数据，然后进行分析，从而为各项管理决策评价提供支持。那么作为执行绩效管理的数据来源在哪里，数据的收集是否客观，绩效管理的信息能否实现数据化等，都是执行绩效管理信息化要考虑的基础。在大数据与云计算时代，几乎没有什么是不可以量化和计算的，绩效管理既然作为一种管理工具，自然也可以作为数据和计算的一部分。虽然与执行工作绩效管理相关的信息还称不上大数据，但在执行案件和执行工作管理信息化过程中所产生的数据已足以为执行绩效管理信息化提供支持，其前提是各级人民法院的执行人员必须充分地运用好执行管理信息化系统的各个平台。

执行绩效管理信息化，即将绩效指标内置于信息化系统中，系统根据指标自动对案件执行及其他执行事务工作过程中所产生的数据信息进行采集、分析、评估，对案件质量及执行工作进行科学客观的评价，促进工作绩效全面提升。执行绩效管理信息化，包括案件绩效管理和工作绩效管理两方面。案件绩效管理，即通过执行案件管理信息系统对各类执行案件的流程节点进行量化，明确各个流程节点应完成的具体工作及时限，对案件流程进行评估考核，着重于对承办人员个案办理质量的管理。工作绩效管理着重对某区域法院的案件执行整体工作情况和执行事务办理情况进行管理。

执行绩效管理信息化建设中应注意以下三个方面的问题：（1）绩效指标应科学。设置在信息化系统中的绩效指标要科学合理，既不能脱离实际，盲目追求效果最佳而设定过高，也不能过于宽泛，无法体现效果优劣的区分。指标计算的数据基础应具有客观性，尽量使用系统自动生成的数据，同时应能够引导各级人民法院及时、准确地录入相关信息。在绩效管理实施中，要根据实际情况适时对绩效指标进行改进，充分体现绩效指标的激励性、导向性作用。（2）考评实施应科学。绩效考评实施应尽量避免人为因素的干预，使考评数据真实反映工作实际情况。一旦考评指标在系统中设置完成，即由系统自动采集相应数据进行考评，结果不能人为修改，确保考评标准统一、考评结果真实。（3）结果应用应合理。对于各项绩效指标，要根据不同情况予以合理应用。对能够体现工作水平高低、效果优劣的评价性指标，可在排名考评、评先评优中使用；对反映案件特点、工作情况的描述性指标，仅作为分析工作态势，研究制定对策的参考依据。

二、执行案件绩效管理信息化

执行案件绩效管理指标分为效率指标和公正指标两类。其中效率指标偏重考核数据，主要是通过对案件节点完成时间等数据的分析评价，以解决拖延执行、消极执行等问题。公正指标偏重考核内容，主要是对案件流程是否符合法律规定、是否公开进行考核，重点解决执行不规范问题。执行绩效管理的重点环节如下：

（一）网络查控

此环节可设置承办人采取控制措施的时限指标。如承办人在收到网络查询反馈的财产线索后，应在1个工作日内（此处仅作举例说明，各地法院在建设绩效管理系统时可根据法律规定及信息化程度设定具体的绩效指标）采取冻结、查封措施。信息系统可根据查询反馈时间及提起网络冻结、查封指令的时间判断是否逾期，逾期则扣除该案件相应绩效分数。对暂无法实现网络冻结、查封的情况，系统可根据冻结、查封裁定生成（或电子签章）的时间和相关文书送达时间进行判断。同时，是否向当事人公开网络查控情况可设置为此环节的公正指标。系统判断是否有通过12368平台向申请人发出查控情况告知短信，如没有发出则扣除该案件相应绩效分数。

（二）评估拍卖

查控环节完成后流转至评估环节。该环节的时间，以及评估环节完成后流转至拍卖环节的时间都可设置相应的时限指标。评估报告是否向双方当事人送达可设置为此环节的公正指标。通过网络送达的，系统根据自动生成的执行日志进行判断，通过邮寄方式等送达的，需由承办人在系统中填写送达日期，并上传送达回证扫描件或法院专递邮件号等信息，以供系统判断评价。

（三）执行款分配

执行款到账后分配给申请人的时间和制作分配方案的时间可设置为此环节的效率指标。总之，执行案件绩效管理的信息化，应根据案件流程不同节点设置相应的绩效考核指标。在系统自动实施绩效考评的过程中，也要考虑案件的客观情况。比如案件未在时限内完成冻结、查封是否存在承办人出差等因素（若出差审批也通过系统完成则可自动扣除），执行款未及时分配是否存在参与分配等因素。

三、执行工作绩效管理信息化

执行工作绩效管理是指上级法院对辖区法院执行工作整体情况进行考评。在传统执行管理模式下，对下级法院工作进行考评需要抽调专门人员组成工作组到考评法院现场，考评方式以案件抽查、材料检查和听取汇报为主，从开始考评到考评数据的汇总都由人工进行，主观因素多，因此至少需要 3～5 天甚至更长时间。通过系统进行考评，既减少了考评人员的工作量，提高了考评效率，也确保了考评实施的客观性与真实性。

执行工作绩效管理系统主要是对各执行信息化系统的数据进行汇总、统计，并根据设定指标进行考评。如考核某法院的执行信访化解率，只需对系统中的全部执行信访案件的办结数据进行统计即可得出。以福建法院为例，目前对全省法院执行工作考核的绩效指标有两项：一是合规率，二是沟通率。两项绩效指标都由系统自动得出考评数据。合规率即对考评法院结案真实情况进行考评，系统根据考评法院的实际执行率进行统计分析，实际执行率在20% ~60%之间的,[①] 系统合规率就在90分以上，视为达标。如考评法院实际执行率低于20%或高于60%的，则存在执行不力或虚假结案的可能，系统合规率就低于90分。沟通率主要考评承办人对当事人12368咨询短信的回复情况，短信全部回复的，沟通率即为100%，存在未回复短信的则扣除相应分值。

第六节 执行人员管理信息化

一、执行人员信息管理系统概述

执行人员信息管理系统是用来汇集、储存、处理执行人员人力资源信息的系统，包括人员基本信息、队伍配置、教育培训、绩效管理等功能模块，能够为法院执行队伍建设提供决策、分析等支持。

传统执行人员管理模式存在一定问题，诸如主观性太强、单凭经验感觉去判断、信息不对称不透明等，组织人事部门、教育培训部门、纪检监察部门以及执行部门所掌握的信息都自成“孤岛”，无法实现信息数据的统一共享。比如，执行案件和工作量的大幅提升急需补充新的执行干警，组织人事部门可能无法实时了解，导致人员调配没有及时跟上。在执行人员的组织考核提拔或先进表彰过程中，还需要专门向纪检监察、绩效管理等部门提取、核对相关信息，信息中转程序较多，可能导致对执行人员信

① 该数据系福建省高级人民法院对辖区9个基层法院6000多件案件进行阅卷调查后得出的结论。

息掌握不够全面与完整。

执行人员信息管理系统的基础是执行人员信息的数据化，执行人员信息分为有关部门录入、执行人员个人录入和相关信息系统自动生成信息三类。由有关部门录入维护的人员信息，包括组织人事部门录入执行人员的姓名、年龄、性别、职务职级、学历、工作年限等基本信息，教育培训部门录入执行人员参加培训情况、表彰奖励情况，纪检监察部门录入执行人员违纪惩处情况。由执行人员自行录入的信息，主要是个人研究的调研成果、论文以及有关个人事项报告等信息。系统自动生成信息如上下班签到记录及通过下班时间、节假日刷卡判断的加班时间，每月、每季度、每年办案数、参与合议情况等。

执行人员信息管理系统，为各执行信息化系统提供基础人员数据，比如在系统建设中涉及的角色职责分配、审批权限管理等，都来源于执行人员信息管理系统数据，与系统中人员的职务职级等相匹配。同时，通过对系统人员信息的汇总分析，可以实时掌握一个地区的执行队伍整体状况，如年龄结构、性别比例、职级构成等。执行人员绩效管理系统为评先评优提供数据支持，通过对执行人员违纪惩处情况的分析，也有助于查找廉政风险节点，制定有针对性的防范措施。

二、执行人员绩效信息化

绩效，根据管理学的定义，就是组织中的个人在特定时间内可描述的工作行为和可测量的工作效果。执行绩效就是执行办案和综合业务等执行工作的效果。在执行信息化系统中，海量的信息数据为建立全面、科学、统一的绩效评估系统提供了基础。执行绩效评估系统具有以下功能特点：

（一）更为全面的绩效评估范围

传统绩效管理模式下，因为缺乏执行人员工作的大数据，对个人绩效的评估大多通过结案数、执结率等简单的数据对比得出。在执行工作全面信息化的环境下，执行人员的办案情况、学术研究、撰写文章、报表制作、数据统计、事务办理等各方面综合情况都在绩效评估系统中一目了然，更能全面地体现执行人员的工作业绩和效果。

（二）更为科学的绩效评估标准

在绩效评估系统中，可以根据人员职务、职责的不同，有针对性地匹配相对应的绩效评估标准。如执行部门领导、执行办案人员、综合内勤人员等的绩效评估标准根据各自的工作职责特点而设定。部门领导负有对本部门人员的管理职责，重点根据其所分管人员的综合绩效、执行案件整体情况进行评估；执行办案人员，以其办理案件的绩效得分为评估重点；综合内勤人员，以文件起草、事务办理为评估重点。同时，建立横、纵双向的立体评估体系，使不同执行人员间的绩效更有可比性，更趋合理。如本部门间不同岗位人员的对比，同级法院之间同一岗位人员的对比，上下级法院间同一岗位人员的对比，执行人员可以通过绩效对比，对自身工作绩效有全面、充分的认识，及时发现和改进自己的不足。

（三）更为统一的绩效计算方式

绩效评估系统中，每一工作流程和结果的绩效评分及计算方式都预先设定，由系统自动收集数据信息并进行计算，确保绩效评估的公平性。

三、执行人员教育培训信息化

对执行人员进行教育培训，是提升队伍素质能力的一种有效方式。运用信息化系统，可以使教育培训更有针对性和实效性。在培训前，运用信息化系统收集问题反馈，了解每位执行人员参与培训的情况，确定参训人员范围，有针对性地制定培训计划。根据执行人员管理系统的分类目录，对不同人员群体进行培训。如一段时期内新进入的执行人员较多，则可对这部分执行人员进行相应的基础培训；如在新司法解释、法律法规颁布后，可对一线执行办案人员进行专项培训。培训前还可通过执行案件管理系统对执行案件进行网络评查，评查中发现的普遍性问题在培训中着重强调讲解。培训过程中和培训结束后，可运用在线评测方式，让参训人员通过网络答题和系统实操，检验和巩固培训效果。

第七节　执行数据的挖掘应用

一、执行数据挖掘概述

大数据时代，数据挖掘应用是研究开发的热点领域。数据挖掘是一种决策支持过程，它主要基于人工智能、机器学习、模式识别、统计学、数据库、可视化技术等，高度自动化地分析数据，作出归纳性的推理，从中挖掘出潜在的模式，帮助决策者调整策略，减少风险，作出正确决策。

执行信息化系统中，系统应用会产生大量数据，包括被执行人信息数据、查控财产数据、案件流程数据、执行人员数据、裁判文书数据、制度文件数据等。这些数据就好比一座金矿，只有经过深度挖掘处理，才能发现其价值所在。通过数据挖掘，不仅能反映当前工作现状，更能对将来一定时期的工作态势进行预判；不仅能为执行工作决策提供支持，更能服务于社会经济建设。执行信息化建设的最终目的就是通过数据分析挖掘，总结归纳执行工作规律，发现、改进存在的问题，促进执行工作水平全面提升。

二、执行数据挖掘应用

（一）对案件当事人信息的挖掘应用

对同一当事人及关联当事人的案件作对比分析，有助于分析研判系列案件，及时发现当事人总体债权债务情况及可能存在的虚构债务、虚假诉讼等问题。如申请执行人与被执行人存在亲戚、朋友、同学等关联关系，而该被执行人尚有其他案件债务未能偿还，可重点调查是否存在虚构债务逃避执行问题。

对当事人类别信息的挖掘应用，可以反映出社会经济运行中某一行业的状况，如银行等金融机构作为申请执行人的案件，如涉及投资担保公司、房地产、国企的案件。以这些当事人信息为关键词，对相关案件数据进行汇集分析，就能从执行案件这一角，窥到相关行业运行的概况。

（二）对案件查控财产的挖掘应用

通过对查控银行存款、房产、土地、股权、车辆、证券、保险、理财等被执行人财产信息的分析，可以整理出哪类财产形态在执行案件中占比最高。通过与当事人信息的关联比对，可以得出不同类型被执行人的财产线索规律。如哪一类人员的财产多用于银行存款，哪一类人员的财产投资在保险理财产品里较多。不同的查控财产信息也能反映出其他财产线索，如查询到被执行人购买有汽车保险，则可重点查找其车辆信息；查询到被执行人证券开户，可以关联查找其托管银行，进而确定其常用账户。同时，通过对被执行人财产信息数据与其在法院所涉案件诉讼地位和涉执行标的额分析，可得知被执行人的偿债能力。

（三）对案件流程信息的挖掘应用

通过对执行案件总的流程信息进行挖掘，可以发现执行案件在哪一流程节点耗时最长，是财产无法找到还是评估拍卖过程耗时过长。同时，还可再进一步分析原因，是案件客观原因还是制度规定问题，根据挖掘分析得出的结论，可以进行相应的创新改进。

（四）对案件结案信息的挖掘应用

汇总、整理不同结案类型的案件，同时与案由相关联，即可对不同类型案件的结案情况进行分析，对实际执结占比较少的案件类型，可重点研究其成因，从源头上解决问题。如行为执行案件的结案情况；财产执行案件中交通肇事和刑事附带民事类案件的结案情况。

（五）对执行人员信息的挖掘应用

执行人员在办理执行案件、应用信息平台过程中都会产生信息数据，如对执行人员、案件类型、结案情况三类数据进行关联分析，可以判断出执行人员在办理哪一类案件中效率最高、能力最强，如甲擅长办理民间借贷案件，乙办理大额标的案件能力较强，丙的信访案件化解息访率高等。据此，可以建立相应的执行人才专家库，进一步推广他们在特定领域的经验，提高执行队伍的整体业务能力。

第七章 执行公开信息化

第一节 执行公开信息化概述

一、执行公开的规范依据以及发展

为规范人民法院执行行为，增强执行工作的透明度，保障当事人的知情权和监督权，进一步加强对执行工作的监督，确保执行公正，2007 年 1 月 1 日，最高人民法院根据《民事诉讼法》和有关司法解释，结合执行工作实际，制定并下发了《执行公开规定》，要求人民法院通过通知、公告或者法院网络、新闻媒体等方式将案件执行过程和执行程序予以公开。

2013 年 11 月 13 日，为贯彻落实审判公开原则，规范人民法院互联网公布裁判文书工作，促进司法公正，提升司法公信力，最高人民法院根据《刑事诉讼法》《民事诉讼法》《行政诉讼法》等相关法律，结合人民法院工作实际，制定并下发了《裁判文书公开规定》，要求人民法院应当遵循依法、及时、规范、真实的原则在互联网上公布裁判文书。同时，最高人民法院开设中国裁判文书网，统一公布各级人民法院的生效裁判文书。

2013 年 11 月 21 日，最高人民法院印发《司法公开三大平台建设意见》，该意见要求各级人民法院推进司法公开三大平台建设、推进审判流程公开平台建设、推进裁判文书公开平台建设、推进执行信息公开平台建设及工作机制建设。人民法院应当通过建设与公众相互沟通、彼此互动的信息化平台，全面实现审判流程、裁判文书、执行信息的公开透明，使司法公开三大平台成为展示现代法治文明的重要窗口、保障当事人诉讼权利的重要手段，以及履行人民法院社会责任的重要途径。通过全面推进司法公开三大平台建设，切实让人民群众在每一个司法案件中都感受到公平正义。

上述三个文件，明确了执行公开的要求，并就公开的内容、公开的受众、公开的方式作了基础性的规定，明确了法院有依法公开执行流程、执行文书和执行信息的义务，为执行公开及公开的信息化奠定了法律依据。各地法院根据执行公开的要求，以及信息化建设程度，就执行公开的具体实施方式作了具体的实施细则，如《北京市法院执行案件办理流程与执行公开指南》，从立案到结案以分程序节点的方式应当公开的信息、措施、时间予以严格规定，并用信息化的方式进行自动管理，以实现执行公开的信息化要求。

二、执行公开的定义及主要内容

执行公开是指人民法院将案件执行流程、执行文书和执行信息予以公开。法院应依法公开案件执行的各个环节和有关信息，但涉及国家秘密、商业秘密以及个人隐私等法律禁止公开的信息除外。

执行公开的内容主要包括执行流程、执行文书和执行信息三大方面，具体包括以下内容：（1）立案的有关情况、时间、案号，不予立案的法律依据与理由；（2）当事人在执行程序中的权利、义务和可能存在的执行风险；（3）案件承办人或合议庭成员及其联系方式、接待时间；（4）案件执行进展情况，具体包括：

财产线索的调查结果；采取的查封、扣押、冻结、划拨等执行措施；采取拘留、罚款、拘传、限制高消费、财产报告令、失信、限制出境、限制招投标、限制工商登记、限制股权变更、违规信息披露等强制措施的理由、法律依据、文书及相关复议权利；委托评估、拍卖、变卖；（5）财产的处理方案、以物抵债情况、分配方案、参与分配的权利义务；（6）案件延长、中止、暂缓、终结、恢复执行、执行完毕的理由、法律依据及文书；（7）执行异议、复议、异议之诉等情况；（8）追加、变更当事人的情况，包括申请人、被执行人、担保人、单位法定代表人、主要负责人、分支机构等；（9）执行费用情况，包括执行费用的收费标准，减、缓、免交的基本条件和程序；（10）其他需要公开的内容。

执行公开的内容是随着执行措施的增加而逐步完善的。需要特别强调的是，执行查询手段与执行强制措施、执行公开应该协调同步发展，如对被执行人银行存款的查询、冻结与公开应当同步发展，在查询与冻结措施未实现同步的前提下，即对被执行人的银行信息予以公开，往往会因执行冻结划扣未能及时而导致申请人与法院发生矛盾，甚至可能出现渎职现象。

三、执行公开信息化的定义及主要内容

执行公开信息化是指依托信息化平台作为执行公开的载体，将执行应当公开的内容以信息化的方式主动向特定的受众公开或者以查询的方式向社会机构及公众进行部分信息公开的信息化公开方式。

《司法公开三大平台建设意见》及《裁判文书公开规定》要求人民法院应当通过审判流程公开平台、文书公开平台，以信息化的方式向公众公开以下执行信息，包括：（1）法院地址、交通图示、联系方式、管辖范围、下辖法院、内设部门及其职能、投

诉渠道等机构信息；（2）审判委员会组成人员，审判人员的姓名、职务、法官等级等人员信息；（3）审判流程、裁判文书和执行信息的公开范围和查询方法等司法公开指南信息；（4）立案条件，申请再审，申诉条件及要求，诉讼流程，诉讼文书样式，诉讼费用标准，缓、减、免交诉讼费用的程序和条件，诉讼风险提示，可供选择的非诉讼纠纷解决方式等诉讼指南信息；（5）审判业务文件、指导性案例、参考性案例等审判指导文件信息；（6）开庭公告、听证公告等庭审信息；（7）人民陪审员名册，特邀调解组织和特邀调解员名册，评估、拍卖及其他社会中介入选机构名册等名册信息；（8）执行案件的立案标准、启动程序，执行收费标准和根据，执行费缓、减、免的条件和程序；（9）执行风险提示；（10）悬赏公告、拍卖公告等；（11）未结执行实施案件的被执行人信息、失信被执行人名单信息、限制出境被执行人名单信息、限制招投标被执行人名单信息、限制高消费被执行人名单信息等。

人民法院应当整合各类审判流程信息，规范执行信息的收集、交换和使用行为，在确保信息安全的前提下，实现上下级法院之间、异地法院之间、同一法院的立案、审判与执行部门之间的执行信息共享。当事人、代理人等自案件受理之日起，可凭密码从审判流程公开平台获取案件相关信息，包括：（1）执行立案信息，案件名称、案号、案由，立案日期等；（2）执行人员信息；（3）执行程序变更信息；（4）执行措施信息；（5）执行财产处置信息；（6）执行裁决信息；（7）执行结案信息；（8）执行款项分配信息；（9）暂缓执行、中止执行、终结执行信息等。

第二节　执行公开信息化的受众

2014 年 7 月 25 日，全国法院执行信息化建设现场会在福州市召开。最高人民法院院长周强出席会议并发表讲话。他指出，在 2014 年底前全国各高级人民法院要建成内外联动、功能齐全的执行指挥系统，最高人民法院届时将开始接收全国法院执行网络查控请求，并向当事人及社会公众公开执行信息。

执行公开信息化需要根据不同的受众，兼顾保护隐私及督促执行的目的，用最适合的方式实现执行公开。这就需要根据不同的受众，适当地选择公开的方式和内容。执行公开的受众包括法院内部信息的公开与共享、对案件当事人的公开、对社会相关机构的公开以及对社会公众的公开。针对不同的受众、公开的目的选择公开的内容和方式。

一、法院内部信息的公开与共享

法院内部信息的公开与共享是执行公开信息化的基础，也是实现执行公开信息化的前提条件。内部信息的畅通是在基础的技术层面上（法院内部网络）保证了执行信息公开的效能。依传统的案件执行方式，执行法官仅仅了解案件本身的权利义务关系，因为内部网络信息的设置和权限的要求，使其并不能够了解案件相关当事人在其他案件中的权利义务关系，因此，在处理关联案件中，执行法官很难了解多个关联案件的整体情况，对于不在同一法官承办、不在同一法院承办所涉及到的“三角债”，以及互为权利义务的案件、涉及多个债务的案件，执行法院往往仅能通过案件当事人提供的、有限的执行线索进行核实，不利于案件的公正、全面与快速处理，甚至让一些被执行人钻了信息不对称的漏洞，造成了新的执行困难。因此，执行公开信息化首先应以信息化共享的方式弥补法院内部执行工作的死角，实现案件信息的共享及关联案件的主动提示。例如，对关联案件的同一被执行人已知财产线索的共享、案件执行进程的公开，可让执行法官在第一时间掌握案件的相关信息；多个生效文书确定的互负义务的案件，执行法官可以把握全局，同时兼顾多方当事人的权益，选择适当的综合处理方式。

法院内部执行信息的公开与共享是基于同一法院或者同一地区法院信息共享为基础的，实现的范围越广，效果越明显。对内的执行公开信息，因各地法院网络建设及采集的数据有所差异，公开的内容和形式也有所不同，但需要满足基本的执行案件所需信息，例如生效的文书信息、案件履行的信息、财产信息、执行进度信息、参与分配信息等等。

根据各地法院采取的执行信息内部公开方式，现行的有三种法院内部执行公开方式：（1）采取模糊查询的方式，即承办人可以通过输入当事人名称等信息的方式，模糊查询该当事人在其他执行法官或法院所涉及到的执行案件，再通过其他方式了解关联案件的执行情况；（2）采用电脑智能分析的方式，即通过电脑对本地执行案件数据库的分析，勾画出案件当事人所涉及到的可能与其他案件的相关性，并列出图示，再由执行法官通过其他渠道了解执行案件的关联性；（3）电脑主动提示的方式，即执行案件立案后，由电脑系统首先在执行案件数据库中作比较分析，根据预先设定的关联条件，将案件当事人涉及到的其他执行案件以特定的提示方式告知本案及关联案件的执行法官和涉及案件的相关当事人，并在案件关键的执行程序节点中作限制性处置，如一个案件在发还案款的环节上，发现申请人在其他法院有作为被执行人的未结案件，则系统会自动中止案款的发还，等待双方执行法官确定是否继续案款发还程序。这种公开方式对执行系统自身信息化的要求比较高，但减轻了执行法官的工作压力，充分保护了案件当事人的权益，同时也为执行中案款分配、参与分配等一些难以解决的问题提供了数据平台和可行化的解决方案，是执行对内公开信息化的发展趋势。

二、对案件当事人的执行公开

执行公开的核心是案件信息对于当事人的公开，包括申请人、被执行人、担保人、第三人、协助义务人等等，公开的基本内容包括财产信息、执行措施、执行进程等。需要注意的是，对于不同地位的当事人，由于其生效法律文书确定的权利义务不同，执行人员需要根据权利和义务履行情况，有选择地确定执行公开的内容及方式。

1. 对申请人的公开。2006 年的《执行公开规定》第 6 ~7 条分别规定了人民法院在执行过程中，申请执行人要求了解案件执行进展情况的，执行人员应当如实告知；对申请执行人提供的财产线索进行调查后，应当及时将调查结果告知申请执行人；对依职权调查的被执行人财产状况和被执行人申报的财产状况，应当主动告知申请执行人。申请人作为权利人，法律给予了最大化的执行公开信息，几乎包括了全部的执行信息，执行法官在不涉国家秘密、商业秘密或其他不宜公开信息的情况下，可以对申请人公开全部的执行信息。这里其他不宜公开的信息，包括案件附卷内容，如合议庭意见、各类审批材料等，以及根据各地法院信息化的建设程度，如前所述在对被执行人进行银行账户“查、扣、冻、划”时的财产线索来源等。

2. 对被执行人的公开。《执行公开规定》第 8 条规定：人民法院采取查封、扣押、冻结、划拨等执行措施的，应当依法制作裁定书送达被执行人，并在实施执行措施后将有关情况及时告知双方当事人，或者以方便当事人查询的方式予以公开。被执行人作为义务人，应当履行法律确定的义务，在执行过程中，其权利义务与申请人存在不对等性，在法定的执行公开信息中，关于财产查询信息的公开，由于是其自身的财产，其不作为受众的对象，对其公开没有意义。

关于执行措施、强制措施的公开，涉及制作文书的，以文书的形式向其公开，并载明相应的权利义务。实践中存在争议较多的是银行账户的冻结类的执行措施是否应当向被执行人公开的问题。依据法律规定，冻结需要制作裁定书，裁定书要送达被执行人，而这种公开方式，往往会导致冻结措施趋于无效，同时引起申请人对法院公信力的质疑，而被执行人在得知自己的某个账户被冻结后，将可能不再使用该账户，或者开设其他账户规避执行。这种公开不但未起到督促、监督执行的目的，反而引发了新的矛盾，不利于案件的执行。在执行实践中，法院一般不会将冻结银行账户的信息第一时间公开至被执行人，但是由此也引起不少被执行人提出执行异议，因此，针对被执行人的执行公开信息，应当综合考虑法律的规定和社会规则及习俗，尽量杜绝因此类执行信息公开所造成的规避执行的可能。

申请执行人和被执行人是相对的概念，在执行实践中，经常出现同一生效法律文书的双方均负有权利义务的情况，申请人亦负有义务，被执行人亦有权利，这就要求案件执行法官要进行有选择的执行公开，在执行公开信息化的设置中需要执行法官的主观判断，不能一概而论。

三、对律师的执行公开

对律师的执行公开，要参考其受托人在案件中的诉讼地位，进而赋予其相应的公开信息及方式，但执行实践中，各地法院对于律师的执行信息公开，往往等同于受托人。例如，通过网络进行的执行公开，律师可以通过当事人提供的账户及密码了解案件的公开信息。然而，律师毕竟是一个特殊的群体，在诉讼或执行中有其自身的法律地位，这种公开方式虽然使律师的权利得以保护，但并未针对律师提供更有针对性的公开方式。在执行实践中，北京法院针对律师的职业特点，对执行案件的信息进行了特别的梳理，提供了针对律师的特别公开方式，即律师通过自己的身份登录执行公开系统，可以依据系统自动获取其在不同案件中的不同身份，查看其所有代理案件的公开信息，同时，这种公开方式并未增加法院的工作量，且信息沟通渠道更加便捷畅通，更有利于执行工作。这种针对律师的执行公开方式在执行公开信息化建设中有一定的借鉴意义。

四、对特定社会机构的执行公开

社会诚信体系的建设要求法院向参与社会诚信体系建设的相关机构，公开相应的自然人、法人及其他机构未依法履行生效法律文书的情况，执行公开信息化为这种公开提供了重要的数据，这种执行信息公开不同于对案件当事人的公开，其需要的信息不但要准确无误，更要保持实时的更新，防止因时间差造成的其他损失的扩大化。实践中根据不同机构的要求，法院要提供不同的数据，如对银行公布的被执行人名单中，就包括被执行人的身份信息、未履行义务标的、生效法律文书信息等；对工商管理部门提供的信息还包括法人身份信息、股东信息等。这些信息有部分涉及个人的信用及商业密码，因此，向特定的机构送达信息的范围，应兼顾保护个人隐私、商业秘密和失信惩戒之间的平衡。

五、对社会公众的执行公开

执行信息向社会公开是法院参与到社会诚信体系建设的重要体现，各地法院根据执行实践的需要，已经公布了部分或全部被执行人信息，但公布的方式、内容有所不同，如通过法院网站公布、公告公布、新闻媒体曝光等，公布的内容包括身份信息或部分身份信息，未履行的义务、失信被执行人名单、限制招投标名单等。这种对全社会的信息公开，在很大程度上震慑了被执行人，督促部分人主动履行生效法律文书，同时也为社会公众提供了一个查询的平台，以便在民商事活动中保护自己的利益。在公布的方式上，有些法院采用公告方式主动公开，有些采用被动查询的方式公开，有些法院兼顾两种方式。最高人民法院的官网采用了滚动公告失信被执行人姓名及部分身份证号信息并提供搜索的方式向社会公布，在保护隐私和执行公开信息公布上作了适当的平衡，在一定范围内达到提示、提醒社会公众并兼顾督促执行的意义。

第三节　执行公开信息化的平台及方式

一、最高人民法院执行公开信息化的平台

执行公开信息化要求依靠网络化的平台作为载体，根据不同的公开内容以及受众，选择不同平台进行公开。最高人民法院通过官方网站建设了“中国执行信息公开网”（http：//shixin. court. gov. cn/），包含全国法院被执行人信息查询平台、全国法院失信被执行人公布与查询平台、执行流程信息公开平台及执行裁判文书查询平台。

（一）全国法院被执行人信息查询网

全国法院被执行人信息查询平台（http：//zhixing. court. gov. cn/search/）是最高人民法院为推进社会信用体系建设，切实解决执行难问题，促进被执行人自动履行生效法律文书确定的义务，保障公民、法人和其他组织依法获取执行案件信息，充分发挥执行案件信息对人民群众生产生活和社会经济活动的服务作用，参照《政府信息公开条例》，从 2009 年 3 月 30 日起向社会开放的平台。社会各界通过该平台可查询全国法院（不包括军事法院）2007 年 1 月 1 日以后新收及此前未结的执行实施案件的被执行人信息。被执行人信息由执行法院录入和审核，通过互联网录入或者通过各法院的办案平台直接导入数据。

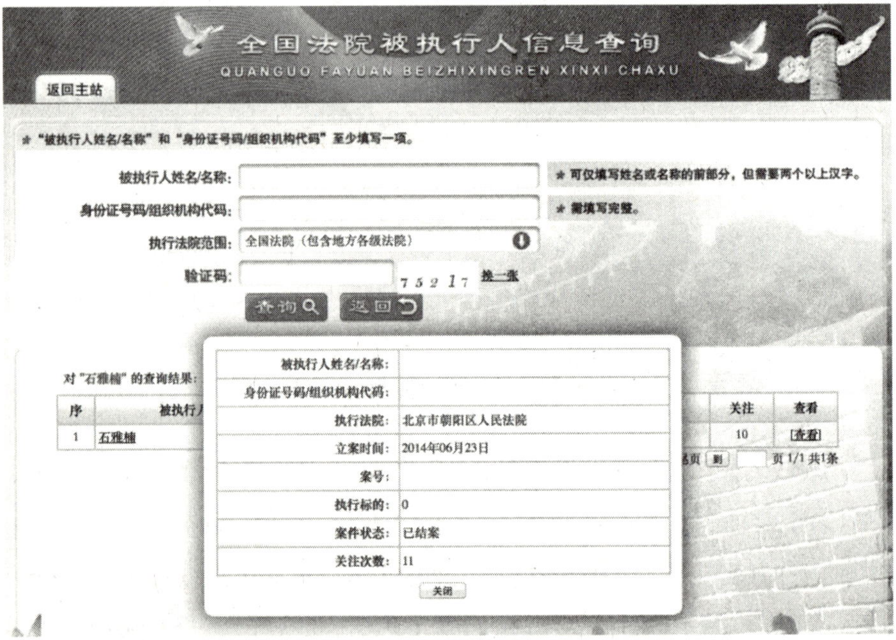

图 7.1：全国法院被执行人信息查询平台

通过该网站，公众可以通过输入自然人（法人）名称、身份证号或者组织机构代码来查询被执行人的自然情况、执行法院、立案时间、案号、执行标的、案件状态、关注次数等信息。

若有关当事人对相关信息内容有异议的，可依据最高人民法院《关于全国法院被执行人信息查询平台信息异议处理的若干规定》（法〔2009〕129号）向执行法院书面申请更正。

（二）全国法院失信被执行人名单信息公布与查询平台

为推进社会信用体系建设，对失信被执行人进行信用惩戒，促使其自动履行生效法律文书确定的义务，根据《民事诉讼法》的相关规定，最高人民法院制定了《失信被执行人名单规定》，向社会开通“全国法院失信被执行人名单信息公布与查询平台”（http：//shixin. court. gov. cn/）。社会各界可通过该平台查询全国法院（不包括军事法院）的失信被执行人信息。

被执行人具有履行能力而不履行生效法律文书确定的义务，并具有下列情形之一的，人民法院应当将其纳入失信被执行人名单，依法对其进行信用惩戒：（1）以伪造证据、暴力、威胁等方法妨碍、抗拒执行的；（2）以虚假诉讼、虚假仲裁或者以隐匿、转移财产等方法规避执行的；（3）违反财产报告制度的；（4）违反限制高消费令的；（5）被执行人无正当理由拒不履行执行和解协议的；（6）其他有履行能力而拒不履行生效法律文书确定义务的。

全国法院失信被执行人名单信息公布与查询平台公布和查询方式和前面介绍的全国被执行人信息查询网内容基本一致，被公布到该网上的被执行人将受到失信惩戒。

图 7.2：全国法院失信被执行人名单信息公布与查询平台

（三）执行流程信息公开平台

该平台链接中国审判流程信息公开网（http：//www.court.gov.cn/zgsplcxxgkw/）。执行流程信息公开属于司法过程的公开。通过中国审判流程信息公开网，当事人可以很便捷地查询到诉讼案件的进展程度，法院也可以很容易地向当事人及时告知诉讼的相关事项。同时，如有必要，法院与当事人还可以随时随地进行网上交流和沟通。执行流程信息公开为当事人行使诉讼权利提供了便利，在一定程度上为社会公众对司法实施监督提供了条件，缩短了司法过程与人民群众之间的距离，同时扩大了司法的宣传效应。

图 7.3：中国审判流程信息公开网

（四）执行裁判文书查询平台

该平台链接中国裁判文书网（http：//www. court. gov. cn/zgcpwsw/）。2013 年 7 月，最高人民法院《裁判文书上网公布暂行办法》正式实施。依据该办法，除法律规定的特殊情形外，最高人民法院发生法律效力的判决书、裁定书、决定书一般均应在互联网公布。对于社会关注度高的案件，生效裁判文书应当在互联网公布。2014 年 1 月 1 日，《裁判文书公开规定》正式实施。该司法解释明确规定，最高人民法院在互联网设立中国裁判文书网，统一公布各级人民法院的生效裁判文书。

执行裁判文书公开是法院系统积极回应社会关切，主动接受社会监督的重要举措，也是人民法院司法公开迈出的关键一步。裁判文书公开是司法公开的重要一环，有利于增强司法透明度，强化监督，防止司法权滥用。通过互联网及时、全面公布法院，尤其是各国最高法院的生效裁判文书，在国际司法领域已是大势所趋，其优势在于发布速度快、覆盖面广、查询便利，既能高效回应社会关切的问题，也有利于充分展示司法裁判的法律效果和社会效果。

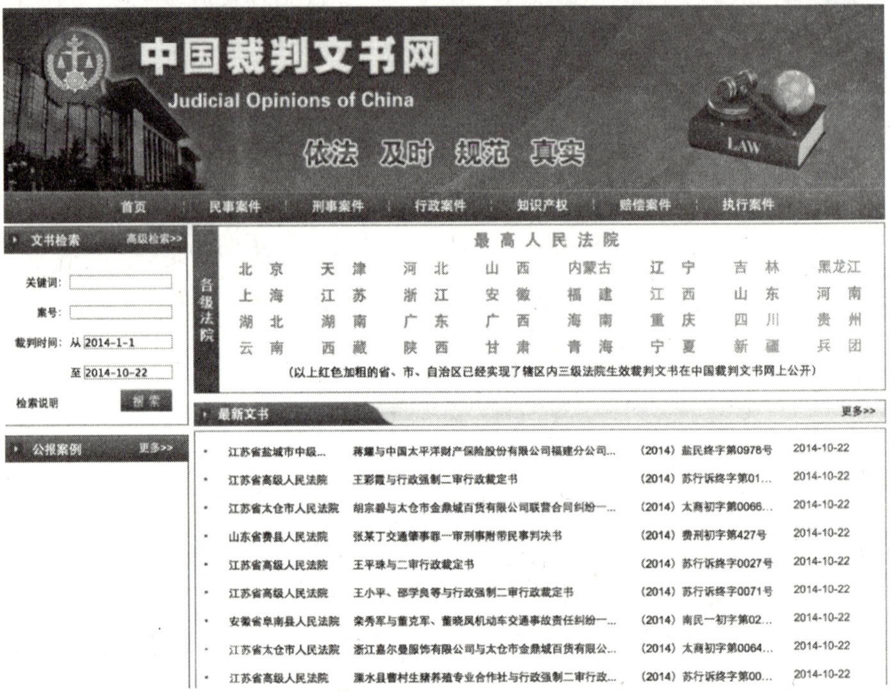

图 7.4：中国裁判文书网

二、各地法院执行公开信息化的平台

随着信息化的日益普及完善，以及信息化方式方法的多样化扩展，短信单向或双向互动、微博公开、电话查询、公告、媒体公开、法官固定接待日等成为公开信息化的方式。各地方法院依据自身信息化的发展程度及特点，通过执行案件管理平台、执行公开平台的建设，逐渐实现了执行公开的信息化，并根据案件执行工作的需要，对不同受众建设有针对性的公开平台和多样化的公开方式。

1. 法院内部局域网公开。这是以法官为服务对象的公开，利用法院内部的网络，在本院之间，本地区法院之间乃至地区间法院之间实现执行信息共享，这要求各个法院在执行系统建设中的数据接口具有兼容性和共享性。

2. 建立执行信息公开网站。除最高人民法院网公开之外，各地方法院也建立了案件信息公开平台，以本地区公众为主要的服务受众，根据本地案件的特点、文化差异进行更细化的执行信息公开。例如，北京法院网将案件的文书，失信被执行人公布、限制出境、限制招投标与执行流程公开、联系法官等功能予以集成，并根据执行案件办理过程中预设的信息节点予以自动公开，减轻了法官负担、提高了执行公开信息的准确性与及时性。

图 7.5－1：北京法院审判信息网

序号	姓名/名称	证件类型	证件号码/组织机构代码	信息类型	执行案号	执行依据文号	执行法院	立案时间
1	姜××	居民身份证	××××××	失信被执行人	2014年石执字第00921号	2014年石民初字第03043号	北京市石景山区人民法院	2014-6-24
2	姜××	其它	见卷	失信被执行人	2014年石执字第00159号	2013年石民初字第07760号	北京市石景山区人民法院	2014-1-13
3	北京××	组织机构代码	××××××	失信被执行人	2014年西执字第09206号	2013年西民初字第14774号	北京市西城区人民法院	2014-10-9
4	夏××	居民身份证	××××××	失信被执行人	2010年丰执字第01232号	2009年丰民初字第01227号	北京市丰台区人民法院	2009-12-25
5	王××	居民身份证	××××××	失信被执行人	2014年三中执字第00144号	（2014）京仲裁字第0048号	北京市第三中级人民法院	2014-3-12

图 7.5 －2：北京法院审判信息网

三、借助互联网、电话、app 软件等多媒体进行公开

1. 借助互联网的搜索进行查询与公开。作为对法院网络公开的补充，将执行公开数据与相关的搜索引擎相结合，仍以公众为主要受众，如百度中对失信被执行人信息的搜索等，扩大执行公开受众群体。

2. 手机 app 客户端的公开与推送。通过智能手机应用 app 软件的开发与应用，将执行公开信息主动推送至相关的案件当事人，并实现互动互通，以当事人、律师为服务受众，这种公开更有针对性，公开的内容更为具体与及时，并可以做到分层、分级、分类、分权限的公开。例如，同一案件的执行法官、当事人、律师、案外人等，会根据自身诉讼地位的差异获得不同操作查看权限。这种执行公开的信息化方式今后将成为执行公开的主要发展方向。

3. 12368 电话查询系统的公开。即通过电话查询、短信告知的方式，服务于特定的当事人群体，作为其他方式的补充。

4. 微博直播、微信的公开。该方式是以社会公众为受众，通过对具体案件的微博直播、微信公开执行过程，让公众了解执行过程，具有宣传效应。

5. 其他媒体公开。有选择性地对社会影响较大或有代表性的案件利用媒体公开，包括电视、网站、广播、报纸、户外视频媒体等。例如，2014 年 7 月，江苏省无锡市人流量最大、最核心的商业圈“三阳广场”一处 LED 大屏幕上赫然出现了一组“老赖”名单和照片。北京市大兴区人民法院对拒不执行法院判决的“老赖”出重拳，“老赖”的信息甚至照片采取在沿街电子显示屏滚动播放等执行公开方式。

图 7. 6：无锡市三阳广场公布“老赖”的 LED 屏

四、执行公开的发展方向

“点对面”的执行公开信息化方式是指通过网站、媒体的传统方式将执行公开信息予以公布，让社会公众可以了解。这种公开方式的优点在于公布信息比较全面、受众广泛，是执行公开信息化的基础，而逐步完善执行信息公开的内容、公开的方式及平台是执行公开信息化的基础及成熟标志。

但这种“点对面”的公开数据量较大，没有特定的针对受众，并不能最大程度地满足不同受众的需要。技术的发展对执行公开信息化有了更高的要求，人们获取信息的方式不再局限于主动查找，而是法院主动的信息告知。因此，以更现代化的信息手段助力于执行公开是执行工作新的着力点，法院对执行信息有针对性地“点对点”地主动告知、推送甚至互动必将成为执行公开信息化的发展方向之一，尤其是手机 app 定向推送公开信息、微信公开等方式会逐渐成为主流的执行公开信息化方式。

第八章　执行信息化的安全防范

随着计算机信息技术的迅猛发展，计算机网络已经成为农业、工业、第三产业和国防工业的重要信息交换媒介，并且渗透到社会生活的各个角落。因此，认清网络的脆弱性和潜在威胁，采取强有力的安全策略势在必行。计算机网络安全工作是一项长期而艰巨的任务，它应该贯彻于整个信息网络的筹划、组成、测试、运行和管理的全过程。

第一节　执行信息化安全防范概述

一、执行信息化安全概述

所谓计算机通信网络安全，是指根据计算机通信网络的特性，通过相应的安全技术和措施，对计算机通信网络的硬件、操作系统、应用软件和数据等加以保护，防止遭到破坏或窃取，其实质就是要保护计算机通讯系统和通信网络中的各种信息资源免受各种类型的威胁、干扰和破坏。计算机通信网络的安全是指挥、控制信息安全的重要保证，随着网络一体化和互联互通的加速发展，我们必须加强计算机通信网络安全防范意识，提高防范手段。计算机通信网络的安全涉及多种学科，包括计算机科学、网络技术、通信技术、密码技术、信息安全技术、信息学、管理学等，这些技术各司其职，保护网络系统的硬件、软件以及系统中的数据免遭各种因素的破坏、更改与泄露，保证系统连续可靠，正常运行。

执行工作信息化是指在国家信息化建设的总体框架下，按照统一组织、统一规划、统一标准的要求，在执行工作中应用现代信息技术，深入开发、广泛利用各类社会信息资源，提高查找被执行人和应执行财产的准确性和时效性，有效破解执行难问题，改革执行方式，推进执行工作现代化的过程。执行工作信息化建设具有战略性、长期性和整体性的特点，并包括以下四个方面的含义：一是实现执行工作现代化离不开信息化，信息化要服务于执行工作现代化；二是要统一规划、统一组织信息化建设；三是执行工作中要广泛应用现代信息技术，深入开发、利用信息资源；四是执行工作信息化是一个不断发展的过程。

二、执行信息系统安全管理概念

执行信息系统是人民法院在执行工作中运用现代信息技术，尤其是网络和计算机技术，构建的统一管理、协调、指挥的综合信息处理系统，其作用是准确查找，保全和处置可供执行财产、依法制裁失信被执行人、加强执行工作管理和公开。作为人民法院中负责执行信息工作的相关人员，其安全职责是保护人民法院执行信息资源的安全，保证信息数据的拥有者和使用者面临最小风险，从而使涉执行信息的应用服务和信息内容具有机密性、完整性和可用性。

执行信息系统的安全管理是一个广泛而抽象的概念，其核心是关注系统所承载的信息数据的安全，而不管系统采用何种技术作为信息处理的手段。无论是执行信息外网系统还是内网系统都涉及数据安全的管理与保护，也就是要对信息系统生存周期的全过程实施符合安全等级要求的管理，包括的内容有：制定安全规划方案，落实安全管理机构及安全管理人员；系统自身实体和业务功能的安全性设计与实现；系统开发的安全策略；系统实施的安全风险管理；制定业务持续性计划方案和灾难性恢复计划方案；进行安全审计、监控和检查，并处理安全事件；人员安全管理、安全意识教育等一系列内容。因此，可以说，执行信息系统的安全管理是一个系统性的工程。

三、执行信息系统安全存在的风险与问题

执行信息系统是人民法院提高执行工作效率的手段，也是实现执行公开、打造阳光司法的需要。执行信息系统的安全关系着人民法院天平工程建设的深入和完善。当前存在主要的安全风险包括：

（一）技术层面的风险

当前人民法院信息安全保障工作仍然处于初级阶段，信息安全自主可控能力不强，其中最为常见的是网络链路传送的数据存在被窃听的风险，有可能造成明文传送的数据被他人截获或者恶意的将特殊的数据包注入网络、流向系统造成网络瘫痪。同时，人民法院局域网内部也存在着安全问题，如安全漏洞、信息泄露等。当前，人民法院的信息系统面临多级别的安全威胁。造成多级别安全威胁的根本原因在于执行信息系统所处理信息价值的多级别差异，其直接体现就是信息密级的多级别，此外，信息时效性差异，也是造成信息价值多级别的原因。因此，虽然我们要求对涉密的，特别是核心办公的信息要放在内网上，且人民法院内网和外网必须物理隔离，执行信息外网与国际互联网逻辑隔离，这样可以隔离一大部分黑客攻击风险。但同时还存在另一个问

题，即如何防止内外勾结，杜绝内部犯罪。内部人员犯罪也有两种情况：一种是违规操作，指有意或无意的错误操作；另一种是有目的的窃取或故意泄密，尤其是内外网物理隔离之后，这个问题日益突出。

（二）管理层面的风险

首先，全国地方各级人民法院之间协调不够密切，不同地方的信息化水平有差异，这种信息层面的不均衡导致利益冲突，一旦各地联网共享财产查控信息后发生安全事件，对故障定位可能不准、责任问题梳理不清，将会导致事件的破坏性更为严重；其次，人员、设备管理仍不完善，机房重地缺乏安全管理制度，部分机房随意进入，相关人员保密工作不严，有意或无意泄露所知道的重要信息，管理上缺乏相应制度进行约束。除此之外，还存在人员信息安全意识较为淡薄的问题，从意识上疏忽了安全的重要性，使安全制度和安全流程流于形式。

（三）制度层面的风险

法律保障和创新管理是任何信息化建设必备的支撑。虽然我国为信息系统建设制定了一系列法律法规，但其科学性、体系性以及可执行性需要实践的检验和不断完善，法律法规明显滞后于技术的发展，造成了人民法院执行部门、信息建设部门、安全保密部门难以协调一致，存在制度漏洞。

四、执行信息系统安全的管理实践

1. 基本制度。信息系统安全是极其重要的内容，因此，执行信息系统项目的建设方案应当按照《信息系统安全等级保护基本要求》（GB/T 22239－2008），同期规划和设计安全建设方案，应具备系统化、体系化的安全设计。上述规定涵盖了系统总体安全架构，应从系统的物理安全、网络安全、系统安全和业务安全、运营维护管理和应急预案等方面进行顶层设计，依据分区隔离、重点防护的原则对执行信息系统进行纵深防御。其中，物理安全包括了信息系统环境和实体设备以及记录媒体的安全；网络安全要实现对网络层进行隔离和防护；系统安全要具有服务器、终端综合安全防护和数据备份恢复机制；业务安全需要有身份鉴别、访问控制以及具体处理流程的安全设计。

2. 制定方案。信息系统自身的安全也需要一个完整的解决方案，包括信息系统的硬件、软件和数据受到保护，系统能够连续正常运行，不因偶然的或恶意的原因而遭到破坏、更改等。经过长期的系统开发和项目工程实践，信息系统已经形成了一套较为成熟的系统安全设计框架，包括设备主机防护，业务身份鉴别，受控访问以及网络、系统综合防护免受外部非法入侵等方面的内容。

（1）在业务持续服务安全方面，对执行信息系统提出了较高要求。由于执行信息系统关系到司法公信，一经上线，即应保证其日常持续稳定运行。因此，从系统建设方案设计上，就应考虑到识别关键的业务过程与范围，对于重要的业务处理系统，在提升业务处理服务稳定性的同时，进行系统备份机制的设计，采用该方式来避免由于单点故障影响重要、核心业务的正常开展，持续对外提供执行信息查询服务。

（2）在信息数据的安全方面，执行信息系统中数据的安全性主要包括两方面内容：一是数据的安全易访问性，即系统需要的数据可以及时获取来满足业务需要，但同时数据的存储应集中可控、授权维护与访问，并配备备份恢复机制。除此之外，数据存储还应尽量采用自主知识产权的软件产品，即国产化数据库产品，最大限度来保证数据信息的安全可控，在执行信息系统中这一点尤其重要。

（3）在系统运营维护的安全管理方面，主要应考虑系统的安全管理机构、安全管理策略和安全管理制度三方面的内容。其中，安全管理机构的建立需要有履行相关安全管理职责的人员参加；安全管理策略包括人员、场地、系统、数据、文档、媒体等管理方面的要求以及应急预案的响应策略等内容；安全管理制度是系统正常运营维护的制度保障，是安全管理策略实施的重要手段，主要包括人员管理制度、技术管理制度和场地设施的管理制度等内容。

为了落实好执行信息系统安全工作，针对执行信息系统安全管理中存在的问题，结合执行信息化建设实践中的一些经验，在具体工作中，应从以下几个方面推进执行信息系统安全管理工作的完善与发展：一方面应该建立切实有效、可行的执行信息系统安全保障技术体系，根据分区隔离、重点防护的原则，保核心、保要害，进行系统信息安全的深度防御。结合权限最小化原则，在区域内部署信息安全措施，在边界通过隔离技术手段进行防护，同时对关键设备或关键网络采用划分安全域或安全层的方式实施重点保护；另一方面，协同信息化建设主管部门，结合执行信息系统建设实际情况，制定涵盖执行信息系统建设、实施和维护管理的安全制度管理体系，逐步推动执行信息系统安全管理工作的健康发展。

第二节　执行信息化安全等级定级

一、信息系统安全等级保护基本概念及对象

等级保护是指对涉及国计民生的基础信息网络和重要信息系统按其重要程度及实际安全需求，分级进行保护，保障信息系统安全正常运行和信息安全，提高信息安全综合防护能力，保障国家安全，维护社会秩序和稳定，保障并促进信息化建设健康发展。公安部、国家保密局、国家密码管理局、国务院信息化工作办公室联合下发的《关于开展全国重要信息系统安全等级保护定级工作的通知》（公信安［2007］861号）中指出的定级对象主要为：

1. 电信、广电行业的公用通信网、广播电视传输网等基础信息网络，经营性公众互联网信息服务单位、互联网接入服务单位、数据中心等单位的重要信息系统。

2. 铁路、银行、海关、税务、民航、电力、证券、保险、外交、科技、发展改革、国防科技、公安、人事劳动和社会保障、财政、审计、商务、水利、国土资源、能源、交通、文化、教育、统计、工商行政管理、邮政等行业、部门的生产、调度、管理、办公等重要信息系统。

3. 市（地）级以上党政机关的重要网站和办公信息系统。

4. 涉及国家秘密的信息系统。

依据上述通知中关于定级工作的要求，定级工作由各级公安机关牵头，会同国家保密工作部门、国家密码管理部门和信息化领导小组办事机构共同组织实施。各地区、各部门要加强对本地区、本行业信息安全等级保护工作的组织领导，及时掌握工作进

展情况，必要时可组织成立专家组，明确技术支持力量。信息系统运营使用单位要成立等级保护工作组，落实责任部门、责任人员和经费，保障定级工作顺利进行。

二、信息系统安全定级等级划分及要素

信息系统安全保护等级是信息系统根据其在国家安全、经济建设、社会生活中的重要程度及遭到破坏后对国家安全、社会秩序、公共利益以及公民、法人和其他组织的合法权益的危害程度等，由低到高划分为五级。

第一级：信息系统受到破坏后，会对公民、法人和其他组织的合法权益造成损害，但不损害国家安全、社会秩序和公共利益。

第二级：信息系统受到破坏后，会对公民、法人和其他组织的合法权益产生严重损害，或者对社会秩序和公共利益造成损害，但不损害国家安全。

第三级：信息系统受到破坏后，会对社会秩序和公共利益造成严重损害，或者对国家安全造成损害。

第四级：信息系统受到破坏后，会对社会秩序和公共利益造成特别严重损害，或者对国家安全造成严重损害。

第五级：信息系统受到破坏后，会对国家安全造成特别严重损害。

信息系统的安全保护等级由两个定级要素决定，即等级保护对象受到破坏时所侵害的客体和对客体造成侵害的程度。

1. 受侵害的客体。等级保护对象受到破坏时所侵害的客体包括以下三个方面：一是公民、法人和其他组织的合法权益；二是社会秩序、公共利益；三是国家安全。

2. 对客体的侵害程度。对客体的侵害程度由客观方面的不同

外在表现综合决定。由于对客体的侵害是通过对等级保护对象的破坏实现的，因此，对客体的侵害外在表现为对等级保护对象的破坏，通过危害方式、危害后果和危害程度加以描述。等级保护对象受到破坏后对客体造成侵害的程度分为三种：一是造成一般损害；二是造成严重损害；三是造成特别严重损害。

表 8.1：定级要素与信息系统安全保护等级的关系

<table>
<tr><th>等级</th><th>对象</th><th>侵害客体</th><th>侵害程度</th><th>监管强度</th></tr>
<tr><td>第一级</td><td rowspan="3">一般系统</td><td>公民、法人和其他组织的合法权益</td><td>损害</td><td>自主保护</td></tr>
<tr><td rowspan="2">第二级</td><td>公民、法人和其他组织的合法权益</td><td>严重损害</td><td rowspan="2">指导保护</td></tr>
<tr><td>社会秩序和公共利益</td><td>损害</td></tr>
<tr><td rowspan="2">第三级</td><td rowspan="4">重要系统</td><td>社会秩序和公共利益</td><td>严重损害</td><td rowspan="2">监督检查</td></tr>
<tr><td>国家安全</td><td>损害</td></tr>
<tr><td rowspan="2">第四级</td><td>社会秩序和公共利益</td><td>特别严重损害</td><td rowspan="2">强制监督检查</td></tr>
<tr><td>国家安全</td><td>严重损害</td></tr>
<tr><td>第五级</td><td>极端重要系统</td><td>国家安全</td><td>特别严重损害</td><td>专门监督检查</td></tr>
</table>

三、信息系统安全等级保护的基本原则

信息系统安全等级保护的核心是对信息系统分等级、按标准进行建设、管理和监督。信息系统安全等级保护实施过程中应遵循以下基本原则：

1. 自主保护原则。信息系统运营、使用单位及其主管部门按照国家相关法律法规和标准，自主确定信息系统的安全保护等级，自行组织实施安全保护。

2. 重点保护原则。根据信息系统的重要程度、业务特点，通过划分不同安全保护等级的信息系统，实现不同强度的安全保护，集中资源优先保护涉及核心业务或关键信息资源的信息系统。

3. 同步建设原则。信息系统在新建、改建、扩建时应当同步规划和设计安全方案，投入一定比例的资金建设信息安全设施，保障信息安全与信息化建设相适应。

4. 动态调整原则。应当跟踪信息系统的变化情况，调整安全保护措施。由于信息系统的应用类型、范围等条件的变化及其他原因，安全保护等级需要变更的，应当根据等级保护的管理规范和技术标准，重新确定信息系统的安全保护等级，根据信息系统安全保护等级的调整情况，重新采取安全保护措施。

5. 谁主管谁负责、谁运营谁负责原则。信息系统等级保护要贯彻谁主管谁负责、谁运营谁负责的原则，由各主管部门、使用部门和运营单位依照国家相关法规和标准，自主确定信息系统的安全等级，并按照相关要求组织实施安全保障。

四、信息系统安全等级保护的定级步骤

定级是等级保护工作的首要环节，是开展信息系统建设、整改、测评、备案、监督检查等后续工作的重要基础。信息系统安全级别定不准，系统建设、整改、备案、等级测评等后续工作就都失去了针对性。需要特别说明的是，信息系统的安全保护等级是信息系统的客观属性，不以已采取或将采取何种安全保护措施为依据，也不以风险评估为依据，而是以信息系统的重要性和信息系统遭到破坏后对国家安全、社会稳定与人民群众合法权益的危害程度为依据，即从国家安全、人民群众的根本利益出发，考虑信息系统受到损害后的最大危害。因此，各部门、各单位要高

度重视定级工作，切实加强对定级工作的组织领导，科学、准确地确定信息系统等级。定级工作可以参照以下几个步骤进行：

（一）确定定级对象

信息系统使用单位或主管部门按如下原则确定定级对象：一是承载相对独立或单一业务应用的信息系统；二是信息系统的信息安全由本单位主管；三是具有信息系统的基本要素。只有同时满足上述三个条件，才可由本单位对其进行定级。起支撑作用的网络可以作为定级对象；应用类的信息系统以应用种类划分定级对象。

在定级工作中相关部门的工作职责有：等级保护工作组按照确定定级对象的原则确定本部门的定级对象，并上报领导小组办公室。等级保护专家组可以在确定定级对象过程中提供咨询指导。为了确保定级准确，各高级人民法院执行部门、信息管理部门要通盘考虑，提出定级意见，避免出现同类执行信息系统中下属系统比上级系统级别高的问题。

（二）初步确定信息系统等级

1. 定级的一般流程。信息系统安全，包括业务信息安全和系统服务安全，与之相关的受侵害客体和对客体的侵害程度可能不同。因此，信息系统定级也应由业务信息安全和系统服务安全两方面确定。从业务信息安全角度反映的信息系统安全保护等级，称为业务信息安全等级；从系统服务安全角度反映的信息系统安全保护等级，称为系统服务安全等级。确定信息系统安全保护等级的一般流程如下：（1）确定作为定级对象的信息系统；（2）确定业务信息安全受到破坏时所侵害的客体；（3）根据不同的受侵害客体，从多个方面综合评定业务信息安全被破坏对客体的侵害程度；（4）同时确定业务信息安全等级；（5）确定系统服务安全受到破坏时所侵害的客体；（6）根据不同的受侵害客体，从多个方面综合评定系统服务安全被破坏对客体的侵害程度；（7）同时确定系统服务安全等级；（8）由业务信息安全等级和系统服务安全等级的较高者确定定级对象的安全保护等级。上述步骤如下图所示。

表 8.2：定级的一般流程

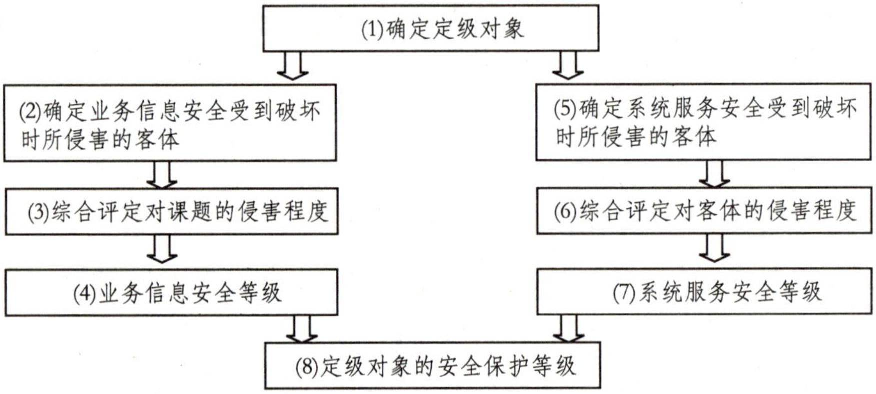

2. 确定受侵害的客体。定级对象受到破坏时所侵害的客体包括国家安全、社会秩序、公共利益，以及公民、法人和其他组织的合法权益。

（1）侵害国家安全的事项包括以下方面：影响国家政权稳固和国防实力；影响国家统一、民族团结和社会安定；影响国家对外活动中的政治、经济利益；影响国家重要的安全保卫工作；影响国家经济竞争力和科技实力；其他影响国家安全的事项。

（2）侵害社会秩序的事项包括以下方面：影响国家机关社会管理和公共服务的工作秩序；影响各种类型的经济活动秩序；影响各行业的科研、生产秩序；影响公众在法律约束和道德规范下的正常生活秩序；其他影响社会秩序的事项。

（3）影响公共利益的事项包括以下方面：影响社会成员使用公共设施；影响社会成员获取公开信息资源；影响社会成员接受公共服务；其他影响公共利益的事项。

（4）影响公民、法人和其他组织的合法权益是指由法律确认的并受法律保护的公民、法人和其他组织所享有的一定的社会权利和利益。确定作为定级对象的信息系统受到破坏后所侵害的客体时，应首先判断是否侵害国家安全，然后判断是否侵害社会秩序或公共利益，最后判断是否侵害公民、法人和其他组织的合法权益。

3. 确定对客体的侵害程度。在客观方面，对客体的侵害外在表现为对定级对象的破坏，其危害方式表现为对信息安全的破坏和对信息系统服务的破坏。其中，信息安全指的是确保信息系统内信息的保密性、完整性和可用性等；系统服务安全指的是确保信息系统可以及时、有效地提供服务，以完成预定的业务目标。由于业务信息安全和系统服务安全受到破坏所侵害的客体和对客体的侵害程度有所不同，在定级过程中，需要分别处理这两种危害方式。

信息安全和系统服务安全受到破坏后，可能产生以下危害后果：影响正常工作职能的开展；导致业务能力下降，引起法律纠纷，导致财务损失，造成社会不良影响，对其他组织和个人造成损失；其他影响。

4. 综合判定侵害程度。侵害程度是受侵害客体在受侵害时客观方面的不同外在表现的综合体现。因此，应首先根据不同的受侵害客体、不同危害后果分别确定其危害程度。对不同危害后果确定其危害程度所采取的方法和所考虑的角度可能不同。例如，系统服务安全被破坏导致业务能力下降的程度，可以从信息系统服务覆盖的区域范围、用户人数或业务量等不同方面确定。业务信息安全被破坏导致的财物损失，可以从直接的资金损失大小、间接的信息恢复费用等方面进行确定。在针对不同的受侵害客体进行侵害程度的判断时，应参照以下不同的判别基准：如果受侵害客体是公民、法人或其他组织的合法权益，以本人或本单位的总体利益作为判断侵害程度的基准；如果受侵害客体是社会秩序、公共利益或国家安全，则应以整个行业或国家的总体利益作为判断侵害程度的基准。不同危害后果的三种危害程度描述如下：

（1）一般损害。工作职能受到局部影响，业务能力有所降低但不影响主要功能的执行，出现较轻的法律问题，较低的资产损失，有限的社会不良影响，对其他组织和个人造成较低损害。

（2）严重损害。工作职能受到严重影响，业务能力显著下降且严重影响主要功能的执行，出现较严重的法律问题，较高的资产损失，较大范围的社会不良影响，对其他组织和个人造成较严重损害。

（3）特别严重损害。工作职能受到特别严重影响或丧失行使能力，业务能力严重下降或功能无法执行，出现极其严重的法律问题，极高的资产损失，大范围的社会不良影响，对其他组织和个人造成非常严重的损害。

业务信息安全和系统服务安全被破坏后对客体的侵害程度，可以通过对不同危害结果的危害程度进行综合评定得出。由于地方各级人民法院执行信息系统所处理的信息种类和系统服务特点各不相同，信息安全和系统服务安全受到破坏后的危害结果、危害程度的计算方式均可能不同，地方各级人民法院可根据本单位执行信息的业务特点和系统服务特点，制定危害程度的综合评定方法，并确定侵害不同客体造成损害、严重损害、特别严重损害的具体定义。

5. 确定信息系统安全保护等级。根据业务信息安全被破坏时所侵害的客体以及对相应客体的侵害程度，依据下表即可得到业务信息安全等级。

表 8.3：业务信息安全等级矩阵

业务信息安全被破坏时所侵害的客体	对相应客体的侵害程度		
	一般损害	严重损害	特别严重损害
公民、法人和其他组织的合法权益	第一级	第二级	第二级
社会秩序、公共利益	第二级	第三级	第四级
国家安全	第三级	第四级	第五级

根据系统服务安全被破坏时所侵害的客体以及对相应客体的侵害程度，依据系统服务安全等级矩阵表（见下表），即可得到系统服务安全等级。

表 8.4：系统服务安全等级矩阵

系统服务安全被破坏时所侵害的客体	对相应客体的侵害程度		
	一般损害	严重损害	特别严重损害
公民、法人和其他组织的合法权益	第一级	第二级	第二级
社会秩序、公共利益	第二级	第三级	第四级
国家安全	第三级	第四级	第五级

需再次特别注意的是，作为定级对象的信息系统的安全保护等级由业务信息安全等级和系统服务安全等级的较高者决定。

（三）信息系统等级评审

在信息系统安全保护等级确定过程中，可以聘请专家进行咨询评审，并出具定级评审意见。对拟确定为第四级以上信息系统的，运营、使用单位或者主管部门应当邀请国家信息安全保护等级专家评审委员会评审，出具评审意见。评审意见要及时反馈到信息系统运营使用单位。涉密信息系统要按照国家保密局有关规定进行等级评审。

信息系统等级评审中相关部门的工作职责包括：等级保护工作组组织专家组对信息系统安全保护等级进行评审。专家组对信息系统安全保护等级的确定进行评审，国家专家评审委员会负责第四级以上的信息系统等级评审。公安机关参加定级对象安全保护等级的评审。

（四）信息系统等级的最终确定与审批

信息系统运营使用单位参考专家定级评审意见，最终确定信息系统等级，形成定级报告。如果专家评审意见与运营使用单位意见不一致，由运营使用单位自主决定系统等级，信息系统运营使用单位有上级主管部门的，应当经上级主管部门对安全保护等级进行审核批准。

此项工作中相关部门的工作职责有：工作组负责组织本单位有关部门根据专家评审意见最终确定系统等级，形成定级报告并报领导小组办公室。领导小组办公室汇总定级报告，并报领导小组审批。

第三节　执行信息化安全风险评估概述

信息作为一种资源，它的普遍性、共享性、增值性、可处理性和多效用性的特点，使其具有特别重要的意义。信息安全的实质就是要保护信息系统或信息网络中的信息资源免受各种类型的威胁、干扰和破坏，即保证信息的安全性。根据国际标准化组织的定义，信息安全性的含义主要是指信息的完整性、可用性、保密性和可靠性。信息安全是任何国家、政府、部门、行业都必须十分重视的问题，是一个不容忽视的国家安全战略。但是，对于不同的部门和行业来说，其对信息安全的要求和重点却是有区别的。

信息安全风险评估是对信息及信息处理设施的威胁、影响、脆弱性及三者发生的可能性的评估。它是确认安全风险及其大小的过程，即利用定性或定量的方法，确定信息安全的风险等级和优先风险控制。风险评估是风险管理最根本的依据，是对现有网络的安全性进行分析的第一手资料，也是网络安全领域内最重要的内容之一。政府部门在进行网络安全设备选型、网络安全需求分析、网络建设、网络改造、应用系统试运行、内网与外网互联、与第三方业务伙伴开展业务系统应用之前进行风险评估，会帮助政府部门进行信息化建设时，在一个安全的框架下组织活动。它通过风险评估来识别风险大小，通过制定信息安全方针，采取适当的控制目标与控制方式对风险进行控制，使风险被避免、转移或降至一个可被接受的水平。

信息安全风险评估主要包括：从政治、经济与技术等方面分析，明确并规范本部门业务系统是否应在专网运行、业务系统是否需要加密措施、确定系统中的信息安全级别、分析信息安全方面潜在的威胁、评估危害造成损失的严重性，以及确定系统究竟需要何种安全防范应急措施等。执行信息化系统中涉及到视频会议系统、移动设备、主机、存储等设备，所有自身的安全性需要进行安全风险分析。执行信息化系统还存在着法院专网、法院专网与前置服务器连接、前置服务器与执行单位及信用机构、执行信息公开服务器与互联网之间网络通讯，对网络传输链路的风险也需要进行风险分析评估。

一、物理安全风险分析

物理安全是指为了保证计算机系统安全、可靠地运行，确保系统在对信息进行采集、传输、存储、处理、显示、分发和利用的过程中，不会受到人为或自然因素的危害而使信息丢失、泄露和破坏，对计算机系统设备、通信与网络设备、存储媒体设备和人员所采取的安全技术措施。物理安全主要包括环境安全、设备安全和媒介安全三个方面：

1. 环境安全。环境安全是指保护计算机系统信息免受水、火、有害气体、地震、雷击和静电的危害，包括温度、湿度、清洁度、防静电、防火、防水、防震、供电系统等。

2. 设备安全。设备安全是指保护设备避免人为破坏及盗取等危害，包括电磁干扰、电磁信息泄露、电源保护、物理损坏保护、设备防盗、意外事故应急等。

3. 媒介安全。媒介安全是指业务数据和媒介本身的安全，包括数据非法拷贝、信息删除和物理销毁等。

物理安全是相对的，在设计物理安全方案时，要综合考虑需要保护的硬件、软件及其信息价值，从而采用适当的物理保护措施。

安全事件回顾：2013 年 2 月 25 日，台北市一家网络通讯公司主机房内机电设施起火，楼内大型网络交换中心、企业主机代管者是方电讯受到波及，由于该公司承担了亚太地区上百家企业的主机托管服务，造成大量用户的手机通讯、网络购物、网络游戏等应用均受到影响，甚至有些网站无法访问，断网事件前后持续影响近 1 天的时间，损失无法估量。

二、网络安全风险分析

网络安全包括网络物理设施安全、链路传输风险和跨网信息安全威胁三个方面：

（一）网络物理设施安全风险分析

网络物理设施安全是整个网络系统安全的前提，主要有以下风险：地震、水灾、火灾等自然灾害造成整个网络系统业务中断；因施工破坏等造成网络线路中断；电源故障导致网络设备断电，造成业务中断和数据信息丢失等问题。

（二）链路传输风险分析

网络安全不仅是入侵者利用安全漏洞到政府内部网上进行攻击、窃取信息，还可在传输线路上安装窃听装置，窃取线路上传输的重要数据，再通过技术手段还原数据信息，造成篡改或窃取数据，对网络构成严重的安全威胁。链路传输风险主要包含以下几个方面：冗余空间不足、网段划分混乱、优先级不明确等；网络边界没有部署相应的安全设备造成的非法入侵攻击；内外网访问未设安全权限控制或物理隔离设施造成信息泄密；病毒、木马致使网络运行速度降低，甚至造成网络瘫痪或信息泄密；利用软硬件自身的安全漏洞发起攻击。

（三）跨网信息安全威胁分析

1. 法院专网与互联网互联的安全威胁。执行信息化内部网络与互联网有间接连通性及数据交换的需求。基于互联网的开放性、国际性与自由性，与互联网连接将对内部网络造成严重的安全威胁。如果法院内部网络的一台机器被攻击或被病毒感染，就会同时影响在同一网络上的其他系统，通过网络传播，还可能影响与本系统网络相连接的外单位网络。如法院内网电脑装有无线网络、私自连接互联网或者内部网络使用的U盘在互联网电脑上面交叉使用，都会引发数据泄密的风险。敏感数据将有可能通过间接的网络传输或移动介质媒介进行病毒木马的传播、种植，以数据摆渡的形式实现数据窃取。

2. 法院专网与其他单位内网互联的安全威胁。法院执行信息系统内部局域网络与系统外部网络（执行机构、信用机构、其他单位的电子政务系统等）之间存在间接互联，如果不采取一定的安全防护措施，内部网络容易遭到来自外部网络的恶意入侵者的攻击。例如恶意入侵者可以通过一些嗅探程序来探测扫描网络及操作系统存在的安全漏洞，如网络IP地址、应用操作系统的类型、TCP端口号、系统用户名和口令等安全信息等，并通过相应攻击程序对内网进行攻击。比如，入侵者通过网络监听等手段获得内部网用户的用户名、口令等信息，进而假冒内部合法身份进行非法登录，窃取法院内网重要信息；还可能通过发送大量数据包对内部网重要服务器进行恶意攻击，使得服务器超负荷工作以至拒绝服务甚至系统瘫痪。

恶意攻击中较为常见的是“拒绝服务攻击”，就是利用系统漏洞、带宽消耗等手段，攻击者向目标主机发送大量伪装请求，阻塞业务网络、占用可用资源，影响合法用户的连接，令系统无法正常提供服务。例如，巴西世界杯期间，其官网就曾遭到“拒绝服务攻击”，导致中断服务数小时。2013 年 7 月 7 日，韩国总统府、国防部、外交通商部等政府部门、主要银行和媒体网站等遭到分布式“拒绝服务攻击”，所有网站瘫痪时间长达 4 小时。

三、主机安全风险分析

主机安全是指终端及服务器操作系统的安全。执行信息化所涉及到的主机有 PC 终端、虚拟化终端和服务器等。目前的操作系统或应用系统无论是 Windows、商用 UNIX，还是其他厂商开发的操作系统，均有“后门”及安全漏洞等问题，存在重大安全隐患。主机安全风险分析主要包括硬件平台安全性评估、主机操作系统安全性评估、操作系统安全配置评估、主机登录过程安全认证机制评估、用户登录权限与资源访问权限评估、业务系统安全性评估等，存在的风险主要包含以下几个方面：（1）主机或终端设备物理损坏造成数据丢失；（2）病毒入侵造成资料泄露或损毁；（3）终端无线通信被监听造成泄密；（4）操作系统的“后门”程序造成信息泄密。

安全事件回顾：2011 年全球视频会议系统领先者 Polycom 的著名产品 ViewStation 中被发现含有近 10 个安全漏洞，任何一个潜在的攻击者在监视网络数据的时候都可以读出密码并获得对系统的远程管理控制权，攻击者获得 ViewStation 的管理员密码后，对设备进行远程控制并监控或录制视频，并可以将视频信息在互联网上公开播放。

四、应用系统安全风险分析

应用系统是直接与用户打交道的交互系统，可通过应用系统实现法院信息化的业务管理功能。由于应用系统的安全跟具体的业务应用有关，涉及面广，因此，应用系统的安全是动态的、不断变化的。由于应用系统安全的动态性，需要我们针对不同的应用系统，检测相应的安全漏洞，通过专业的安全工具不断发现漏洞、修补漏洞，采取相应的安全措施，提高系统的安全性。部分执行信息化系统中的应用安全主要体现在以下几个方面：

1. 没有密码强度及登录出错次数限制，给暴力破解提供机会。

2. 用户名及密码在网络上以明文形式传输，容易被嗅探技术取得密码明文。

3. 缺少多因子身份认证，可通过后台偷窥方式记录下用户名密码。

4. 应用系统在软件编码和安装配置中的安全机制存在安全漏洞，可通过 SQL 注入等方式进入到数据库后台，从而造成数据泄密。

5. 应用系统没有详细的访问和操作记录，一旦系统遭入侵时无法进行及时报警及事后追踪。

安全事件回顾：不少国际大型企业，如谷歌、摩根大通等均曾发生过大量用户信息泄露事件。2014 年 5 月，国际著名在线拍卖网站 eBay 宣布，其网站数据库遭到黑客攻击，该数据库存有用户的加密密码和非财务数据。据估计，有超过 1 亿用户的数据被窃取。

五、数据安全风险分析

随着信息化建设的发展，安全防护的重要性越发明显。数据是信息的一种载体，它对信息具有运输、储存与保护等作用，数据是信息化系统的血液和命脉，因此，数据安全是信息安全的核心。执行信息化中，失信被执行人名单信息、执行案件详情及进展阶段信息、查控信息、系统操作信息等数据均是数据安全防护的重要内容。执行信息系统数据安全风险主要体现在以下几个方面：

1. 执行信息化数据库目前普遍采用关系型数据库管理系统，对核心数据库如果不采取双机热备、异地容灾备份等安全措施，则系统有可能会由于突发灾难、软硬件故障、人为误操作等原因，造成系统崩溃或数据丢失。

2. 由于对系统数据和数据库的安全保护措施不到位或者由于缺乏人员管理措施，系统的数据、数据库可能会造成泄密。其主要途径有：账号密码泄露，通过系统漏洞入侵数据库主机，入侵数据库获得数据库管理员权限，人为泄密等。

3. 与数据被窃的途径相类似，执行信息化数据库会有遭到篡改的风险。数据篡改，即是对计算机网络数据进行修改、增加或删除，造成数据破坏，系统的完整性、一致性、准确性不能得到保障。

安全事件回顾：某军工企业掌握核心数据的干部，多次在家中互联网查阅资料，并用移动硬盘将下载资料拷贝到单位内网电脑。由于互联网电脑被植入“轮渡”木马，其在使用内外网电脑互拷资料时，单位办公电脑上百份涉密文件“鬼使神差”般“跑”进了互联网，造成重大泄密事故。

六、安全管理风险分析

信息安全是三分技术七分管理，管理制度的健全与落实对于信息安全至关重要。据有关统计表明，在所有数据丢失事故的原因中，病毒、木马、蠕虫和黑客攻击等仅占 21%，软硬件故障、内部员工误操作和其他原因占据 79%，而我国近 80% 的企事业单位采取数据保护措施仅限于安装杀毒软件和防火墙，也就是说，对79%的安全威胁毫无防范，这种状况应该引起重视。现实中普遍存在“重安全技术、轻安全管理”的思想，认为技术决定一切，把信息安全的希望寄托在安全技术上面，如数据加密技术、防火墙技术、入侵检测等，很多安全设备普遍缺乏一套有效的安全策略，管理混乱，致使安全设备形同虚设。还有很多应用系统的使用人员缺少起码的安全意识，在操作过程中，无视安全规范，人为造成安全隐患，如密码设置过于简单、U盘交叉使用、非法移动外联、安装不安全软件等。技术是实现安全目标的手段，管理是实现安全目标的必由之路。安全并不是技术过程，而是管理过程。因此，我们要充分重视安全管理制度建设，安全管理风险主要存在以下几个方面：缺乏必要的日常操作规范；未设立必要的安全管理机构；未建立安全管理制度；未配备必要的系统管理人员；相关岗位工作人员安全意识淡薄；缺乏必要的应急响应预案；缺乏有效的监督管理机制。

安全事件回顾：2007年，“熊猫烧香”及其变种蠕虫病毒肆虐网络，通过文件传染散播，该病毒能够终止大量的反病毒软件和防火墙软件进程，受到感染的机器会出现蓝屏、频繁重启以及系统硬盘中数据文件被破坏等现象，严重情况下会导致整个局域网瘫痪，无法正常使用。

第四节　执行信息化安全防范的技术体系

一、信息系统安全防护的基本要求

针对上述网络安全评估分析，本节主要阐述执行信息化安全防范的技术体系，介绍安全防范注意事项及相关技术情况。鉴于现有国际网络安全的严峻局面，根据国家最新相关规定与要求，所有信息系统的软硬件设备，除特殊情况外，均应选用国产品牌。

（一）物理环境安全

机房是物理环境安全中最为重要的部分，是保障信息系统稳定运行的至关重要的条件。机房建设是一个系统工程，要做到从工作需要出发，满足功能需要，兼顾美观、实用，为人身和设备提供一个安全运行的空间。机房整体建设可参照《电子信息系统机房设计规范》（GB 20174 -2008）、《电子信息系统机房施工及验收规范》（GB 50462 -2008）等国家标准，进行安全建设和管理：

1. 机房应保证供配电系统的安全，提供双路市电供电保障，还应安装防水、防雷接地等装置。

2. 机房应配置不间断电源设备，确保断电时机房所有设备能够持续工作一定的时间，不间断电源设备还应定期进行充放电维护。

3. 机房应安装温感、烟感等消防设施，机房及相关工作用房应采用具有耐火等级的建筑材料，应安装火灾报警和自动灭火装置。凡设有惰性气体灭火装置的机房，应安装排气装置，并有醒目提示，避免惰性气体灭火装置开启时危及现场人身安全。

4. 机房应采用防静电地板、接地等措施，防止静电对机房内电子设备的损害。

5. 机房应保证电子设备运行的温度、湿度和防尘要求，部署精密空调等装置以保证对温、湿度的精确控制。

6. 机房应根据其重要性，安装电子门禁系统、视频监视系统、入侵报警系统等安防系统，对重要服务器、网络设备的操作也可安装视频监控。

7. 外来人员进入机房应该有审批手续，并限制和监控其活动范围，机房应有出入登记和设备维护操作记录，设备维护记录应尽可能详细。

8. 主要设备应放置在机房内，应将设备或主要部件进行固定，并设置明显的不易擦除标记。

9. 存放涉密信息的机房应按照相关国家标准，构建屏蔽室，采用线路和辐射干扰机，防止电磁辐射泄漏。

10. 机房设备应该有明显的标签，标明设备的责任人、维修电话、维护期限等信息；所有网线接口端应该用防水标签打印交换机端口号、对应下级交换机、楼层房间号及网络插口编号，便于进行网络维护。

11. 所有机房核心网络设备、安全设备均需配备配置文件备份，并进行过同类型设备的配置恢复演练，确保核心设备损坏时能够快速替换。

12. 机房应张贴机房管理制度，并按照制度要求定期巡检和监管。

（二）网络安全技术

网络安全技术是指保证业务系统的可用性、连续性，防范网络资源的非法访问及非授权访问，防范入侵者的恶意攻击与破坏，防范病毒的侵害，实现网络的安全管理等。

1. 网络结构安全。网络结构安全是指网络整体框架安全性设计。应注意以下事项：

（1）网络主要设备的业务处理能力及网络应用带宽应有一定的冗余，满足业务高峰期需要；网络主线路应有双路冗余备份，核心的网络单点故障设备应进行热备份或次备份，确保业务不间断运行。

（2）应根据各业务系统的职能、重要性和所涉及信息的重要程度等因素，划分不同的子网或网段，并按照方便管理和控制的原则为各子网分配地址段，防止外来电脑随意接入法院内网，防止网络蠕虫病毒引起全网堵塞。

（3）应避免将重要网段部署在网络边界处且直接连接外部信息系统，重要网段与其他网段之间应采取可靠的安全技术隔离手段。

（4）应按照对业务系统的重要次序来指定带宽，分配优先级别，保证在网络发生拥堵的时候优先保护重要的业务系统。

2. 访问控制和边界安全防范。访问控制和边界安全防范是指对内外网访问权限控制及网络安全技术防范，防止非法用户入侵、窃密和网络攻击等行为。应注意以下事项：

（1）应在网络边界部署访问控制设备，启用访问控制功能，严格控制只有合法用户才能访问授权的信息资源，访问规则控制颗粒度达到单个用户。

（2）应在用户终端与业务系统服务器之间进行路由控制，建立安全的访问路径，在核心交换机上实施身份认证，对终端电脑进行 IP/MAC 地址绑定，网段之间防止相互直接访问，重要网段应采取技术手段防止地址欺骗，防止假冒合法用户的 IP 地址或用户名等资源进行非法访问。

（3）应对进出网络的信息内容进行过滤，实现对应用层 HTTP、FTP、TELNET、SMTP、POP3 等协议命令级的控制，应能根据会话状态信息为数据流提供明确的允许或拒绝访问的能力，控制颗粒度达到端口级。

（4）对于长时间不活跃的会话或会话结束后，应及时终止网络连接，同时应限制网络最大流量数及网络连接数，避免极端情况下系统瘫痪。

（5）应能够对内部网络用户私自连到外部网络的行为进行自

动侦测，能准确确定位置，并对其进行有效阻断。

（6）法院内部应该严格限制无线接入，确有移动应用需求的，无线访问除了用户名、密码验证之外还需要绑定设备硬件，在传输链路层进行数据加密，并限制移动应用对执行信息化主数据库的直接操作。

（7）应在网络内部和边界处监视以下攻击行为：端口扫描、强力攻击、木马后门攻击、拒绝服务攻击、缓冲区溢出攻击、IP碎片攻击和网络蠕虫攻击等。当系统检测到攻击行为时，能够记录攻击源IP、攻击类型、攻击目的、攻击时间，在发生严重入侵事件时应具有及时报警和自动防御能力。

（8）定期对VPN、光闸、防火墙、防毒墙、入侵防御等安全设备要进行漏洞扫描、补丁升级和规则库升级，防止安全设备自身出现安全漏洞。

（9）除了配置常规的防火墙外，外网应用服务器还应增加WEB应用防火墙，以防范跨站、注入等基于应用层的攻击。

（10）同协助执行单位之间的数据交换，可采用人工刻录光盘或者选用经安全认证的光闸等设备进行指定文件格式的单向传输。

3. 安全防护和审计。安全防护和审计是指建立全网的安全防护和应用审计系统，应注意以下事项：

（1）应对网络设备的管理员登录地址进行限制，网络设备用户的标识应唯一。

（2）主要网络设备应对同一用户选择两种或两种以上组合的多因子身份认证，应强制密码复杂度并定期修改。

（3）应具有登录失败处理机制，可采取结束会话、限制非法登录次数和当网络登录连接超时自动退出等措施。

（4）当对网络设备进行远程管理时，应采取必要措施防止鉴别信息在网络传输过程中被窃听。

（5）应实行设备特权用户的权限分离制度，防止一个账号被窃取即可取得所有管理权限情况的发生。

（6）应对网络系统中网络设备的运行状况、网络流量、用户行为等进行日志记录。

（7）安全事件应有审计策略，记录应包括：事件的日期和时间、用户信息、事件类型、事件行为及其他相关审计信息。审计记录应及时备份，防止记录被删除、修改或覆盖，应能够根据记录数据进行分析，自动生成审计报表。

（三）主机与平台安全

主机与平台安全主要是指终端、服务器硬件及操作系统的安全，保证软硬件平台的安全。内容包括：

1. 应安装网络防病毒软件或部署反病毒网关，在内网设立升级服务器，及时升级终端电脑和服务器的反病毒软件版本及病毒库。

2. 定期升级终端和服务器的操作系统、应用软件，在内网上设立补丁升级服务器，及时更新操作系统补丁。安全补丁升级前，要做好补丁的安全性、兼容性升级测试，特别是对数据库服务器更应该进行严格的补丁升级预测试，防止补丁升级后导致应用的不兼容，甚至造成机器蓝屏或宕机等情形。

3. 重要服务器应进行统一监控管理，包括服务器的 CPU、硬盘、内存、网络等资源的使用情况。

4. 选用终端安全管理产品，监控终端电脑行为，如违规外联、异常进程、APT 攻击，并对终端使用效率、应用使用情况、终端安全风险等进行分析，为法院信息化安全管理、信息化效率提升提供辅助决策依据。

5. 加强终端安全加固管理，通过操作系统安全策略配置，限制空密码和简单密码，应采用多因子身份鉴别技术，禁用系统GUEST等多余用户，控制登录出错次数，关闭默认共享和空连接，关闭不必要的系统服务等配置，切实提高终端操作系统的安全性。

6. 加强权限分配管理，应根据管理用户的角色分配权限，实现管理用户的权限分离，仅授予管理用户所需的最小权限，应实现操作系统和数据库系统特权用户的权限分离。

7. 严格控制重要服务器（网络查控服务器、网络查控前置服务器等）的访问权限，关闭不必要的服务端口，可根据服务器应用范围，严格限制接收的文件类型，防范病毒及恶意代码的侵袭，有效提高安全防护级别。

8. 委托权威机构评估执行指挥中心监控设备、短信网关、编解码硬件、图像存储设备、视频控制设备、执行指挥平台、电子签章服务器、安全设备（防火墙、VPN、加密机）等硬件的安全性，及时修复硬件安全漏洞。

9. 加强USB接口管理，可采用终端安全管理软件禁用服务器和终端电脑的USB接口，严格限制U盘交叉使用，并对USB设备的访问进行审计，法院安全管理部门应定期检查终端电脑的USB使用情况，降低感染病毒的风险，避免数据泄密。

10. 加强移动终端安全管理，严格限制内网电脑带离办公区域，可以采用终端安全管理软件，禁止访问互联网。由于执行信息化系统属于涉密系统，所有终端设备应严禁处理和传输涉密信息，相关安全管理部门应定期对终端设备开展保密、机密、机要、秘密、涉密等敏感内容检查。

11. 加强安全审计管理，审计范围应覆盖到服务器、重要客户端上的所有操作系统用户和数据库用户，审计内容应包括重要用户行为、系统资源的异常使用和重要系统命令的使用等安全事件。审计记录应包括日期和时间、类型、主体标识、客体标识、事件的结果等，应能够根据信息系统的统一安全策略，实现集中审计。

（四）应用安全

执行信息化应用范围涉及到法院内部、政府部门、金融机构，有包含执行案件信息管理、查控信息管理、远程指挥管理、数据分析管理等业务，应用系统较多、涉及面较广，因此要充分重视执行信息化应用安全。内容包括：

1. 执行信息化应用系统上线前，应进行外部安全扫描（黑盒渗透测试）及源代码审核（白盒测试），必要时可委托专业的第三方信息安全厂商参与，尽量避免应用系统存在弱口令、暴力破解、软件后门、授权绕行、SQL 注入等漏洞或设计缺陷的情况。

2. 应用系统须提供用户身份标识唯一和鉴别信息复杂度检查功能，保证应用系统中不存在重复用户身份标识，身份鉴别信息不易被冒用，要采用多因子身份鉴别技术，提供登录失败处理功能，可采取结束会话、限制非法登录次数和自动退出等措施，应加强用户访问控制策略。应用系统中应进行角色管理，对权限进行分级，做到管用分离，防止个别特权用户拥有系统的全部权限。

3. 应用系统应从程序设计方面进行高可用性设计，如抗分布式拒绝服务攻击，系统上线前应进行充分的压力测试，防止内部安全扫描或扫描攻击时造成系统停止服务等情形。

4. 应用系统应保护系统剩余信息，及时释放、清除用户身份鉴别和重要数据库记录等信息，防止重要信息被获取和利用。

5. 应用系统应采取加密技术保证通信过程中整个报文和会话进程数据的完整性，应提供数据有效性检验功能，提升软件的容错性，同时还应加强资源控制管理，提高系统的可用性。

6. 由于执行信息化需采用电子签章系统，因此要对电子签章系统接口的安全性进行安全评估与测试，应有标准化的安全配置建议文档。

7. 建立安全日志机制，执行信息化应用系统应保存用户登录、资源访问、操作轨迹等信息。应用访问日志和数据库访问日志，不但可以提高系统安全性，还可统计应用系统各功能模块的访问频次及停留时长，据此分析用户偏好，便于改进应用系统、提高应用系统的使用效率。

8. 应使用稳定版本的 WEB 应用发布、中间件等系统软件和数据库软件，在应用环境升级前应进行安全性、兼容性测试，防止升级造成应用系统或数据库不兼容的情况。

9. 同各协助执行单位进行数据交换时，除了采用可信的光闸等安全设备外，应用系统在鉴别用户身份、授权资源访问时，还要对主体和客体设置安全信息标记，建立可信的信息传输路径，保障信息安全。

（五）数据安全技术

数据是执行信息化的核心，保护数据安全是执行信息化安全的基础工作，在数据安全方面应该重点加强，保证数据的完整性，提高数据的保密性，加强数据的容灾备份管理。内容包括：

1. 执行信息化的数据将经历从保密到公开的过程，信息将逐渐公开、透明，因此要建立基于数据访问权限过程的执行信息化数据分级保护机制，根据保护级别采取相应的保护措施。

2. 加强应用系统和数据库安全管理，通过应用程序的安全性扫描、数据库分区域放置并设置严格的访问策略，防止被黑客攻破服务器而直接拿到全部数据或得到敏感字段（如姓名、身份证号、银行卡号、手机等）。

3. 加强数据完整性检查，通过严格的字段逻辑关联，只能经由应用程序访问数据，严格控制使用数据库访问工具直接访问。加强数据的去隐私化处理，通过加密、隐藏等去隐私化处理执行信息化系统中的重要数据字段，提高数据库的安全保密等级。

4. 建立可信时间认证服务，执行信息化应用系统应验证授时服务器的时间戳，作为业务执行依据和凭证，对时间戳认证服务中的安全风险及时作出预警提示。

5. 核心数据库服务器应采用双机热备，同时要建立数据容灾备份系统，执行信息化应用系统的重要数据应建立数据本地备份与恢复机制，有条件的法院还可建立同城或异地应用级容灾备份系统。容灾备份系统要定期进行灾难发生时的应急还原演练测试，确保较高的可用性。

二、信息系统安全防范技术

随着现代化科学技术的飞速发展，安全防范技术也不断更新提高，以下简要介绍几种常用常规的安全防范技术。

（一）身份认证

身份认证是在计算机网络中鉴别、确认用户身份的过程，可分为用户与主机间的认证和主机与主机之间的认证。用户与主机间的认证，典型技术有：口令认证机制，公钥基础设施（PKI）强认证机制，基于生物特征的指纹、声音和虹膜认证等。

1. 口令认证。口令认证是最常用的一种认证方式。口令是相互约定的代码，通常只有用户和系统知道。口令有时由用户选择，有时由系统分配。通常情况下，用户先输入某种标志信息，比如用户名和ID号，然后系统询问用户口令，若两则口令相匹配，用户即可进入系统访问。口令有多种，如一次性口令，系统生成一次性口令的清单，规定第一次时必须使用X，第二次时必须使用Y，第三次时使用Z，……还有基于时间的口令，即访问者使用的口令随时间变化，变化基于时间和一个秘密的用户密钥，这样口令随时都在改变，使其更加难以猜测。

2. PKI。PKI（Public Key Infrastructure）技术是通过公钥密码体制中用户私钥的机密性来提供用户身份的唯一性验证，并通过数字证书的方式为每个合法用户的公钥提供证明，建立了用户公钥到证书ID号之间的唯一映射关系。PKI主要由证书生产系统和应用系统组成。证书生产系统又包括数字证书认证中心（Certification Authority，CA）和密钥管理中心（Key Management，KM），共同完成数字证书的申请、审核、签发、注销、更新与查询等操作。证书应用系统提供身份认证、加解密、签名验签等安全服务功能，以解决业务应用中的机密性、完整性、认证性、不可否认性等安全问题。数字证书可以存储在多种介质上（硬盘、软盘、IC卡、USB Key等）。

3. 生物特征认证。生物特征认证是利用生物特征对人进行识别，并进行访问控制。在安全要求级别较高的领域中，生物特征认证已有较为广泛的应用，常见的有指纹、声音、虹膜、手掌几何学等，这种利用个人生理特征进行鉴别的方式具有很高的安全性。目前市场已推出的设备，包括虹膜扫描仪，指纹识别仪，声音验证设备，手型识别器。

（二）访问控制

访问控制是按用户身份来限制用户对某些信息项的访问权

限，或限制对某些控制功能使用，保证网络资源和应用系统不被非法使用和访问。访问控制所包括的典型技术有：防火墙、虚拟专用网（VPN）与授权管理基础设施（PMI）等。

1. 防火墙。防火墙是指设置在不同网络（如可信任的内部网和不可信的公共网）或网络安全域之间的一系列部件的组合，它是不同网络或网络安全域之间信息的唯一出入口，能根据单位的安全策略（允许、拒绝等）控制出入网络的信息流，且本身具有较强的抗攻击能力。防火墙是目前应用最广泛的一种安全技术，它可以限制外部对系统资源的非授权访问，也可以限制内部对外部的非授权访问，同时还限制内部系统之间，特别是安全级别低的系统对安全级别高的系统的非授权访问。

2. VPN。VPN 虚拟专网（Virtual Private Network）是指采用隧道技术以及加密、身份认证等方法，在网络上构建专用的网络，数据通过安全的“加密隧道”在公共网络中传输。如果利用加密设备对传输数据进行加密，使得在网上传输的数据以密文传输，一旦在传输过程中被截获，入侵者也不能理解报文内容，加密传输还能对数据传输过程中的完整性、真实性进行鉴别，保证数据的保密性、完整性及可靠性。加密传输有传输数据加密、VPN 及端对端加密三种方式。VPN 具有安全性、服务质量保证（QOS）、可扩充性和灵活性、可管理性、使用价格低廉等特点，正是这些特点使得 VPN 已得到广泛应用。

3. PMI。PMI（Privilege Management Infrastructure）是属性机构、属性证书、属性证书注册申请中心、属性库、策略库等部件的集合体，用来实现权限和证书的产生、管理、存储、分发和撤销功能。PMI 可以向应用系统提供对实体（人、服务器、程序等）的权限管理和授权服务，实现实体身份到应用权限的映射。PMI 以应用系统的资源管理为核心，将对资源的访问控制权统一交由授权机构进行管理，即由资源的所有者——业务应用系统来进行访问控制。PKI 解决了实体的身份认证问题，即你是谁，而 PMI 解决了实体的授权问题，即你能干什么。

（三）内容安全

内容安全直接保护应用系统中传输和存储的数据，通过对信息和内容本身进行变形和变换，或者对具体的内容进行检查来实现。内容安全所包括的典型技术有：数据加密、防病毒、内容过滤、反篡改等。

1. 数据加密。数据加密是信息安全领域的一种基础、实用，且非常重要的技术，主要分为对称加密和非对称加密两类。对称加密使用单个密钥对数据进行加密或解密，其特点是计算量小、加密效率高。非对称加密算法也称公开密钥加密算法，其特点是有两个密钥（即公用密钥和私有密钥），只有二者搭配使用才能完成加密和解密的全过程。由于非对称算法拥有两个密钥，它特别适用于分布式系统中的数据加密，因此在互联网中得到广泛应用。在实际应用中，通常将对称加密和非对称加密结合起来，即首先由对称密钥对输入的数据进行加密，然后用公钥对对称密钥进行加密。因为它不仅保证了加密的高效性（对称密钥的快速加密），还保证了加密的高强度性（公钥的强加密）。

2. 防病毒。病毒是一种可进行自我复制、广泛传播、对计算机及其数据进行严重破坏的程序。由于病毒具有隐蔽性与随机性的特点，使用户防不胜防。特别是随着信息网络规模不断扩大和高带宽网络的多点接入，病毒已成为最大的安全威胁。防范病毒必须建立多层的网络级病毒防治系统：第一层是网关防毒，第二层是服务器防毒，第三层是客户端计算机防毒，这样才能够有效地防治病毒。另外，防病毒还要建立完善的病毒管理体系，负责防病毒软件的自动分发、自动升级、集中配置和管理、统一事件和告警处理，保证整个网络范围内病毒防护体系的一致性和完整性。

3. 内容过滤。内容过滤是采取适当的技术措施，对网络上的不良信息进行过滤，既阻止不良信息对人们的侵害，又可以通过规范用户的上网行为，提高工作效率，合理利用网络资源。常用内容过滤技术包括关键词过滤技术、图像过滤技术、模板过滤技术和智能过滤技术等。目前，很多防火墙集成了内容过滤技术，能对 URL 网址和网页文字等固定内容进行过滤。

4. 防篡改。防篡改技术是采取技术防护，防止来自外部或内部的非授权人员对页面和内容进行篡改和非法添加。防篡改技术主要包括外挂轮询技术、核心内嵌技术、应用防护技术和事件触发技术四种类型。外挂轮询技术已很少使用，其他三种技术各有其技术特点，根据应用需求不同，均有一定的使用市场。

（四）审计和跟踪

审计和跟踪机制一般情况下并不干涉和直接影响主业务流程，而是通过对主业务进行记录、检查、监控等来完成以安全审计、完整性等要求为主的安全功能。审计和跟踪所包括的典型技术有：入侵检测系统、漏洞扫描系统、安全审计系统等。

1. 入侵检测系统。入侵检测是一种主动保护网络和系统安全的技术，它从计算机系统或网络中采集、分析数据，查看网络或主机系统中是否有违反安全策略的行为和遭到攻击的迹象，并采取适当的响应措施来阻挡攻击，降低可能的损失。它能提供对内部攻击、外部攻击和误操作的保护。入侵检测系统可分为基于网络（NIDS）和基于主机（HIDS）两种。通过在特定网段、关键服务器上安装 IDS，可实时检测出大多数攻击，通过与防火墙等安全设备建立安全联动响应策略，能够有效检测并阻断恶意攻击。

2. 漏洞扫描系统。漏洞扫描是自动检测网络或主机安全漏洞的技术，通过执行一些脚本文件对系统进行攻击并记录它的反应，从而发现其中的漏洞并采取补救措施。大部分攻击者均是利用已知的安全漏洞发起网络攻击，漏洞扫描系统能够主动发现系统的漏洞，在网络安全保卫战中做到有的放矢，及时修补漏洞。漏洞扫描系统主要分为网络扫描系统、主机扫描系统和数据库扫描系统三种，对不同业务需求开展针对性的漏洞扫描和修补。

3. 安全审计系统。网络安全审计系统针对不同网络行为提供有效的行为审计、内容审计、行为报警、行为控制及相关审计功能。从管理层面提供网络的有效监督、预防和阻止数据泄密，提供完整的上网记录，便于信息追踪、系统安全管理和风险防范，满足对网络行为审计备案及安全保护措施的要求。

（五）数据容灾系统

数据容灾系统是指建立两套或多套功能相同的 IT 系统，互相之间可以进行健康状态监视和功能切换，当一处系统因意外（如火灾、地震等）停止工作时，整个应用系统可以切换到另一处，使得该系统功能可以继续正常工作。最基本的数据备份由备份管理系统和备份设备构成，备份数据和主数据放置在同一个机房内，一旦主数据出现问题，备份系统能尽快地全盘恢复计算机系统所需的数据和系统信息。真正的数据容灾系统应将数据存储备份在同主数据机房相隔较远的地方，根据业务数据等级要求，可以选择同城灾备和异地灾备。从其对系统的保护程度来看，可以将容灾系统分为数据级容灾、应用级容灾和业务级容灾三种，主要取决于对业务系统故障停机时间的设计要求。一般的数据备份策略有全量备份、增量备份和差分备份三种：全量备份是要备份系统中所有的数据；增量备份是只备份上次备份以后有变化的数据；差分备份则备份上次完全备份以后有变化的数据。全量备份所需时间最长，但恢复时间最短，一般可采取增量备份并定期全量备份的机制。

第五节　执行信息化安全防范的管理体系

一、计算机系统安全管理

（一）安全管理概述

随着信息技术的发展，社会的信息化程度提高了，但是，由于某些因素的制约，网络却存在体系不完善、安全措施不完备等问题，信息系统存在严重的安全漏洞和安全隐患。这些安全漏洞和隐患，可能给人民法院工作带来重大损失，因此，必须采取强有力的措施，解决信息网络存在的安全问题。承认系统漏洞的存在，正视信息系统安全威胁和攻击，坚持适度防护原则，加强信息系统安全检测，落实信息系统安全管理措施应是人民法院应对计算机信息系统安全问题的基本态度。

计算机信息系统的安全问题涉及多个层次、多个部门，要解决好计算机安全问题就必须从制度、管理与技术三个方面入手，用制度、管理来规范相关人员，促使这些人员形成计算机安全防范的自律行为；同时，提高信息系统的安全等级，从立项开始至项目的投产运行直至系统终止使用，在整个系统的生命周期内提高技术防范水平。只有这样才能形成完善的执行信息系统，保证执行工作的顺利运行和开拓创新。

（二）信息系统安全管理的基本原则

根据我国计算机安全工作预防为主，安全第一，依法办事，综合治理的指导方针，人民法院计算机系统安全体系设计与实现时应当坚持以下基本原则：

1. 安全第一原则。系统安全性与系统使用的灵活性、方便性和效率性有时是有矛盾的，两者不能兼得。强调了安全性，系统的能力（功能、性能等）会受到一定的影响；强调系统的能力，安全性可能会被减弱。执行信息化的计算机信息系统安全性应选择前者，以局部地减弱系统能力来赢得安全性的加强，但采取的措施应在两者之间权衡，且不使系统的能力受到严重损失。同时，通过建章立制明确信息系统相关人员的工作职责与安全责任。

2. 多人负责原则。每一项与安全有关的活动，都必须有两人或多人在场。这些人应是信息系统主管领导指派的，人员忠诚可靠，能胜任此项工作，并应该签署工作情况记录以证明安全工作已得到保障。以下各项是与安全有关的活动：（1）访问控制使用证件的发放与回收；（2）信息处理系统使用的媒介发放与回收；（3）处理保密信息；（4）硬件和软件的维护；（5）系统软件的设计、实现和修改；（6）重要程序和数据的删除和销毁等。出于对安全的考虑，下面每组内的两项信息处理工作应当分开：（1）计算机操作与计算机编程；（2）机密资料的接收和传送；（3）安全管理和系统管理；（4）应用程序和系统程序的编制；（5）访问证件的管理与其他工作；（6）计算机操作与信息处理系统使用媒介的保管等。

二、安全管理体系

（一）安全管理概述

执行信息系统安全除技术因素外，安全管理也是必不可少的，有时甚至比技术更重要。因此，人民法院计算机信息系统的安全除采用有效的安全技术外，还要建立有效的安全管理体系。安全管理体系包括法律依据、组织机构和人员队伍。

1. 法律规范是依据。计算机安全法律规范是计算机安全管理的依据。地方各级人民法院在执行信息系统建设过程中，应结合自身信息系统特点，制定相应的规章制度和实施办法，明确安全目标，确定安全岗位及其责任和权利，规定系统的使用规则和操作规程。

2. 组织机构是保证。计算机安全要建立相应的安全工作机制，明确组织机构，做到事有人管，落到实处。在信息技术部门建立计算机安全管理机构，具体负责计算机安全技术管理工作；在各机构内成立计算机安全领导小组，确定计算机安全管理人员，明确其安全管理职责。

3. 人员队伍是根本。人员落实是工作落实的前提。地方各级人民法院应积极吸收和培养德才兼备的计算机安全管理和技术人才，不断提高专业技术和管理水平，强化计算机安全和法治观念，逐步形成一支素质良好的安全管理人员队伍。

4. 建立健全人民法院计算机安全管理制度是计算机安全工作的基础。执行信息系统相关研发、操作、运营维护人员，必须严格遵守计算机安全管理制度：（1）计算机安全管理制度体系应重点建立内部人员行为规范和内部制约机制；（2）计算机安全管理制度应包括要害岗位人员管理制度、各级业务人员的安全管理制度、电子化项目管理制度、电子化项目建设的市场准入制度、计算机安全运行管理制度、业务系统运行管理制度、计算机安全事件应急制度；（3）制定的制度要符合实际，措施具体，权责清晰，赏罚分明。同时，要根据实际情况，及时对制度进行补充、修改和完善，以适应计算机安全工作的要求；（4）建立监督机制，定期或不定期对计算机安全工作进行抽查。

（二）安全监控和审计

保证安全管理制度实现的重要手段是监控和审计。从技术角度看，审计是指对用户和程序使用资源事件进行记录和审查，它是提高安全性的重要工具。审计信息对于确定问题和攻击源很重要，保证系统安全、支持故障排查。系统管理员应及时收集和积累有关的安全事件记录并加以分析，有选择地对其中的某些用户进行跟踪，以便对发现或可能产生的破坏行为提供有力的证据。计算机安全管理职能部门要采用积极有效的监控和审计管理措施，及时发现和纠正处理问题，严格防范和杜绝各种可能发生的风险。从行政角度看，审计是对从事计算机技术工作和计算机操作、应用的所有人员的与计算机相关行为的记录和审查。

（三）安全教育

安全教育是应对信息系统安全问题的有效手段。信息系统安全的实现是工作人员与安全主管部门共同努力的结果，加强对工作人员的安全教育，提高每个使用者的安全意识，对信息系统的安全是至关重要的。安全教育的主要内容包括国家有关计算机安全法律和安全规范教育，条件成熟的，可对各个级别的计算机使用者发行安全指南手册，让每一个使用者明确其安全职责，自觉规范其安全行为。教育不是万能的，必须辅以工作纪律的约束和管理措施，规范人们的行为，避免因失误造成危害，并最大限度地减少故意侵害信息系统的可能。应加大安全宣传力度，宣传与普及计算机安全基本知识，宣传计算机犯罪的危害，提高全员防范意识，自觉维护执行信息系统的安全。

（四）机房安全管理

根据内网信息安全防范体系建设整体需求，中心机房在场地、防火、防水、防雷、防电磁辐射、防静电、防烟尘、抗震、电力、布线、配电、温湿度等方面均按照A类机房标准设计。建设一套具备门禁、监控器、入侵报警器、保险门窗、防电磁辐射等基本条件的独立机房，并通过管理员分权加强对机房的管理，确保非授权人员无法进入。机房安全管理主要包括设备与介质安全两方面：

1. 设备安全主要包括设备的防盗、防毁、防电磁信息辐射泄漏、防线路截获、抗电磁干扰及电源保护等。重要设备放置在具有安全防范措施的专用机房内，利用光、电、无源红外等技术设置机房报警系统，利用闭路电视系统对机房内各重要部位进行监视，并安排专人值守。重要设备位置应放置得当；对设备的准入、采购、维修和报废等整个生命周期应进行有效的管理；中心机房应采用电子门控系统进行身份鉴别，同时具备监控系统。

2. 介质安全包括介质本身的安全以及介质中存储数据的安全。对介质本身的安全防护主要指防尘、防毁、防霉等；对介质中存储数据的安全防护主要指防止记录的信息被非法窃取、篡改、破坏或使用。防止非法使用外部介质，即通过技术手段关闭非授权终端USB接口，彻底阻断非法外部移动存储介质在该信息系统内部使用。防止内部专用介质外用，即通过技术手段定制内部专用移动存储介质，防止内部专用介质在未经授权的外部系统中使用。防止内部专用介质非授权使用，即通过技术手段建立内部专用移动存储介质管理系统，对系统内移动存储介质的使用过程进行审计，为追查安全事件提供依据。

（五）提高应用软件的可信度

由可信人员根据严格标准开发出来的，并经先进的软件工程技术证明安全的软件，叫做可信软件。在大多数情况下，用户自己编制的程序或日常使用的多数应用程序是不可信的，但是是良性的（但也不排除个别具有恶意的软件）。因此，在执行信息系统应用软件设计开发过程中，应尽量采用严格的软件标准和先进的软件工程技术，并在整个开发过程中使用严格的质量控制体系，提升执行应用软件的安全可信度。